Friedrich Hölderlin
Sämtliche Werke
Kritische Textausgabe

Herausgegeben von D. E. Sattler

Luchterhand

Die *Kritische Textausgabe* (KTA)
erscheint mit Genehmigung des Verlags Roter Stern
als Lizenzausgabe der von D. E. Sattler herausgegebenen
Historisch-Kritischen Ausgabe, deren Editionsmodell
urheberrechtlich geschützt ist. Sie bietet den
durchgesehenen und neukommentierten Textteil
der *Frankfurter Hölderlin-Ausgabe* (FHA),

Lektorat: Klaus Siblewski
Satz und Umbruch: D. E. Sattler
Umschlag und Einrichtung: Kalle Giese und D. E. Sattler
Ausstattung: Ralf-Ingo Steimer

Gesamtherstellung bei der Druck- und Verlags-
gesellschaft mbH, Darmstadt
ISBN 3-472-87010-9

Die Arbeit an dieser Ausgabe wird von
der Universität Bremen gefördert.

Zehnter Band
Vorstufen zum Hyperion

Auf der Grundlage des von Michael Knaupp und D. E. Sattler herausgegebenen zehnten Bandes der Frankfurter Hölderlin-Ausgabe

Es werde von Grund aus anders!

1, XXX: 449

Zum zehnten Band

Hyperion zieht aus, die Welt zu verändern und kehrt, vom Schicksal zur Ruhe gebracht, an die Orte seiner Jugend, zur Natur zurück. Die Dissonanzen seines *elegischen Charakters* haben sich aufgelöst; die *exzentrische Bahn* ist durchlaufen: von der Kindheit durch den Zenith der äußersten Täuschung zum Dasein eines, der für die Welt und ihre Selbsttäuschungen verloren ist.

In keiner der sieben zwischen 1792 und 1798 entstandenen Vorstufen ist dieser Plan vollständig ausgeführt, keine, die *Vorstufen zur letzten Fassung* ausgenommen, scheint über die Hälfte gediehen zu sein, keine ist auch nur annähernd vollständig überliefert. Dennoch bilden sie, im Ganzen, als Werkprozeß betrachtet, genau diese Bewegung ab und sind damit ein Beweis mehr für die durchgängige Wahrheit der poetischen Idee. Bis zur Aufgabe aller früheren Maximen entfernt sich der Roman von seiner ursprünglichen Gestalt und kehrt endlich doch zur Konzeption des Anfangs zurück. *Hyperions Jugend*, unter Schillers Einfluß in Jena entstanden, markiert jenen entferntesten Punkt. Das Experiment des kunstvoll collagierten Briefromans, bei dem *die Motive zu den Ideen und Empfindungen noch im Dunkeln* bleiben und erst nach und nach aufgehellt werden, ist zugunsten des trivialen Berichts aufgegeben. Erst in der Nähe Susette Gontards, der endlich gefundenen Diotima, gelingt, was Hölderlin wollte. Zur Erklärung des ersten Satzes – *Der liebe Vaterlandsboden giebt mir wieder Freude und Laid* – wird nun der ganze Roman benötigt.

Das Werk kommt zu sich selbst. Daß dies nachvollziehbar wird, ist ein Vorzug des historisch-kritischen Editionsverfahrens, das diesen Weg Schritt für Schritt nachzeichnet*. So, in der Chronologie ihrer Entstehung gelesen, wird keine Stufe vom Glanz der nächsten verdunkelt. Jede gewinnt im Rekurs auf das vorige. Wie das Werk von der Wirklichkeit lebt und mit dem Erlebten wächst, sich unverkennbar nach dem Leben bildet, so auch die Erfahrung des Lesers. Die *Vorstufen zum Hyperion* sind zugleich ästhetische Vorschule. Wer sie durchläuft, wird Bellarmin oder bleibt der er war.

---

* In der *Frankfurter Ausgabe*, die dieser kritischen Textausgabe zugrunde liegt, sind außerdem alle eigenhändigen *Hyperion*-Manuskripte dokumentiert.

Zeittafel

Die chronologische Wiedergabe der wichtigsten Selbst- und Fremdzeugnisse erschließt die Entstehungs- und erste Wirkungsgeschichte des Romans. In den Titelnotizen der Textstufen I-VII wird auf diese Dokumentation verwiesen; hierzu dienen die am Rand stehenden, eingeklammerten Zitatziffern.

1792

Anfang April — Besuch bei Neuffer in Stuttgart, dessen Mutter Griechin ist; Bekanntschaft mit dem Griechen Panagiot Wergo; zugleich Beginn der heftigen und hoffnungslosen Zuneigung zu einer Ungenannten, die mit einiger Wahrscheinlichkeit als die Verlobte des nach Paris übersiedelten Republikaners Georg Kerner zu identifizieren ist. Der Plan zum *Hyperion* muß bald darauf entstanden sein.

(1) Mitte April — An Neuffer, nach Wergos Besuch im Stift: *Wär ich doch noch bei dir, Bruder meiner Seele! Aber so siz ich zwischen meinen dunklen Wänden, und berechne, wie bettelarm ich bin an Herzensfreude, und bewundre meine Resignation. Du und die holde Gestalt erscheinen mir wol in hellern Stunden.* (. . .) *Wergo wekte in mir das Andenken an meine kurzen Freuden neu auf. Ich hatte eine kindische Freude an dem lieben Griechen.*

(2) 3. Juni — Magenau aus Markgröningen an Hölderlin: *Du willst Romanist werden. Thalia leite Dich sicher zwischen den Abgründen hin, die dem unerfarnen Waller da drohen, laß auch mich ein Wörtlein reden, voran, daß ich Deinen Entschluß billige.*

(3) November — Magenau aus Vaihingen an Neuffer in Stuttgart; nach einem Besuch Hölderlins Ende der Herbstferien: *Holz schreibt wirkl. an einem 2ten Donamar* (Friedrich Bouterwek: *Graf Donamar. Briefe, geschrieben zur Zeit des siebenjährigen Krieges in Deutschland*, 3 Teile, Göttingen 1791-93), *an Hyperion, der mir vieles zu versprechen scheint. Er ist ein freiheitsliebender Held, u. ächter Grieche, voll kräftiger Principien, die ich vor mein Leben gerne höre.*

1793

(4) Mai — An Neuffer: *Das nächstemal schik' ich dir vieleicht ein Fragment meines Romans zur Beurtheilung. Bist du neugierig, so kannst du den lieben Doktor* (Stäudlin) *inzwischen fragen. Ich las ihm etwas vor daraus.*

(5) Anfang Juli — An den Bruder: *Wirklich hab' ich 9 Bogen meiner Producte für unser Journal vor mir liegen. Kommt es zu Stande, so werden mir die neun Louisd'ore wol thun.*

(6) 21. bis 23. Juli — An Neuffer – über *den Gesichtspunkt, aus dem* Hölderlin *das Fragment eines Fragment angesehen* wünschte: *Dieses Fragment scheint mer ein Gemengsel zufälliger Launen, als die überdachte Entwiklung eines vestgefaßten Karakters, weil ich die Motive zu den Ideen u. Empfindungen noch im Dunkeln lasse, u. diß darum, weil ich mer das Geschmaksvermögen durch ein Gemälde

von Ideen und Empfindungen (zu aesthetischem Genusse), als den Verstand durch regelmäßige psychologische Entwiklung beschäftigen wolte. Natürlich muß sich aber doch am Ende alles genau auf den Karakter, u. die Umstände, die auf ihn wirken, zurükfüren lassen. Ob diß bei meinem Roman der Fall ist, mag die Folge zeigen. / Vieleicht hab' ich gerade das uninteressanteste Fragment gewählt. Übrigens mußten die notwendigen Voraussezungen, one die das folgende noch weniger genossen werden kann, als das ganze zweite Buch one das erste noch unvollendete, diese notwendigen Voraussezungen mußten eben auch dastehen. – Was du so schön von der terra incognita im Reiche der Poësie sagst, trift ganz genau besonders bei einem Romane zu. Vorgänger genug, wenige, die auf neues schönes Land geriethen, u. noch eine Unermessenheit zu'r Entdekung und Bearbeitung! Das versprech' ich dir heilig, wenn das Ganze meines Hyperions nicht dreimal besser wird, als dieses Fragment, so muß er one Gnade in's Feuer. Überhaupt, wenn nicht die Nachwelt meine Richterin wird, wenn ich das mir nicht bald mit prophetischer Gewisheit sagen kan, so reiß' ich, wie du, jede Saite von meiner Leier, und begrabe sie in den Schutt der Zeit.

4. September — Von Stäudlin aus Stuttgart: *An ihrem Roman hat mich die schöne Sprache und das Lebendige der Darstellung hoch angezogen. Über den Plan erhalten Sie mein Urtheil, wenn ich mehr als dieses Bruchstück erhalten habe. Sie werden mich äußerst verbinden, wenn Sie mir den Anfang in möglichster Bälde senden. – Unterlassen Sie doch nicht, . . . versteckte Stellen über den Geist der Zeit in dieses Werk einzuschalten!!! –* (7)

1794

Vmtl. Anfang April — Aus Waltershausen an Neuffer: *Mich beschäftigt jezt beinahe einzig mein Roman. Ich meine jezt mer Einheit im Plane zu haben; auch dünkt mir das Ganze tiefer in den Menschen hinein zu gehn.* (8)

Mitte April — An Neuffer: *Mein Gedicht an das Schiksaal wird warscheinlich diesen Sommer in der Thalia erscheinen. Ich kann es schon jezt nimmer leiden. Überhaupt hab' ich jezt nur noch meinen Roman im Auge. Ich bin vest entschlossen, von der Kunst zu scheiden, wenn ich mich auch hierüber am Ende auslachen mus. Übrigens komm' ich jezt so ziemlich von der Region des Abstracten zurük, in die ich mich mit meinem ganzen Wesen verloren hatte.* (9)

21. Mai — An den Bruder: *Ich habe jezt etwas unter den Händen, wovon ich nicht sprechen mag, bevor es im Reinen ist.* (10)

Vmtl. August — Charlotte von Kalb an Schiller in Jena: *H. scheint mir eine unwiderstehl. Neigung u auch Talent zu selbst Componirten Arbeiten zu haben – ich wünsche ihn eine gute richtung und eine gepflegte Reife seiner Geistes Producte – er arbeitet gegenwärtig an einem Roman von dem ich noch wenig las – Konnte er dieses ehe er es zum Druck befordert ihrer Meynung übergeben?* (11)

Anfang September — Charlotte von Kalb an Charlotte Schiller: *Ersuchen Sie Schiller daß er diesen jungen Mann bald auf seinen Brief antworte, – und* (12) *mit einiger vorliebe das Bruchstück in die Hand nehme, welches er ihm zusendet. Sein Urteil über diesen Versuch – seines Bildenden Geistes sey gerecht aber gütig. er zürne nicht – nicht zweifel; sondern Antheil an H. besorgnisse, verleideten mich, zu dieser Aeuserung.*

(13) 10. Oktober — An Neuffer, nach einem Bericht über seine mißliche Situation als Erzieher im Hause von Kalb: *Übrigens such' ich mich emporzuhalten, so gut es geht, und wenn mir nur die Sonne in meine Fenster scheint, steh' ich meist heiter auf, und benüze dann, so gut ich kann, ein paar Morgenstunden, die einzigen wo ich eigentlich Ruhe habe. Die meisten vergiengen mir diesen Sommer über meinem Roman, wovon du die fünf ersten Briefe diesen Winter in der Thalia finden wirst. Ich bin nun mit dem ersten Theile beinahe ganz zu Ende. Fast keine Zeile blieb von meinen alten Papieren. Der große Übergang aus der Jugend in das Wesen des Mannes vom Affecte zur Vernunft, aus dem Reiche der Fantasie ins Reich der Warheit und Freiheit scheint mir immer einer solchen langsamen Behandlung werth zu sein. Ich freue mich übrigens doch auf den Tag, wo ich mit dem Ganzen im Reinen sein werde, weil ich dann unverzüglich einen andern Plan, der mir beinahe noch mer am Herzen liegt, den Tod des Sokrates, nach den Idealen der griechischen Dramen zu bearbeiten versuchen werde.*

(14) Mitte November — An Neuffer über den ersten Besuch bei Schiller, zwischen dem 2. und 6. November: *Auch bei Schiller war ich schon einigemale, das erstemal eben nicht mit Glük. Ich trat hinein, wurde freundlich begrüßt, und bemerkte kaum im Hintergrunde einen Fremden, bei dem keine Miene, auch nachher lange kein Laut etwas besonders ahnden ließ. Schiller nannte mich ihm, nannt' ihn auch mir, aber ich verstand seinen Nahmen nicht. Kalt, fast one einen Blik auf ihn begrüßt ich ihn, und war einzig im Innern und Äußern mit Schillern beschäftigt; der Fremde sprach lange kein Wort. Schiller brachte die Thalia, wo ein Fragment von meinem Hyperion u. mein Gedicht an das Schiksaal gedrukt ist, u. gab es mir. Da Schiller sich einen Augenblik darauf entfernte, nahm der Fremde das Journal vom Tische, wo ich stand, blätterte neben mir in dem Fragmente, u. sprach kein Wort. Ich fühlt' es, daß ich über und über roth wurde. Hätt' ich gewust, was ich jezt weis, ich wäre leichenblas geworden. Er wandte sich drauf zu mir, erkundigte sich nach der Frau von Kalb, nach der Gegend und den Nachbarn unseres Dorfs, u. ich beantwortete das alles so einsylbig, als ich vieleicht selten gewohnt bin. Aber ich hatte einmal meine Unglüksstunde. Schiller kam wieder, wir sprachen über das Theater in Weimar, der Fremde lies ein paar Worte fallen, die gewichtig genug waren, um mich etwas ahnden zu lassen. Aber ich ahndete nichts. Der Mahler Majer aus Weimar kam auch noch. Der Fremde unterhielt sich über manches mit ihm. Aber ich ahndete nichts. Ich gieng, u. erfuhr an demselben Tage im Klubb der Professoren, was meinst du? daß Goethe diesen Mittag bei Schiller gewesen sei.*

(15) 7. November — Charlotte von Stein an Charlotte Schiller: *Da Ihnen die gelehrte*

Welt bekannter ist als mir, so schreiben Sie mir doch, wer der Hölderlin ist; die Fragmente haben mich sehr interessirt, es ist etwas Wertherisches drin, und recht kindisch muß ich sagen, daß mir die griechischen Namen so wohl gefallen haben.

1795

16. Januar — An die Mutter aus Jena: *Werd'ich mit einer Arbeit, die ich schon seit Jaren unter den Händen habe bis Ostern fertig, so werd' ich auch dann Ihnen nicht lästig sein. Ich bin izt in einer Periode, die auf mein ganzes künftiges Leben wahrscheinlich ser entscheidend ist.* (16)

26. Januar — Von Neuffer: *Ich habe Deinen Hyperion in der Thalia gelesen. Lieber Hölderlin! es war mir, als wenn ich Dich vor mir hätte. Ich fand Dich ganz in Deinem Werke, Deinen Empfindungen, Deinen Maximen.* (17)

26. Januar — An Hegel vmtl. in Bern: *Meine productive Tätigkeit ist izt beinahe ganz auf die Umbildung der Materialien von meinem Romane gerichtet. Das Fragment in der Thalia ist eine dieser rohen Massen. Ich denke bis Ostern damit fertig zu seyn, laß mich indeß von ihm schweigen.* (18)

22. Februar — An die Mutter: *Schiller nimmt sich meiner wahrhaft väterlich an, daß ich dem großen Manne neulich selbst gestehen mußte, ich wüßte nicht, wie ichs verdiente, daß er so ser sich für mich interessire. (. . .) Übrigens werd' ich ihm auf sein Begehren, die Arbeit, wovon nach Ostern der erste Band fertig seyn wird, vorlegen. Ich habe indeß durch einen Freund bei einem Verleger die Anfrage thun lassen, unter welchen Bedingungen er geneigt wäre, das Manuscript anzunehmen. Ich machte zur Bedingung, daß ich nach dem Empfang des Manuscripts, und nicht erst, wenn das Buch gedrukt wäre, bezahlt würde, denn sonst würde ich das Geld erst bis Ende des nächsten halben Jahrs bekommen; und erwarte baldige Antwort. (. . .) Meine bisherige Schreiberei in Schillers Thalia trägt mir manchen freundlichen Gruß, und manche höfliche Einladung ein. Es freut mich immer, wenn so ein ganz fremder Mensch nach meinem Nahmen fragt, und den Büchermacher zum Koffee bittet, den ich mir dann recht gut schmecken lasse.* (19)

9. März — Schiller an Cotta: *Hölderlin hat einen kleinen Roman, Hyperion, davon in dem vorletzten Stück der Thalia etwas eingerückt ist, unter der Feder. Der erste Theil der etwa 12 Bogen betragen wird, wird in einigen Monathen fertig. Es wäre mir gar lieb, wenn Sie ihn in Verlag nehmen wollten. Er hat recht viel genialisches, und ich hoffe auch noch einigen Einfluß darauf zu haben. Ich rechne überhaupt auf Hölderlin für die Horen in Zukunft, denn er ist sehr fleißig und an Talent fehlt es ihm gar nicht, einmal in der litterarischen Welt etwas rechtes zu werden.* (20)

20. März — Cotta an Schiller: *Da Sie „Hölderlin's Hyperion" empfelen, so wollen wir ihn verlegen – wollen Sie ihm diß schreiben? oder sollen wir es thun?* (21)

13. April — An den Bruder: *Mein Werkchen, von dem ich schon schrieb, hat* (22)

		Cotta in Tübingen, auf Schillers Veranlassung, in Verlag genommen; wie viel er mir bezahlen will, soll, so will es Schiller, ausgemacht werden, wenn Cotta hieher kömmt, welches ungefähr in 14 Tagen geschehen wird.
(23)	28. April	An Neuffer: *Für das erste Bändchen meines Romans hat mir Cotta in Tübingen 100 fl. bezahlt* (vgl. 24,25). *Ich mochte nicht weiter fordern, um mich keinem Jüdeln auszusezen. Schiller hat mir den Verlag besorgt. Scandalisire dich ja nicht an dem Werkchen! Ich schreib' es aus, weil es einmal angefangen und besser als gar nichts ist, und tröste mich mit der Hoffnung, bald mit etwas anderem meinen Kredit zu retten.*
(24)	22. Mai	An die Mutter: *Diesen Sommer würde ich wohl bequem hier leben können, ohne Ihnen lästiger zu seyn, als ich es schon war, Cotta in Tübingen wird mir bis auf den September 100 fl. auszahlen für ein unbedeutendes Manuscript, das er von mir in Verlag nahm, ob das aber bis nächsten Winter eben so der Fall wäre, kann ich nicht mit Gewißheit sagen, weil ich den Erfolg meiner Arbeit nicht beurteilen kann.*
(25)	Ab Mitte Juni	Hölderlin reiste vmtl. Anfang Juni überstürzt aus Jena ab und traf in Heidelberg mit Johann Gottfried Ebel zusammen, der ihm, wohl im Auftrag Susette Gontards, die Hauslehrerstelle in Frankfurt anbot. Karl Gock berichtet in seinem *Lebensabriß*, Hölderlin sei nach Nürtingen zurückgekehrt, *um von seinen angestrengten Studien sich dort zu erholen und seinen Hyperion noch auszuarbeiten.*
(26)	1. August	Cottas Honorarbuch: *Hr. M. Hoelderlin / sandte ihm p. Abschlag f. 11 honorar für Hyperion cplt. 100/10 Ex. Velin gratis*
(27)	Herbst	Magenau an Neuffer (24. 11. 1796); Regest): *Holderlin habe ich voriges Jahr bei meinen Eltern gesprochen, gesehen wollt' ich sagen, denn er konnte nicht mehr sprechen, er war abgestorben allem Mitgefühl mit seines Gleichen, ein lebender Todter! / Er sprach viel fantastisches Zeug von einer Reise nach Rom, wo gewöhnlich die guten Deutschen sich die Seele verkälten.* (. . .) *Ist sein mühsam gearbeiteter Hyperion noch nicht erschienen? / Gotthold* (Stäudlin), *der in Lahr lebte und auch noch dichtete, hat sich jüngst* (17. September 1796) *im Rhein ertränkt.*

1796

(28)	11. Februar	Aus Frankfurt an den Bruder in Nürtingen: *Weist du nichts Neues von meinem Roman? Hat Schiller noch nichts an mich geschikt?*
(29)	15. Mai	An Cotta: *Ihre gütige Zuschrift hat mich bestimmt, den Hyperion noch einmal vorzunehmen, und das Ganze in Einen Band zusammenzudrängen; es war, indeß ich Ihnen das Manuscript geschickt habe, dieser Wunsch einigemal in mir entstanden; die Verzögerung des Druks und Ihre Äußerung über die Ausdehnung des Werks waren mir also keineswegs unangemessen; natürlich muß ich nun aber auch den Anfang, den Sie schon haben, abkürzen, um ein Verhältniß in die Theile zu bringen; ich muß Sie daher bitten, mir das Manuscript so bald möglich zu schiken, weil*

mein Conzept mir zum Theil verloren gegangen ist. Ich schike es Ihnen nach einigen Wochen sicher zurük, und in ungefähr 2 Monathen auch das Übrige. Die Bogenzahl muß nun freilich nothwendig um ein Beträchtliches sich vergrößern. Ich habe aber ja mit Ihnen überhaupt nicht nach Bogen gerechnet, und kann mich bei meinen jezigen Umständen auch so mit den ausgemachten 100 Gulden begnügen. Wollen Sie mir für die neue Mühe die Freude machen und das Buch überhaupt auf Schreibpapier und mit saubern lateinischen Lettern druken lassen, so würd' ich Ihnen recht sehr danken. Ich habe die sichre Hoffnung, daß Ihnen die Sache nicht ganz liegen bleibt, wenn ich anders von den einzelnen Urtheilen, die mir über das Fragment des Buchs, das noch in der Thalia eingerükt ist, zu Ohren gekommen sind, auf die Aufnahme des Publikums überhaupt schließen darf. Haben Sie die Güte, mir das, was ich Ihnen für die überschikten Theile des Plutarch schuldig bin, wie das im vorigen Sommer empfangene Karolin (11 Gulden; vgl. 25) *vom Ganzen abzuziehen, und dieses unter der bekannten Adresse nach Nürtingen zu schiken.*

2. Juni — An den Bruder: *Cotta hält mich unangenehmer weise auf. Hoffentlich wird er das Geld geschikt haben oder bald schiken, wenn gleich jezt erst mit dem Druk meines Buchs angefangen wird.* (30)

Vmtl. 21. November — An den Bruder: *Mein Hyperion wird wohl bis nächste Ostern auf einmal ganz erscheinen. Zufälle haben seine Erscheinung verzögert.* (31)

1797

16. Februar — An Neuffer: *Den Sommer über hab' ich in Kassel und in einem Westphälischen Bade, in der Gegend der alten Hermannsschlacht, gelebt, gröstentheils in der Gesellschaft von Heinze, den du als Verf. des Ardinghello kennst. Er ist ein herrlicher alter Mann. Ich habe noch nie so eine gränzenlose Geistesbildung bei so viel Kindereinfalt gefunden. / Von meinem Hyperion wird der erste Band bis nächste Ostern erscheinen. Zufällige Umstände verzögerten die Herausgabe so lange.* (32)

April — Anzeige Cottas zur Ostermesse, in Posselts *Europäischen Annalen*: *Hyperion oder der Eremit in Griechenland, von Hölderlin, 1s Bändchen 8.* (oktav) *10 gr.* (Groschen oder) *45 kr.* (Kreuzer); eine zweite Anzeige im November mit dem Zusatz: *Der Verfasser dieses Romans schlug einen eigenen Weg ein, in welchem der junge Mann von Genie und Talenten nicht wird miskennt werden können.* (33)

17. April — Cottas Honorarbuch: *10 Hyperion 1 Vel. Pap. gratis* (34)

Vmtl. Ende April — An die Schwester: *Wenn du ein Buch findst, H y p e r i o n betitelt, so thue mir den Gefallen und lies es bei Gelegenheit. Es ist auch ein Theil von mir, und verkürzt deswegen dir gewiß einige Stunden.* (35)

20. Juni — An Schiller: *Ich nehme mir die Freiheit, Ihnen den ersten Band meines Hyperions beizulegen. Sie haben sich des Büchleins angenommen, da es, durch den Einfluß einer widrigen Gemüthsstim-* (36)

mung und fast unverdienter Kränkungen gänzlich entstellt, und so dürr und ärmlich war, daß ich nicht daran denken mag. Ich hab' es mit freierer Überlegung und glüklicherem Gemüthe von neuem angefangen und bitte Sie um die Güte, es bei Gelegenheit durchzulesen, und mich durch irgend ein Vehikel Ihr Urtheil wissen zu lassen. Ich fühle, daß es unklug war, den ersten Band ohne den zweiten auszustellen, weil jener gar zu wenig selbständiger Theil des Ganzen ist.

(37) 10. Juli — An Neuffer: *Willst du mir nicht schreiben, ob und wie der erste Band von meinem Hyperion bei euch aufgenommen wird, und was dein spezielles Urtheil darüber ist?*

(38) August — An den Bruder: *Mein Hyperion hat mir schon manches schöne Wort eingetragen. Ich freue mich, bis ich vollends mit ihm zu Ende bin. Ich habe den ganz detaillirten Plan zu einem Trauerspiele gemacht, dessen Stoff mich hinreißt.*

(39) 24. Oktober — Wilhelm Heinse an Samuel Thomas Sömmering, damals auch Arzt der Gontards, dem Susette, noch vor ihrem Tod am 22. Juni 1802, ihr Widmungsexemplar des *Hyperion* anvertraute: *Hyperions Briefe sind voll lebendiger Empfindung und tiefem Gefühl. Er ist ein Apostel der Natur. Es sind Stellen darin, als von Seite 86 an, so warm und eindringend, daß sie selbst den alten Kant ergreifen und von seinem bloßen Schein aller Dinge bekehren sollten. Meinen Segen dem jungen Helden auf seiner Laufbahn.*

(40) Ende Oktober — Heinse an Sömmering: *Was den Hyperion betrifft, so darf man bei einem angehenden Schriftsteller nicht strenge sein. Zarter Sinn und Gefühl für Schönheit der Natur ist darin unverkennbar und lebhafte Darstellung derselben. An Komposition poetischer Wahrscheinlichkeitscharaktere ist er bis jetzt freilich noch ein so ziemlich ungelecktes Bärlein. Kurz, wir werden mündlich in unserem Urtheil nicht sehr voneinander abweichen.*

(41) 2. November — An den Bruder: *Mache doch einmal einen Gang nach Vaihingen zu Helfer Conz. Es wird dich sicher nicht reuen, seine Bekanntschaft gemacht zu haben, und ich denke, er wird dich auch recht lieb gewinnen. Versichere ihn meines innigsten Andenkens, und dank' ihm in meinem Nahmen für den schäzbaren Gruß, den er mir durch Neuffer geschikt, und für die freundliche Aufnahme meines Hyperion. Sag' ihm, ich wartete nur die Erscheinung des zweiten Bandes ab, um das Ganze ihm zuzuschiken, und über einiges, das mir sehr am Herzen liege, bei Gelegenheit des Büchleins, ihn zu fragen. – Ich bin mit dem gegenwärtig herrschenden Geschmak so ziemlich in Opposition, aber ich lasse auch künftig wenig von meinem Eigensinne nach, und hoffe mich durchzukämpfen. Ich denke, wie Klopstok:*

Die Dichter, die nur spielen,
Die wissen nicht, was sie und was die Leser sind,
Der rechte Leser ist kein Kind,
Er will sein männlich Herz viel lieber fühlen,
als spielen.

Heinze, der Verf. des Ardinghello, hat bei Dr. Sömmering sich sehr aufmunternd über Hyperion geäußert.

Vmtl. Spätherbst — Von Siegfried Schmid: *Ich fange an den Hyperion zu lesen, – Bruder! Bruder! – Der Sinclair sah in dem Buch ein personifizirtes Moralsystem. Daß Gott erbarm! was werden die Andern alle drinn erbliken!* (42)

1798

Vmtl. Frühjahr — Aus einer Sammelrezension in *Neue allgemeine deutsche Bibliothek*, von K. F. Manso: *In Nr. 4 kann der Rec. für jetzt nichts weiter finden, als ein buntes Gewebe von Empfindungen, Gedanken, Phantasien und Träumen, die bald mehr bald weniger wahr, bald mehr bald weniger verständlich, bald mehr bald weniger glücklich ausgedrückt sind. Ihre Beziehung auf und unter einander ist er noch nicht vermögend gewesen zu entfalten. Er zweifelt indeß nicht, daß Hr. Hölderlin in einem zweyten Theile, den er schleunigst nachfolgen zu lassen verspricht, das Gewirre befriedigend auflösen, und einen verständigen Zusammenhang aus diesem Chaos hervorrufen werde. Hier einstweilen nur eine einzige kleine Probe, welche Sprache der Verf. zuweilen redet. „Es ist ein köstlich Wohlgefühl in uns, wenn so das Innre an seinem Stoffe sich verstärkt, sich unterscheidet und getreuer anknüpfet, und unser Geist allmählig waffenfähig wird“* (1, IV: 79-81). *Was heißt das? Etwas verdächtig sieht es übrigens aus, wenn man die Scene eines Romans nach Griechenland verlegt, und mit der Nachschreibung der eigenen griechischen Namen noch nicht auf das Reine gekommen ist. Gleich auf der ersten Seite steht Sycion für Sicyon.* (43)

4. Juli — An den Bruder: (. . .) *ich hab' auch viel, sehr viel gelitten und mehr, als ich vor dir, vor irgend einem Menschen jemals aussprach, weil nicht alles auszusprechen ist, und noch, noch leid' ich viel und tief, und dennoch mein' ich, das Beste, was an mir ist, sei noch nicht untergegangen. Mein Alabanda sagt im zweiten Bande: „Was lebt ist unvertilgbar, bleibt in seiner tiefsten Knechtsform frei, bleibt Eins, und wenn du es zerreißest bis auf den Grund, und wenn du bis ins Mark es zerschlägst, doch bleibt es eigentlich unverwundet, und sein Wesen entfliegt dir siegend unter den Händen u.s.w.“* (vgl. 2, XXVII: 234-237) *Diß läßt sich mehr oder weniger auf jeden Menschen anwenden, und auf die Ächten am meisten. Und mein Hyperion sagt: „Es bleibt uns überall noch eine Freude. Der ächte Schmerz begeistert. Wer auf sein Elend tritt, steht höher. Und das ist herrlich, daß wir erst im Leiden recht der Seele Freiheit fühlen.“* (vgl. 2, XXI: 24-26) (44)

vmtl. Ende September — Susette Gontard im ersten Brief nach der Trennung: *Du kannst mir wenn Du es gut findest, und Sinclair einmal hier her kömmt ihn bitten wenn es angeht, und Du Dich nicht gegen ihn in ein falsches Licht setzest, mich zu besuchen, und mir durch ihn den Hipperion schicken wenn Du ihn schon bekommen, es ist mir nicht möglich ihn für ein paar Geldstücke zu kaufen. Ich werde dann wieder Nachricht von Dir bekommen, wie sehr wird es mich Freuen! wenn es Dir gut gehet! –* (45)

10. Oktober — Aus Homburg an die Mutter: *Am Hofe hat mein Buch einiger-* (47)

maaßen Glük gemacht und man hat gewünscht, mich kennen zu lernen.

(48) 28. November — Aus Rastatt an die Mutter: *Meine jezige Arbeit* (Empedokles) *soll mein lezter Versuch seyn, liebste Mutter, auf eignem Wege, wie Sie es nennen, mir einen Werth zu geben; mislingt mir der, so will ich ruhig und bescheiden, in dem anspruchlosesten Amte, das ich finden kann, den Menschen nüzlich zu werden suchen, ich will das Streben meiner Jugend für das nehmen, was es so oft ist, nemlich für zufällig entstandenen Übermuth, für übertriebene Neigung, aus der Sphäre mich zu entfernen, die mir vorgeschrieben ist durch meine natürlichen Anlagen und die Umstände, in denen ich aufgewachsen bin.*

1799

(49) Februar — Von Susette Gontard: *Ich will versuchen ob ich die Musick mir wieder an's Herz legen kann, der Frühling wird mir liebliche Beschäfftigung im Garten geben, (an den ich mich freylich erst wieder gewöhnen muß) und Dein lieber Hyperion wird meinen Geist beleben, wie freue ich mich schon darauf! –*

(50) 10. Mai — Casimir Ulrich Böhlendorff aus Homburg an Ph. E. von Fellenberg in Bern: *Ich habe hier einen Freund, der Republikaner mit Leib und Leben ist – auch einen andern Freund, der es im Geist und in der Wahrheit ist – die gewiß, wenn es Zeit ist, aus ihrem Dunkel hervorbrechen werden; der lezte ist Dr. Hölderlin, der Verfasser des Hypperion, einer Schrift die Epoche zu machen, im tiefsten Sinne verdient.*

(51) Vmtl. Ende September — Von Susette Gontard: *Deinen lieben Hipperion der jetzt wohl da ist will ich schon so bald ich ihn mit Muße lesen kann mir mit Klugheit verschaffen.*

(52) 24. Oktober — Von Böhlendorff aus Jena: *Wie steht es um das Januarheft Deines Journals? Ich wünschte es besonders schnell befördert, um Deinen Empedokles darin zu finden, auf welchen ich mit wahrer Sehnsucht harre, wie auf den zweiten Theil des Hyperion, den ich gar nicht erwarten kann. Ich habe ihn hier einigen Jünglingen gegeben, und mit Freuden der Begeisterung ihres Busens, dem Sich-selbst-finden ihres Geistes zugesehen.*

(53) Vmtl. Oktober — Cottas Rechnungsbuch: *Hyperion 2t. Bdchen Aufl. 350 Dr.p. 10 Vel. / 7 1/2 u. 1/4 B. à 4 f. 30 – 34.52 1/2* Die vmtl. im April 1797 eingetragene Rechnung für den ersten Band lautet: *Hyperion 10 B. à f. 4.30 – 45 –*

Beide Rechnungen beruhen auf einem konstanten Bogenpreis: 4 Gulden 30 Kreuzer (1 Gulden = 60 Kreuzer). Die verschiedenen Rechnungsbeträge ergeben sich aus dem unterschiedlichen Umfang: Bd 1, 10 Bogen = 160 Seiten; Bd. 2, 7 3/4 Bogen = 124 Seiten. Damit ist die bisher geäußerte Annahme widerlegt, die Auflage des ersten Bandes sei höher als die 360 Exemplare des zweiten gewesen. Von beiden Bänden wurden 350 auf einfachem Druck- und 10 Bände auf Velinpapier hergestellt.

(54) 25. Oktober — Rezension in *Oberdeutsche, allgemeine Litteraturzeitung*, Salz-

burg, von Conz; die bisher falsch gedeutete Chiffre *Zl.B.* ist aufzulösen – (Con)z, L(udwigs)b(urg): *In Erwartung, daß bald der zweyte Theil dieser Elegischen Briefe erscheine, und uns Gelegenheit gebe, den ganzen Plan beurtheilen zu können, machen wir einstweilen das Publikum auf dieses Produkt einer blühenden, tieffühlenden, und bis zu Ideen sich erhebenden Einbildungskraft bekannt. Was wir vor uns liegen haben, gleicht bis jetzt noch einem schönen Torso, wovon der eigentliche Stand und die Extremitäten noch ergänzt werden müssen. Es ist alles in einem edlen, hohen Style gedacht und gefühlt. Tragischer Ernst, große Massen, kühne Aufflüge der Phantasie sind das ehrwürdige Gepräge einer in sich gezogenen, mit unparteyischer Härte über das glänzende Nichts alles menschlichen Treibens richtenden Vernunft, und ein innerer moralischer Selbstkampf, der nur in der Harmonie der Natur Ruhe, und Besänftigung erwarten kann, geben dieser kleinen, aber gedankenreichen Schrift ein nicht gemeines Interesse. Es ist kein Buch für das gemeine Lesepublikum. Der Verfasser spielt nicht mit seinen Lesern, er nimmt alle ihre intellectuellen und moralischen Kräfte in Anspruch. Und wem Ossian nicht gefällt, der wird noch ungerührt und unbelehrt dieses Buch gleich nach dem ersten Briefe bey Seite legen. Um von dem Tone ein anschauliches Beyspiel zu geben hier eine Stelle:* (die Rezension schließt mit 1, II:49-58).

Anfang November — An Susette Gontard: *Hier unsern Hyperion, Liebe! Ein wenig Freude wird diese Frucht unserer seelenvollen Tage dir doch geben. Verzeih mirs, daß Diotima stirbt. Du erinnerst dich, wir haben uns ehmals nicht ganz darüber vereinigen können. Ich glaubte, es wäre, der ganzen Anlage nach, nothwendig. Liebste! alles, was von ihr und uns, vom Leben unseres Lebens hie und da gesagt ist, nimm es wie einen Dank, der öfters um so wahrer ist, je ungeschikter er sich ausdrükt. Hätte ich mich zu deinen Füßen nach und nach zum Künstler bilden können, in Ruhe und Freiheit, ja ich glaube, ich wär' es schnell geworden, wonach in allem Laide mein Herz sich in Träumen und am hellen Tage, und oft mit schweigender Verzweiflung sehnt.* (55)

4. November — Von Susette Gontard: *Montag / Denke nur! Gestern bekomme ich durch die S.* (Margaretha Elisabeth Sömmering, Susettes Freundin, die noch vor ihr, am 11. Januar 1802 starb) *die höchst unerwartete Nachricht, das Z.* (Ludwig Zeerleder) *von Bern (der vor 5 Jahren mir das Fragment von Dir abschrieb) so eben bei ihr gewesen sey.* (57)

7. November — Susette Gontard: *Donnerstag – 11 Uhr / O! mein Herz! wie danke ich Dir! Du bist da! – – schon war mir so bange, du mögtest krank seyn denn das wußte ich wohl, das schlechtste Wetter würde Dich heute nicht abhalten, mir die Freude zu machen heute etwas von Dir zu höhren! Wie bitte ich den Himmel um eine günstige Minute, was ich hören werde wird gut seyn Du sahest heiter aus, könntest Du meine Rührung sehen und an meinem klopfenden Herzen es fühlen, wie sehr diese Ahndung mich freut! – – –* (. . .) *Du hattest ein Buch in der Hand! wie freut es mich schon.* (. . .) *Himmel!* (58)

welch ein Wetter wie unruhig macht es mich, gehe nicht, wenn's so bleibt, Du könntest krank werden. O! schone Dich nur mein Bestes! Wann werde ich künftig wieder von Dir hören können, wenn es doch nur schon Abend wäre, und ich hätte, was mich so freuen wird, in sichern Händen. Was wir leiden müssen ist unbeschreiblich, aber warum wir's leiden ist auch unbeschreiblich.

(59) November — Verfügung der *K. K. Bücher-Zensur* in Wien für den 2. Band des *Hyperion*: *Verkauf nur erga schedam* (mit amtlicher Bescheinigung).

1800

(60) Vmtl. März — Anzeige in *Europäische Annalen*: *Hyperion oder der Eremit in Griechenland, von Fr. Hölderlin, 2r Theil. 8. 35 kr. Man wird in diesem Roman das seltene Talent des Verfassers erkennen, der auf eigenem Weg seinen genialischen Gang verfolgt.*

(61) 4. März — Von Friedrich Emerich (Regest): *Mainz, 13. Ventos 8 schreibt er über den 2. Theil des Hyperion, den er nun gelesen, entzückt. Das Urtheil über die Deutschen aber hat ihn empört. – Erwartet, wie Böhlendorff einen dritten Theil.*

1801

(62) 12. Januar — Conz in *Tübingische gelehrte Anzeigen*: *Später, als wir wollten zeigen wir eine Schrift an, die dem Geiste und dem Herzen ihres Verfassers zum Ruhme gereicht. Das Ganze ist, nach unserer Ansicht, mehr ein Poëm, als ein Roman: ein lyrisches Gedicht von grösserer Ausdehnung könnte man es nennen. Es wird keine Hauptbegebenheit darinn entwikelt, und sollte wohl auch, nach der Absicht des Verf., nicht darinn entwikelt werden. Die Individualität Eines Charakters, seine Gesinnungen und Ansichten der Natur und Sittenwelt so vollständig und anschaulich als möglich darzustellen, scheint mehr der Plan des Dichters gewesen zu seyn: die wenigen Nebenfiguren und das wenige, was von Begebenheit vorkommt, sollten wohl dazu da seyn, um dieses Hervorgehen innerer Handlung zu motiviren. Vielleicht giebt dieser Standpunkt den besten Maasstab an, um das Produkt unsers V. am richtigsten zu beurtheilen, und den Leser vor Misverständnissen zu verwahren. Es könnte z. B. irre machen, daß die Gefühle, die Ansichten, die Forderungen an die Menschen in dem Hauptcharakter, dem Hyperion, etwas zu viel von dem haben, was wir überschwänglich oder überspannt zu nennen gewohnt sind: als blossem Romanhelden würden wir ihm das, da er dabey immer mehr leidet als handelt, wiewohl auch nach Goethes's Behauptung dieser nicht die höchste Thätigkeit besizen muß, weniger verzeihen, als wenn wir ihn gleichsam als das Substitut für den lyrischen Dichter betrachten, in dem dessen Empfindungen ausgesprochen werden: es könnte irre machen, daß die Nebencharaktere, wie man es im Roman nicht anders erwartete, zu wenig gegen die Hauptfigur abstehen, daß Gesinnungen und Sprache*

bey beyden dieselben sind. Rec. glaubt: von dem obigen Gesichtspunkte schwindet auch diese Bedenklichkeit. Ob der Verf. der Kunst nicht Gewalt angethan hat, daß er verschiedne Gattungen derselben hat ineinander laufen lassen, will er hier nicht untersuchen: übrigens haßt Rec. die willkührlichen Schranken, die man ihr oft noch sezen will. Wenn er seinen Eindruk den dieses Gedicht auf ihn gemacht hat, schildern soll, so kann er mit Wahrheit behaupten, daß viele Parthieen desselben ihm einen reinen wohlthuenden Genuß verschafften: nicht immer konnte er dem liebenswürdigen Schwärmer folgen: auch manche schneidende Seiten und Ansichten und Aeusserungen desselben, die als vorübergehend, von momentanen Umständen bestimmt, eine mildere Auslegung zulassen, stissen ihn ab. Er hofft, und die Anlage und der Gang des zweyten Abschnittes verrathen es schon, diese Mistöne werden sich noch am Beschlusse in Wohlklang auflösen: für die Erscheinung dieses lezten Heftes sey ein vollständigeres Urtheil aufgespart! Nur dieses sezen wir noch hinzu. Daß für einen solchen in Idealen lebenden Charakter, wie der des Hyperion ist, zum Grund auf dem er erscheinen sollte, das jezige Griechenland gewählt wurde, ist sehr erklärbar, weil es dem alten, dem das war und nicht war, am nächsten liegt: und wenn die volle Phantasie und das volle Herz im frischen Anhauche des Morgens unsrer Jugend uns mit Ahndungen einer bessern Welt und Menschheit anfüllen, als die wirkliche ist, auf welchem Boden – denn einen Grund muß die Phantasie haben, auf den sie ihre Farben auftrage – pflanzen dann jene ihre Träume mit weniger Anschein von Täuschung über, als auf den für sie unverlezlichen des alten Griechenlands? Ob Griechenland, auch in seiner glänzendsten Periode, je das gewesen, darnach fragt der idealisirende Trieb nicht und hat nicht darnach zu fragen. Genug, daß wenn es auch historisch erweislich ist, Greichenland war selbst unter seinen Platonen, Sokraten und Alcibiaden nicht das Griechenland der Dichter und poëtisirenden Philosophen und Geschichtsschreiber, als welches es von diesen oft aufgestellt wird; daß es doch eben so historisch erweislich wird: es giebt kein Volk und kein Land, auf das sich Ideale vollkommener Menschheit glüklicher hinüberspielen lassen, als dies auch in seinem Verderben nach der Periode seiner Cimons, Miltiade, Themistokles u. a. noch so anziehende, und dort, in den Tagen des Perikles, für den Kunstsinn noch mehr anziehende wunderbare Geniusland. Aber eben daraus mochten um so eher manche zu einseitige, harte, ungerechte Urtheile über unser Deutschland, z. B. s. II. Th. S. 112-118, entsprungen seyn. Auch möchte eben das Griechenland, das den Hyperion so begeistert, einige Auswüchse der Phantasie im Ausdruke dieser Begeisterung vielleicht auffallender machen.

22. Januar Hölderlin, seit Jahresbeginn in Hauptwil, erhält die Rezension von F.G. Süskind in Tübingen mit der Bemerkung: *Wahrscheinlich wirst Du mit ihr zufrieden sein. Die richtige und humane Denkungsart ihres Verfassers scheinen mir unverkennbar zu sein. Du darfst sie mir nicht mehr zurückschicken, behalte sie als Dein Eigenthum. –* (63)

(64) Vmtl. April

Aus einer Sammelrezension in *Neue allgemeine deutsche Bibliothek*, wiederum von Manso: *Rec. findet keine Ursache, sich sein ehemaliges Urtheil gereuen zu lassen* (. . .) *Hyperion redet noch immer eine erhabene bilderreiche, überirdische Sprache, die hohe, wunderbare, nie gehörte Dinge zu verkündigen scheint; aber im Grunde wenig verkündiget.*

1804

(65) 24. Oktober

Joseph Görres in *Aurora, eine Zeitschrift aus dem südlichen Deutschland*, München: *Auch ein Werk, das die Zeit über ihren Bagatellen undankbar zu vergessen scheint, ist Hölderlin's Hyperion. Wer je entrüstet war in seinem innersten Herzen über die Schlechtigkeit des Jahrhunderts, und die Verworfenheit der gezähmten und dressirten Menschen-Natur; wer verwundet sich fühlte von der tiefen Versunkenheit, in der die Abkömmlinge der Götter unter den Thieren des Felds herumweiden, und das Antliz immer und immer gegen die Erde gewendet, sich ihre nothdürftige Nahrung aus ihr herausraufen; wer je sein Gemüth gedrückt und gepreßt fühlte von der unbegreiflichen Verworrenheit, in der das Geschlecht tageblind herumtaumelt, und von seiner eigenen brutalen Verkehrtheit aufgeregt, von dem dampfenden Athem eines zornigen Schicksals ergriffen, umhergeschleudert wird, wie eine Windsbraut vom heulenden Sturme, und aufgepeitscht in wilden Wirbeln sich an sich selber aufreibt, und wenn es auch widerstrebend einen Augenblick verweilt, um zu rasten und zu genießen, immer wieder aufgejagt wird von dem grausamen Orcane, und fortgerissen in sein Verderben, wie die Verdammten in Dante's Hölle; und wer dann in sich aufglühen sah die hohe Flamme des Enthusiasm, und hinein sich stürzte in den gewaltigen Strudel, und entgegen sich stemmte mit der ganzen Unendlichkeit von Kraft, die er in sich zu umschließen glaubte, und den tobenden Sturm beschwören wollte mit seinem lebendigen Athem, und die Menschenhaufen, wie sie sausend vorbeischwirrten, oder erschöpft an der Erde lagen, zu gleichem Widerstande aufrief, und wer es nicht glauben wollte, wie sie ihn anstarrten dumm und grob, und wild, und ihn höhnten, und den Sturm und ihren Zustand priesen, und wie sie dahingerissen wurden, ihm Steine noch nachwarfen; und wer dann die Teufel hohnlachen hörte über sich in den Lüften, und es empfand, wie die ergrimmten Mächte, denen er getrotzt hatte, auch ihm die eisernen Fäuste auf den Nacken legten, und ihn erdrücken wollten als Opfer den Rachegöttinnen geweiht, und nicht eine Liebe hatte, die den Grausamen ihn entführte – der wird in Hyperion einen Bruder grüßen, erstaunt wird er seine ganze Vergangenheit in ihm umarmen; sein verflossenes Leben, das er längst gestorben glaubte, wird wunderbar feierlich ihm entgegentreten, und alle Gefühle, die er verweht, und zerstoben und verblichen glaubte, ihm wieder bringen, und dafür die Gegenwart und die Zukunft ihm abfordern. Abkömmlinge aus dem Heldenvolke Dya-na-*

sore (Roman von W. F. Meyern, erstmals 1787-1789) *sind Hyperion und Alabanda, große eingekerkerte Götter, wie die Elephanten eingekerkerte Menschen sind; mächtige Heroen, die zürnend über die Erde gehen, um sie von Drachen und reißenden Thieren zu reinigen, kühn und brav, nur etwas zu metaphysisch gehalten, wie meistens alle besseren Menschen und selbst die Ideale der Zeit es sind, weil die Gymnastik von der Erde sich verloren hat. Darum scheitert ihr Unternehmen so schnell, und ihre That verliert sich wie im Sande in der unberechneten Schlechtigkeit ihrer Helfer. Und Diotima! eine Blume des Himmels ist sie unter den Blumen des Feldes aufgesproßt, und sie bedarf des balsamischen Blüthenduftes, damit ihr Irdisches erstarke, und der hohe Geist sich nicht loswinde von ihm; aber sie entzündet sich am Enthusiasm des Geliebten, und hebt das Haupt über die Blüthen hinaus in den hohen Aether, und athmet Himmelslüfte; aber das reine Gas verzehrt ihr Leben zu schnell, sie verbrennt in sich selber, die Flamme schlägt aufwärts gegen die Höhe, die Blume aber senkt sich am Stengel hinunter und welkt dahin. Armer Hyperion! ärmerer Dichter! ihr hattet keine Liebe, die euch vor den furchtbaren Mächten rettete, die Faust erdrückte euch. Im prophetischen Geiste hat er sein eigenes Schicksal in den Worten ahnend geweissagt: „Es ist auch herzzerreißend, wenn man eure Dichter, eure Künstler sieht, und alle, die den Genius noch achten, die das Schöne lieben und es pflegen. Die Guten! sie leben in der Welt wie Fremdlinge im eigenen Hause, sie sind so recht wie der Dulder Ulyß, da er in Bettlergestalt an seiner Thüre saß, indeß die unverschämten Freier im Saale lärmten, und fragten: wer hat uns den Landläufer gebracht? Voll Liebe und Geist und Hoffnung wachsen seine Musen-Jünglinge dem deutschen Vaterlande heran, du siehst sie sieben Jahre später, und sie wandeln wie die Schatten still und kalt, und sind wie ein Boden, den der Feind mit Salz besäete, daß er nimmer einen Grashalm treibt; und wenn sie sprechen, wehe dem! der sie versteht, der in der stürmenden Titanen-Kraft, wie in ihren Proteus-Künsten den Verzweiflungskampf nur sieht, den ihr gestöhrter schöner Geist mit den Barbaren kämpft, mit denen er zu thun hat."* (2, XXIX: 80-94) *Und viel verhaltene Bitterkeit grollt durch das ganze Gedicht, in der ein innerer, verzehrender Unmuth sich Luft macht, der aber früh oder spät die Springfedern des Lebens brechen muß. In den Gedichten im Taschenbuch für Freundschaft und Liebe schlägt ein Adler krampfhaft mit den geknickten Flügeln, die bösen Buben auf den Straßen hetzen ihn und jagen ihn, aber wer seine Zeit kennt, und ein Gemüth im Busen hat, sieht trauernd ihm nach, wenn er vorüberflattert, und noch immer zur Sonne hinan will.*

1814

1. Oktober Clemens Brentano an Rahel Varnhagen: *Sollten Sie nie den Hyperion von Hölderlin, Cotta 1797, gelesen haben, so thuen Sie* (66)

es so bald als möglich; es ist eines der trefflichsten Bücher der Nation, ja der Welt.

1816

(67) Dezember — Marianne von Preußen an ihre Schwester, Prinzessin Auguste von Homburg: *Wie hattest du Hölderlin geliebt?* Diese berichtet zunächst von ihrer *Hyperion*-Lektüre: *Den ganzen Tag las ich, und dachte mich in diese Gedanken hinein – es war mir wie aus dem Herzen gesprochen. So las ich es wohl zwanzig Mal durch – Was fernen Bezug darauf hatte, wurde mir heilig – so bekam ich die Begeisterung für Griechenland, die mir so lange anklebte – und seine Geschichte in den Kopf, weil ich um alle Beziehungen zu fassen (oder vielmehr auszudehnen) nachschlug und nachfragte, und denn diesen Zusammenhang wieder erfassen wollte. – Und die Karte die ich zur Hülfe genommen hatte, um nur diesen Gedankenkreis in allem und jedem festzuhalten, könnte ich jezt noch hinzeichnen, so lernte ich sie auswendig – geschweige das Buch selbst – immer hatte ich im Gedächtniß und im Munde für mich – irgend eine Stelle, ich gieng damit zu Bette und stand damit auf; und bekam so die Gewohnheit, mitten unter allen Menschen ganz allein zu sein; – zu sprechen und zu lachen, und im Herzen ganz wo anders mich zu fühlen, ohne je sagen zu können daß ich zerstreut gewesen wäre. – O eine böse Gewohnheit, die vom Menschen so entfernt, und recht schwer ist abzulegen. –/ Was war aber natürlicher, als daß der dieses geschrieben für mich, auch ohne ihn gesehen zu haben, eins mit dem Inhalte wurde. – Er wohnte bald darauf einige Jahre hier. – Ich höhrte von seinem Freunde, wenn ich wollte von ihm reden. (Dieser selbst hatte keine Ahndung meines Interesse.)/ Gesprochen habe ich ihn in diesen paar Jahren drei oder vier Mal, eigentlich gar* n i c h t *– gesehen vielleicht sechs Mal. Aber die Einbildungskraft hatte freies Spiel – und was sie leisten kann, das hat sie treulich geleistet! –*

1821

(68) 11. Mai — Leutnant von Diest, ein Freund des 1815 in Wien gestorbenen Isaak von Sinclair, veranlaßt die erste Sammlung der Gedichte und eine Neuauflage des *Hyperion*; an Justinus Kerner in Weinsberg: *Ihren Gruß an meinen lieben gütigen Freund Fouqué habe ich bestellt, er hat die Güte gehabt die Korektur des Hyperion zu einer neuen Ausgabe zu übernehmen, wie auch mehrerer Gedichte, deren Originale wir noch nicht haben finden können.*

(69) 4. Juli — Diest an Kerner: *Unser Geschäft betreffend so habe ich zuvörderst ein Exemplar des Hyperion mit eingetragner Corectur an Cotta übersendet mit der Bitte ihn einstweilen abdrucken zu lassen u: dem Versprechen das Manuskribt der Gedichte im Herbste folgen zu lassen (. . .) Ueberhaupt ist über Hyperion so viel zu sagen, ich erinnere mich sehr deutlich daß der verstorbene Sain-*

clair einmal äußerte, H: Plan mit dem Buche sey gewesen, in einem noch ungeschriebenen dritten Theile zu zeigen, wie das Christenthum am Ende aller irdischen Leiden u. Freuden uns mit der Welt versöhnt u. einigt. H. habe aber, ich weis nicht warum, diesen Plan späterhin nicht durchgeführt (. . .)

(70) 6. Dezember

Cotta an Hölderlins Bruder, Karl Gock: *Euer Wohlgebohrn/haben wir die Ehre auf Ihr Verehrtes v. 1. d. M zu erwiedern, daß unsere Verabredung mit Herrn von Diest dahin gieng, die sämtliche Werke von Hölderlin herauszugeben, und nicht den Hyperion besonders, von dessen 2t. Theil wir ja noch Exemplare besitzen – Unser Antrag ist daher kein getheilter und beruht was die Gedichte betrift auf einer längst bestehenden Convention.*

1822

(71) 28. Januar

Varnhagen von Ense an Ludwig Uhland: *Wenn doch die Sammlung der Hölderlin'schen Werke endlich erschiene! Diese Griechenzeit geht noch vorüber* (die Griechen hatten sich am 25. März gegen die Türkenherrschaft erhoben), *und nachher ist die schönste Gelegenheit verloren. So geht es immer mit unsren deutschen weitläuftigen Bemühungen! Welche Aufnahme war dem Hyperion in der allgemeinen Stimmung bereitet!*

1830

(72) 6. März

Tagebuch der Prinzessin Marianne von Preußen: *Gestern aß der diesjährige rector Magnificus bey uns, der weltberühmte Professor Hegel – mir war das eigentlich fatal – und ich schämte mich fast, viel mit ihm zu reden, es machte mich auch verlegen, und ich wußte nicht was – da fiel mir Herr von Sinclair ein, daß er ihn als genannt in alter Zeit – ich fing von ihm an – da sprach er von ihm, von Bonamös, von seinen Wanderungen mit ihm auf unseren Bergen, nannte jeden bey Nahmen – da fing er von Hölderlin an, der für die Welt verschollen ist – von seinem Buch Hyperion – alles das hatte époque in meiner Kindheit mir gemacht wegen Schwester Auguste in Beziehung auf sie – und da empfand ich auf einmal beim Klang dieser Nahmen eine wahre Freude – eine ganze Vergangenheit ging auf durch sie, und der Mann als Schall war mir in dem Moment wahrhaft lieb. Es war eine Art Erinnerung erweckt wie sonst als durch einen Geruch oder Melodie oder Ton. Ich sah auf einmal das Buch Hyperion, wie es grün eingebunden lag auf dem Fenster der Schwester Auguste, und die schönen Weinranken am Fenster, den Sonnenschein hindurch, den kühlen Schatten in den dunklen Kastanienalleen vor dem Fenster, hörte die Vögel – kurz die ganze Vergangenheit ging mir auf in dem befreundeten Nahmen.*

Schriftarten, Zeichen und Abkürzungen

Der in der *differenzierten Umschrift* der FHA (vgl. die Anm. S. 7) räumlich abgebildete Text wird in der *linearen Textdarstellung* als chronologische Textfolge entwickelt. Die Stufen der Textentstehung sind mit römischen Ziffern, Stufensegmente mit kursiven Versalien bezeichnet. Änderungen innerhalb des Verses oder der Zeile werden durch kleine Variantenziffern gezählt und so angeordnet, daß sie sowohl in ihrem chronologischen, als auch im textlogischen Zusammenhang lesbar werden. Aus den mit jeweils schwerer, bei Vorstufen mit mittlerer Type hervorgehobenen Varianten ergibt sich die Textkonstitution einer Stufe. Die Lesetexte der Bände 10, 11 sind entweder **emendiert** (von Schreibversehen, Druckfehlern und erkennbaren Fremdeingriffen gereinigt) oder **konstituiert** (aus Entwürfen abgeleitet). Abgeschlossene Stufen (III, VIII) erscheinen in größerer Type mit Emendationen in der Fußnote.

	Lineare Textdarstellung:
I	Textstufe
I*A*	Segment einer Textstufe
I	Werkabschnitt (Kapitel, Brief)
$_1$**Te**k $_2$**xte und** Stufen $_3$**Varianten**	Variantenziffern und Textanordnung; unterlagerter Text gilt als aufgeben; die Textstufen ergeben sich aus der Reihe nicht unterunterlagerter Texte.
Text	Konzept oder Textvorstufe
Text	Basistext (frühere Textkonstitution) bei Überarbeitungen
Text (Antiqua I)	alternative Textkonstitution oder Zitat
Antiqua II	editorische Bemerkung
Text ↑ Text	Verdeutlichung des Textanschlusses
i |	ersatzlose Streichung des darüberstehenden Textes
[ ]; [Text]	editorische Tilgung; editorische Ergänzung oder Wiederholung eines in der Hs nur einmal notierten Textsegments
][	in der Zeile: Worttrennung; unter der Zeile: Zusammenfügung
Text ↓ 30_1	vers-/zeilenübergreifende Variante
↑$_1$Text	Gegenpfeil als Anschlußvermerk
/	Zeilenbrechung bei überlangen Zeilen
//	Absatz
20 30	Vers/Linienzählung der linearen Textdarstellung (vgl. VII*A*)
30a	selbständige Vers/Linienvorstufe
30*a*	alternative Vers/Linienkonstitution
[30]	Konzepttext/editorisch ergänzter Text
	Edierter Text:
rechts: 5	Seitenzeile KTA
links: 125	Vers/Linie entsprechend der linearen Textdarstellung
|im Text	neue Seite
a79/1 oder *D9/1*	Seite einer nicht abgebildeten Abschrift oder des Erstdrucks
125	Briefzeilenzählung KTA (III, VIII; identisch mit FHA)
mglw.	möglicherweise (schwächere Hypothese)
vmtl.	vermutlich (stärkere Hypothese mit editorischer Konsequenz)
FHA	Frankfurter Hölderlin-Ausgabe
KTA	Kritische Textausgabe
StA	Stuttgarter Ausgabe

I
An Kallias

Hölderlins Plan zum *Hyperion* nahm im Frühling 1792 Gestalt an (2). Der Entwurf *An Kallias* ist wahrscheinlich der einzige, schon deswegen bedeutsame Überrest der insgesamt verschollenen Tübinger Frühfassung und keineswegs ein essayistischer Entwurf, wie noch Fr. Beißner angenommen hatte. Hyperion schreibt an Kallias (gr. der Schöne), der (wie später Bellarmin in Deutschland) in unbestimmter Ferne lebt. Mit dem Traum von der *holden Gestalt*, dem Urbild der späteren Diotima, die hier noch Glycerea (gr. die Liebliche) heißt, mit dem bestimmten Entschluß zu verwegener Tat erscheinen schon die beiden Hauptmotive des späteren Romans. Und wie dort sind auch hier schon biographische und epische Züge untrennbar verbunden. Daß der Brief *An Kallias* mehr als eine isolierte Skizze sein könnte – der erste Ansatz zum *Hyperion* überhaupt – legt nicht nur die morgendliche Aufbruchstimmung nahe, sondern auch die kühne Exposition des Fragments, das unentwickelte Verhältnisse voraussetzt. Dies entspricht genau dem ingeniösen Bauprinzip des Romans, das, verkürzt gesagt, auf der kompositorischen Umkehrung von Ursache und Wirkung beruht. Nach dieser Maxime, die Hölderlin seinem Freund Ludwig Neuffer im Sommer 1793 mitteilte (der Entwurf war schon auf 144 Seiten angewachsen (5)), sollten, zur tätigen Beteiligung des Lesers, zuerst nur die Ideen und Empfindungen, und dann erst, nach und nach, die wirkenden Ursachen dargestellt werden (6). Auf jene besondere Bewandnis deutet aber auch das merkwürdige, noch vor der Niederschrift notierte Doppeldatum *18./24. M*(ai 1792), dessen zweite Ziffer unter den meisten *Scardanelli*-Gedichten wiederkehrt, aber auch die stilkritische Glosse aus Rousseaus *Nouvelle Héloïse* (1, IX), und nicht zuletzt der Umstand, daß nur dieses eine einseitig beschriebene Blatt aufbewahrt wurde.

I

Ohne Überschrift. Das doppelte, eine Woche umspannende Datum wurde vor Niederschrift des Entwurfs notiert.

d. 18. M.

Darunter ein Querstrich.

d. 24. M.

Entwurf.

1 **Ich schlummerte, mein Kallias! Und mein**
$_1$**Schlummer war süß.** Es dämmerte in meinem Geiste,
$_2$lag ↑
$_3$| |
$_4$**Holde** |
2 $_5$**Dämmerung lag über**
$_1$**m**ir
$_2$**einem Geiste**, ab
3 $_3$**wie über den Seelen in Platons Vor**y
4 $_4$**elysium. Aber der**
Genius von M[ä]onia hat mich gewekt. Halbzürnend trat er vor mich, u[nd]
$_1$**mein Inn**st
5 $_2$**erstes bebte wieder von seinem Aufruf.** //
6 **In süßer Trunkenheit lag ich am Ufer unsers Archipelagus, u[nd] mein Auge**
7 **waidete sich an ihm, wie er so freundlich und still mir zulächelte,**
$_1$wie **der rosenfarbne Nebel über ihm wie wolmeinend die Ferne verbarg,**
8 $_2$**u[nd]**
$_1$wo du lebst, u[nd] weiterhin unsre Helden. Die frische süße Morgenluft
9a $_2$| |
$_1$drükte sich so |
10a $_2$sanft und süß an meine Wange, wie die schmeichelnde Hand
11a meiner Glycera. Ich spielt in kindlichen Träumen mit dem holden Geschöpfe. – [//]

Korrektur und Umstellung durch Ziffern:

wo du lebst, und weiterhin unsre Helden. s **o sanft und süß, wie die schmeichelnde** /
9 [S]
/ $_1$**Hand meiner Glycera**[,] drükte
$_2$**regte sich** D**ie frische Morgenluft an meine Wange.** /
10 [d] $_3$**r**
11 / **Ich spielt in kindlichen Träumen mit dem holden Geschöpfe. –** //
$_1$**Er**matte **t von glühenden Phantasien, grif ich zu meinem Homer.** //
12 $_2$**schöpf endlich**
12*a* Mglw. auch: ...grif endlich ich...
13 **Zufällig traf ich auf die Stelle, wo der kluge Laë[r]tiade, und Dio-**
$_1$mä
$_2$edes, der wilde nach dem Schlachttage
14a $_3$' um Mitternacht hingehn, durch

Korrektur und Umstellung durch Ziffern:

$_1$**medes, der wilde nach dem Schlachttag' hingehn** um **Mitternacht, durch**
14 $_2$**nach**
15 **Blut und Waffen ins Lager der Feinde, wo die Thrazier ermattet**
$_1$**von der Arbeit des Tags,** d
$_2$**ferne von den Feuern der** M
16 $_3$**Wächter im tiefen**
$_1$**Schlafe liegen.** Ulysses bindet die trefliche
$_2$**Diomedes** schlachtet
17 $_3$**wütet**[,]
$_1$**wie ein zürnender Löwe, unter den Schlafenden**. Zwölfe
18 [] $_2$**ringsumher.**
$_1$Ulysses bindet die Rosse
$_2$treflichen Rosse zur Beute
19a $_3$erfreulicher Beute.

Korrektur und Umstellung durch Ziffern:

$_1$Indeß
$_2$bindet Ulysses die treflichen Rosse, zu erfreulicher Beute. 19
$_1$Und räumt die Leichname weg, die Diomedes Schwed
$_2$rd traf, daß s
$_3$die Rosse 20
$_1$nicht darob scheu würden, und flüstert nu
$_3$| | $_2$jezt dem wilden Gefährten
$_4$drob 21
$_1$zu, daß es Zeit sei. Aber
$_2$Dieser sinnt noch auf Etw
$_3$etwas kühnes. Entwe- 22
$_1$der will [er] den Wagen neben ihm, voll von mancherlei Waffen, an der Deichsel
$_2$| | 23
$_1$fortziehen,
$_2$in die Höhe heben, u[nd] forttragen, oder zu den dreizehn, Thra-
[] 24
ziern, die sein Schwerd traf, merere gesellen. Aber Athene tritt vor 25
ihn u[nd] mahnt zur Rükkehr.// 26
Und nun die Siegesfreude nach dem ungeheuren Wagestük! Wie sie von 27
$_1$den Rossen springen zum freundlichen Empfang der Waffend
$_2$beim $_3$brüder 28
$_1$mit Handschlag und süßer Rede! wie
$_2$dann ins küle Meer sich stür- 29
zen, den Schweis abzubaden, u[nd] die müden Glieder zu stärken, u[nd] nun 30
$_1$erfrischt und wolgemuth zum Schmause sezen, u[nd] der Beschüzerin Minerva
$_2$verjüngt $_3$sich $_5$Athene
[zum] $_4$sich 31
$_1$des süßen Weins aus den Klch
$_2$elchen gießen, zum kind ichen Opfer! O
$_3$m $_4$| | $_5$l
$_6$den $_7$| |
$_8$| | 32
$_1$mein Kallias! diß begeisternde Gefül der Kraft u[nd] der Künheit! //
$_2$Triumpf[g] ↑ 33
Diß war auch dir bereitet, rief's mir zu, u[nd] ich hätte mein glühendes 34
$_1$Gesicht in der Erde bergen mögen, so gewaltig ergriff mich Schaam u. Reue
$_2$die | | 35
vor den unsern u[nd] Homeros Helden! Ich bin nun entschlossen, es koste 36
was es wolle. // 37

Stilkritische Glosse aus J.J.Rousseaus *La Nouvelle Héloïse*, 1,*IX*: Ihr Brief verrät Sie durch seinen munteren Stil; auch hätten Sie nicht soviel Geist, wenn Sie weniger ruhig wären.

Votre lettre vous dément par son style enjoué; et vous n'
auriez pas tant d'esprit si vous étiez moins tranquille.

$_1$Du müßtest sehn, wie ich die ernste Mahnung meines Herzens fro
$_2$er n $_3$gar 38
künstlich fröliche Farben aufzwang, um sie mir erträglicher 39
zu machen, u[nd] sie wie einen guten Einfall belächeln, 40
u[nd] vergessen zu können! 41

Ich schlummerte, mein Kallias! Und mein Schlummer war süß. Holde Dämmerung lag über meinem Geiste, wie über den Seelen in Platons Vorelysium. Aber der Genius von Mäonia hat mich gewekt. Halbzürnend trat er vor mich, und mein Innerstes bebte wieder von seinem Aufruf.

In süßer Trunkenheit lag ich am Ufer unsers Archipelagus, und mein Auge waidete sich an ihm, wie er so freundlich und still mir zulächelte, und der rosenfarbne Nebel über ihm wie wolmeinend die Ferne verbarg, wo du lebst, und weiterhin unsre Helden. So sanft und süß, wie die schmeichelnde Hand meiner Glycera, regte sich die frische Morgenluft an meiner Wange. Ich spielt in kindlichen Träumen mit dem holden Geschöpfe. –

Erschöpft von glühenden Phantasien, grif ich endlich zu meinem Homer.

Zufällig traf ich auf die Stelle, wo der kluge Laërtiade, und Diomedes, der wilde nach dem Schlachttag' hingehn nach Mitternacht, durch Blut und Waffen ins Lager der Feinde, wo die Thrazier ermattet von der Arbeit des Tags, ferne von den Feuern der Wächter im tiefen Schlafe liegen. Diomedes wütet, wie ein zürnender Löwe, unter den Schlafenden ringsumher. Indeß bindet Ulysses die treflichen Rosse, zu erfreulicher Beute. Und räumt die Leichname weg, die Diomedes Schwerd traf, daß die Rosse nicht drob scheu würden, und flüstert jezt dem wilden Gefährten zu, daß es Zeit sei. Dieser sinnt noch auf etwas kühnes. Entweder will er den Wagen neben ihm, voll von mancherlei Waffen, in die Höhe heben, und forttragen, oder zu den dreizehn Thraziern, die sein Schwerd traf, merere gesellen. Aber Athene tritt vor ihn und mahnt zur Rükkehr.

Und nun die Siegesfreude nach dem ungeheuren Wagestük! Wie sie von den Rossen springen beim freundlichen Empfang der Waffenbrüder mit Handschlag und süßer Rede! dann ins küle Meer sich stürzen, den Schweis abzubaden, und die müden Glieder zu stärken, und nun verjüngt und wolgemuth zum Schmause sich sezen, und der Beschüzerin Athene süßen Wein aus dem Kelche gießen, zum kindlichen Opfer! O mein Kallias! diß Triumpfgefül der Kraft und der Künheit!

Diß war auch dir bereitet, rief's mir zu, und ich hätte mein glühendes Gesicht in der Erde bergen mögen, so gewaltig ergriff mich die Schaam vor den unsern und Homeros Helden! Ich bin nun entschlossen, es koste was es wolle.

Votre lettre vous dément par son style enjoué; et vous n'auriez pas tant d'esprit si vous étiez moins tranquille.

Du müßtest sehn, wie ich der ernsten Mahnung meines Herzens gar künstlich fröliche Farben aufzwang, um sie mir erträglicher zu machen, und sie wie einen guten Einfall belächeln, und vergessen zu können!

II
Waltershäuser Paralipomenon

Die beiden Blätter bildeten vermutlich den Schluß einer umfangreicheren Abschrift von der Hand Marie Rätzers, die zwischen 1793 und 1797 Gesellschafterin Susette Gontard und Erzieherin ihrer Töchter war. Dennoch scheint der Text nicht erst in Frankfurt entstanden zu sein; er gehört wahrscheinlich zu einer in der ersten Jahreshälfte 1794 (oder noch früher) aufgegebenen Textstufe. Dies ergibt sich vor allem aus der Verwendung einzelner Passagen im *Fragment von Hyperion* (vgl. dort II:94-III:25; außerdem I:133, 134), das im Spätsommer 1794 an Schiller abgesandt wurde (11-13). Denkbar, daß sich Susette Gontard nun auch für die Fassung des Romans interessierte, die dem von Ludwig Zeerleder eigens für sie abgeschriebenen Fassung (57) vorausging und daß ihr Marie Rätzer diesen Wunsch erfüllte oder bei der Abschrift jener früheren Papiere behilflich war.

II

Varianten in Marie Rätzers Abschrift:

16 $_1$Seele? $_2$**Rede** 22 **mußt** am Rand vorgefügt

25 schwer deutbare Korrekturen (vmtl. wegen schwieriger Textlage im Original):

$_1$gern an einem
$_2$**auch an de[m]** **Ruin**
$_3$**verrütteten**

Ruin mglw. statt *Stein* (Verwechslung von *St* und *R*); vgl. jedoch VIII, *IV* 101.

26 **kentliche** am Rand vorgefügt

40 $_1$erhebt
$_2$**selbst erhebt**

Emendationen bei (Zeilenzählung des emendierten Textes):

1 *solte schlumren* 2 *öftrer wolte* 5 *kan* 6 *Mittags u:* 7 *spielte*[Blattrand *vertrocknet.* 8 *Aechzen* 8,9 *spaltet. Aber* [spaltet, hör' ich zuweilen.] ergänzt nach *Thalia-Fragment* III, *III*: 23 9 *Cypresse trauert* 11 *u:* 12 *in der Einen* [ ], vmtl. fehlt ein Wort; ebenso StA: [Gewißheit] 13 *gönte* 14 *Freude* 15 *Genügsammkeit* 16 *hörte, u:* 17 *wort u:* 22 *fodren* 24 *nicht nie; da* Textverlust am Blattrand 25 *ma*[wie 24 26 *un/kentliche* 28,29 *gönnen, das* davor fehlt vmtl. [mir]; ebenso StA: *mir gönnen, daß* 29 *ist mann kan* 30 *Brüderlich sagen das* 33 *solte* [sie] *sich* 35 *verwelkte. mann weis* 36 *da ist ausgieng* 38 *Leben Augenblicke u:* 38,39 *sehn* [nichts] *denn Tod umher.* Vmtl. stand im Original das der Abschreiberin nicht bekannte Kürzel ō für *nichts*; mglw.: *sehn den*[] *Tod umher.* (Text StA)

Emendierter Text II

Ich sollte das Vergangne schlummern lassen. Aber ich weis nicht warum? *a 79/1*
Das Bild des Ionischen Mädchens verfolgt mich jezt öfter wie je. Ich wollte dir gerne von etwas andrem schreiben, aber ich habe nichts in der Seele als die Tage die dahin sind.

Ich kann sie izt so ungestört begehn, die Todtenfeier meiner Jugend! Meer und Erde schläft in der Schwüle des Mittags und selbst die Quelle, die sonst hier spielte, ist vertroknet. Kein Lüftchen säuselt durch die Zweige. Ein leises Ächzen der Erde wenn der brennende Strahl den Boden spaltet, hör' ich zuweilen. Aber das stört wohl nicht! Auch giebt die Cypresse, die über mir trauert, Schatten genug. –

Ach! da sie mir erschienen war, und mein ungedultig Herz noch Ruhe fand in der Einen Gewißheit, daß ein solches Wesen unter uns auf Erden lebte, da ich sie noch dem Himmel gönnte, dem sie angehörte, und der Welt die sich verschönerte durch sie, da ich so in | reiner Freude, in stiller seeliger *2*
Genügsamkeit das süße Licht umschwebte – wenn ich neben ihr gieng und hörte, und von nichts mehr wußte als dem herrlichen Geist ihrer Rede und sich am Ende kein Wort mehr fand für ihre Gefühle und sie schweigend niedersah erröthend vom himmlischen Feuer, und mir dann so sichtbar ward wie sie vergaß, daß ich noch um sie war – ich hätte sie um alles nicht an mich gemahnt – meine Seele fühlte nie sich göttlicher als wenn ich sie so betrachtete in ihrer heiligen Vergessenheit! – Warum konnt es nicht so bleiben? warum

mußt ich an mich denken? – ich armer Thor! warum mußt ich fodern, daß das herrliche mein seyn sollte das meiner nicht bedurfte? Ich sehe nun klar, wie ich ihr gar nichts war. Die Welt achtete mich nie; das wäre nun wohl zu tragen! aber daß sie mich nie achtete, daß sie – man verweilt wohl auch an
3 dem verrütteten Ruin | über einem Grabe, sucht sich die unkenntliche Schrift zu deuten, weis nichts heraus zu finden und geht vorüber – O ich wollte ganz schweigen über meinen Schmerz – aber du wirst gern den Glauben mir gönnen, daß es wohlthätig ist, wo man sich nicht selbst helfen kann, sich an ein brüderlich Herz zu halten? – Ich möchte mir so gerne sagen, daß ich sie wieder finden werde in irgend einer fernen Welt des ewigen Daseyns. – Ewiges Daseyn? was nenne ich so? – Und sie gehet ihren Gang allein, sie eilet zum Ziel die Heldin; wie sollte sie sich umsehn nach diesem und jenem? –

Du wirst wenig Freude mehr haben an mir. Aber zürne nicht! Was ists das nicht verwelkte? O so ein armes Wesen! wovon man nicht weis, wozu es da ist, wovon es ausgieng, wohin es wiederkehrt, ob es früher fällt oder später, was ists am Ende? – –

Ach! das Leben ist kurz, sehr kurz. Wir leben nur Augenblike und sehn nichts denn Tod umher.

4 Es giebt noch Augenblike, wo es mich so weit über mich selbst erhebt das herrliche Gefühl, der Mensch sey nicht fürs einzelne geschaffen

III
Fragment von Hyperion

Durch Charlotte von Kalbs Vermittlung (11,12) erhielt Schiller das *Fragment von Hyperion* und gab es sogleich zum Druck. Es erschien Anfang November 1794 im vorletzten Stück der *Thalia,* die Schiller, nach seinem Wechsel von Göschen zu Cotta und mit der Vorbereitung der *Horen* beschäftigt, nur noch nebenher bearbeitete. Hölderlins Beiträge kamen ihm deshalb gelegen. Am 10. Oktober erfährt Neuffer die Zusage und zugleich Näheres über den Stand des *Hyperion* nach Abgabe der *fünf ersten Briefe*: *Ich bin nun mit dem ersten Theile beinahe ganz zu Ende* (13). Die Kritik nahm von den letzten und verspäteten Lieferungen der auslaufenden Zeitschrift, so auch von der Probe des Romans, keine Notiz. Die Wirkung war anders und folgenreicher. Der Berner Bankiersohn Ludwig Zeerleder schreibt das *Fragment* für Susette Gontard ab und überreicht es ihr als ein Zeichen seiner Bewunderung. Daß er in *Melite*, der Traumgestalt des Dichters, die wirkliche Diotima erkennt, oder anders, daß es der Text selbst ist, der den Weg zur Wirklichkeit sucht und findet, gehört zu den Mysterien, die Hölderlin und sein Werk umgeben. Schon ein halbes Jahr später wird ihm, durch Johann Gottfried Ebel, die Hauslehrerstelle bei den Gontards angeboten; das Jahr darauf ist er in Frankfurt.

Alle Emendationen sind unterm Text verzeichnet, in problematischen Fällen auch begründet. Verbessert wurden die erkennbaren Textfehler und die Abweichungen von der charakteristischen Schreibweise Hölderlins. Nicht emendiert wurde bei wechselnder Orthographie, soweit diese auch in den etwa zeitgleichen Handschriften verbürgt ist; auf gelegentliche Ausnahmen wird im folgenden Katalog hingewiesen.

a zu *ah*	bei *Namen*
Ae zu *Ä*	ausgenommen *Aeolische, Aeonen, Aether;* Hölderlin selbst schreibt gelegentlich *Aechzen, Aehrenfeld, Aergerniß* usw.
ck zu *k*	in VII einmal *Zacken*
D zu *d*	bei im Satz großgeschriebenen Anredepronomina
d zu *dt*	bei die *Toden, tod*, nicht jedoch der *Tod*
e zu *ee*	bei *Regen*
ei zu *ai*	bei Ableitungen von *laid* (vgl. die Emendationsnotiz zu VIII)
ey zu *ei*	ausgenommen die Formen von *seyn*, die (anders als in VII) auch in IV, V und VI mit *y* geschrieben werden; in V erscheint einmal *bey*, einmal *Dabey*
ie zu *i*	bei *dieß*
ll zu *l*	bei *vielleicht*; eine Ausnahme in VI
Oe zu *Ö*	
ss zu *ß*	bei *ausser, grüssen* u. ä.; der Druck bietet zumeist *ß*
ß zu *s*	bei *säußelt*
t zu *dt*	bei *Ernte*; so einmal in VII; sonst stets *Erndte*
tz zu *z*	
Ue zu *Ü*	
Apostrophe	werden ergänzt bei vermiedenem Hiat (Kürzung der Endung *e* vor nachfolgendem Vokal) und getilgt, wo sie versehentlich gesetzt wurden.
Interpunktion	Ergänzung bei mangelhaftem Satz und analog der Zeichensetzung im Umfeld

D5/181

Fragment von Hyperion.

[Vorrede]

Es giebt zwei Ideale unseres Daseyns: einen Zustand der höchsten Einfalt, wo unsre Bedürfnisse mit sich selbst, und mit unsern Kräften, und mit allem, womit wir in Verbindung stehen, durch die bloße Organisation der Natur, ohne unser Zuthun, gegenseitig zusammenstimmen, und einen Zustand der höchsten Bildung, wo dasselbe statt finden würde bei unendlich vervielfältigten und verstärkten Bedürfnissen und Kräften, durch die Organisation, die wir uns selbst zu geben im Stande sind. Die exzentrische Bahn, die der Mensch, im Allgemeinen und Einzelnen, von einem Punkte (der mehr oder weniger reinen Einfalt) zum andern (der mehr oder weniger vollendeten
182 Bildung) durchläuft, scheint sich, nach ihren wesentlichen Richtungen, immer gleich zu seyn.

Einige von diesen sollten, nebst ihrer Zurechtweisung, in den Briefen, wovon die folgenden ein Bruchstük sind, dargestellt werden.

Der Mensch möchte gerne in allem und über allem seyn, und die Sentenz in der Grabschrift des Lojola:

non coerceri maximo, contineri tamen a minimo

kann eben so die alles begehrende, alles unterjochende gefährliche Seite des Menschen, als den höchsten und schönsten ihm erreichbaren Zustand bezeichnen. In welchem Sinne sie für jeden gelten soll, muß sein freier Wille entscheiden.

---

4 *zwey* 7 *bloße* Alle *ß* sind im Druck aus *ſ* und Schluß-*s* zusammengesetzt 9 *bey*
18 *Bruchstück*

I Zante. *183*

Ich will nun wieder in mein Jonien zurük: umsonst hab' ich mein Vaterland verlassen, und Wahrheit gesucht.

Wie konnten auch Worte meiner durstenden Seele genügen? Worte fand ich überall; Wolken, und keine Juno.

Ich hasse sie, wie den Tod, alle die armseeligen Mitteldinge von Etwas und Nichts. Meine ganze Seele sträubt sich gegen das Wesenlose.

Was mir nicht Alles, und ewig Alles ist, ist mir Nichts.

Mein Bellarmin! wo finden wir das Eine, das uns Ruhe giebt, Ruhe? Wo tönt sie uns einmal wieder, die Melodie unsers Herzens in den seeligen Tagen der Kindheit?

Ach! einst sucht' ich sie in Verbrüderung mit Menschen. Es war mir, als sollte die Armuth unsers Wesens Reichthum werden, wenn nur ein Paar solcher Armen Ein Herz, Ein unzertrennbares Leben würden, als bestände der ganze Schmerz unsers Daseyns nur in der Trennung von dem, was zusammengehörte.

Mit Freud' und Wehmuth denk' ich daran, wie mein ganzes *184*
Wesen dahin trachtete, nur dahin, ein herzlich Lächeln zu erbeuten, wie ich mich hingab für einen Schatten von Liebe, wie ich mich wegwarf. Ach! wie oft glaubt' ich das Unnennbare zu finden, das mein, mein werden sollte, dafür, daß ich es wagte, mich selbst an das Geliebte zu verlieren! Wie oft glaubt' ich den heiligen Tausch getroffen zu haben, und forderte nun, forderte, und da stand das arme Wesen, verlegen und betroffen, oft auch hämisch – es wollte ja nur Kurzweil, nichts so Ernstes!

Ich war ein blinder Knabe, lieber Bellarmin! Perlen wollt' ich kaufen von Bettlern, die ärmer waren, als ich, so arm, so be-

---

2 *zurück:* 5 *fand'* 21 *wegwarf Ach!* Punkt fehlt 22 *aß d* fehlt 23 *glaubt ich*

graben in ihr Elend, daß sie nicht wußten, wie arm sie waren, und sich recht wohl gefielen in den Lumpen, womit sie sich behangen hatten.

Aber die mannigfaltige Täuschung drükte mich unaussprechlich nieder.

Ich glaubte wirklich unterzugehn. Es ist ein Schmerz ohne gleichen, ein fortdaurendes Gefühl der Zernichtung, wenn das Daseyn so ganz seine Bedeutung verloren hat. Eine unbegreifliche Muthlosigkeit drükte mich. Ich wagte das Auge nicht aufzuschla-
185 gen vor den| Menschen. Ich fürchtete das Lachen eines Kindes. Dabei war ich oft sehr still und geduldig; hatte oft auch einen recht wunderbaren Aberglauben an die Heilkraft mancher Dinge. Oft konnte ich ingeheim von einem kleinen erkauften Besizthum, von einer Kahnfahrt, von einem Thale, das mir ein Berg verbarg, erwarten, was ich suchte.

Mit dem Muthe schwanden auch sichtbar meine Kräfte.

Ich hatte Mühe, die Trümmer ehemals gedachter Gedanken zusammenzulesen; der rege Geist war veraltet; ich fühlte, wie sein himmlisch Licht, das mir kaum erst aufgegangen war, sich allmählig verdunkelte.

Freilich, wenn es einmal, wie mir däuchte, den lezten Rest meiner verlornen Existenz galt, wenn mein Stolz sich regte, dann war ich lauter Wirksamkeit, und die Allmacht eines Verzweifelten war in mir; oder wenn sie einen Tropfen Freuden eingesogen hatte, die welke dürftige Natur, dann drang ich mit Gewalt unter die Menschen, sprach, wie ein Begeisterter, und fühlte wohl manchmal auch die Thräne der Seeligen im Auge; oder wenn einmal wieder ein Gedanke, oder das Bild eines Helden in die Nacht mei-

---

4 *drückte* 9 *drückte* 10 *Menschen Kindes* Punkte fehlen 11 *Dabey* 13 ***Besitzthum,*** 21 ***letzten***

ner Seele strahlte, dann staunt' ich,| und freute mich, als kehrte 186
ein Gott ein in dem verarmten Gebiete, dann war mir, als sollte sich eine Welt bilden in mir; aber je heftiger sich die schlummernden Kräfte aufgeraft hatten, desto müder sanken sie hin, und die unbefriedigte Natur kehrte zu verdoppeltem Schmerze zurük.

Wohl dem, Bellarmin! wohl dem, der sie überstanden hat, diese Feuerprobe des Herzens, der es verstehen gelernt hat, das Seufzen der Kreatur, das Gefühl des verlornen Paradieses. Je höher sich die Natur erhebt über das Thierische, desto größer die Gefahr, zu verschmachten im Lande der Vergänglichkeit!

Aber Eines hab' ich dir noch mitzutheilen, brüderliches Herz!

Ich fürchtete mich noch vor gewissen Erinnerungen, als wir uns fanden über den Trümmern des alten Roms. Unser Geist gleitet so leicht aus seiner Bahn; müssen wir doch oft dem Säuseln eines Blatts entgehen, um ihn nicht zu stören in seinem stillen Geschäfte!

Izt kann ich wohl manchmal spielen mit den Geistern vergangner Stunden.

Mein alter Freund, der Frühling, hatte mich überrascht in meiner Finsterniß. Sonst hätt' ich ihn noch von ferne gefühlt, wenn die erstarrten Zweige sich regten, und ein lindes Wehen
meine Wange berührte. Sonst hätt' ich für jedes Weh Linderung 187
von ihm gehoft. Aber das Hoffen und Ahnden war allmählig aus meiner Seele verschwunden.

Izt war er da, in aller Glorie der Jugend.

Mir war, als sollt' ich doch auch wieder fröhlich werden. Ich öfnete meine Fenster, und kleidete mich, wie zu einem Feste. Er sollte auch mich besuchen, der himmlische Fremdling.

---

6 *zurück.* 18 *Itzt* 26 *Itzt* 27 *sollt ich*

Ich sah, wie alles hinausströmte ins Freie, auf's freundliche Meer von Smyrna, und sein Gestade. Sonderbare Erwartungen regten sich in mir. Ich gieng auch hinaus.

Da zeigte sich recht die Allmacht der Natur. Fast jedes Gesicht war herzlicher; überall wurde offner gescherzt, und wo man sich sonst recht feierlich begrüßt hatte, bot man sich izt die Hände. Alles verjüngte und begeisterte der herrliche süße Frühling.

Der Hafen wimmelte von jauchzenden Schiffen, wo Blumenkränze wehten, und Chierwein blinkte, die Myrthenlauben tönten von fröhlichen Melodien, und Tanz und Spiel durchrauschte die Ulmen und Platanen.

Ach! ich suchte mehr, als das. Das konnte nicht vom Tode
188 retten. Unwillkührlich, verlo|ren in meinem Gram, kam ich in den Garten des Gorgonda Notara, meines Bekannten. –

Ein Rauschen aus einem Seitengange störte mich auf. –

Ach! mir – in diesem schmerzlichen Gefühl meiner Einsamkeit, mit diesem freudeleeren blutenden Herzen – erschien mir S i e; hold und heilig, wie eine Priesterin der Liebe stand sie da vor mir; wie aus Licht und Duft gewebt, so geistig und zart; über dem Lächeln voll Ruh' und himmlischer Güte thronte mit eines Gottes Majestät ihr großes begeistertes Auge, und, wie Wölkchen ums Morgenlicht, wallten im Frühlingswinde die goldnen Loken um ihre Stirne.

Mein Bellarmin! könnt' ich dir's mittheilen, ganz und lebendig, das Unaussprechliche, das damals vorgieng in mir! – Wo waren nun die Laiden meines Lebens, seine Nacht und Armuth? die ganze dürftige Sterblichkeit?

Gewiß, er ist das höchste und seeligste, was die unerschöpfliche Natur in sich faßt, ein solcher Augenblik der Befreiung! Er

1 *Freye, auf s* 6 *feyerlich itzt* 22 *Locken* 26 *Leiden* 27 *Die* 29 *Augenblick Befreyung!*

wiegt Aeonen unsers Pflanzenlebens auf. Todt war mein irrdisches Leben, die Zeit war nicht mehr, und entfesselt und auferstanden fühlte mein Geist seine Verwandtschaft und seinen Ursprung.

Jahre sind vorüber; Frühlinge kamen und giengen; manch *189*
herrlich Bild der Natur, manche Reliquie deines Italiens, aus himmlischer Phantasie hervorgegangen, erfreute mein Auge; aber das meiste verwischte die Zeit; nur Ihr Bild ist mir geblieben, mit allem, was mit ihm verwandt ist. Noch steht sie da vor mir, wie in dem heiligen trunknen Momente, da ich sie fand; ich press' es an mein glühendes Herz das süße Phantom; ich höre ihre Stimme, das Lispeln ihrer Harfe; wie ein friedlich Arkadien, wo Blüthe und Saat in ewig stiller Luft sich wiegt, wo ohne des Mittags Schwüle die Erndte reift, und die süße Traube gedeiht, wo keine Furcht das sichere Land umzäunt, wo man von nichts weis, als von dem ewigen Frühling der Erde, und dem wolkenlosen Himmel und seiner Sonne, und seinen freundlichen Gestirnen, so stehet es offen da vor mir, das Heiligthum ihres Herzens und Geistes.

Melite! o Melite! himmlisches Wesen!

Ich möchte wohl wissen, ob sie meiner noch zuweilen gedächte. Sie bedauert mich vieleicht. Ich werde sie wiederfinden, in irgend einer Periode des ewigen Daseyns. Gewiß! was sich verwandt ist, kann sich nicht ewig fliehen.

Ach! der Gott in uns ist immer einsam und arm. Wo findet er *190*
alle seine Verwandten? Die einst da waren, und da seyn werden? Wenn kömmt das große Wiedersehen der Geister? Denn einmal waren wir doch, wie ich glaube, alle beisammen.

Gute Nacht, Bellarmin, gute Nacht!

Morgen werd' ich ruhiger erzählen.

---

1 *Tod* 13 *Ernte* 16 *Gestirnen so* Komma(?) fehlt 20 *vielleicht.* 26 *beysammen.*

Zante. *II*

Der Abend jenes Tages meiner Tage ist mir mit allem, was ich noch gewahr ward in meiner Trunkenheit, unvergeßlich. Mir war er das schönste, was der Frühling der Erde geben kann, und der Himmel und sein Licht. Wie eine Glorie der Heiligen, umfloß Sie das Abendroth, und die zarten goldnen Wölkchen im Aether lächelten herunter, wie himmlische Genien, die sich freuten über ihre Schwester auf Erden, wie sie unter uns einhergieng in aller Herrlichkeit der Geister, und doch so gut, und freundlich war gegen alles, was um sie war.

Alles drängte sich an sie. Allen schien sich ein Theil ihres Wesens mitzutheilen. Ein neuer zarter Sinn, eine süße Traulich-
191 keit war unter| alle gekommen, und sie wußten nicht, wie ihnen geschah.

Ohne zu fragen, erfuhr ich, sie komme von den Ufern des Pactols, aus einem einsamen Thale des Tmolus, wohin ihr Vater, ein sonderbarer Mann, aus Verdruß über die izige Lage der Griechen sich schon gar lange von Smyrna weg begeben hätte, um dort seines finstern Grams zu pflegen, und ihre Mutter, ehemals die Krone von Jonien, sey eine Verwandte des Gorgonda Notara.

Notara bat uns, den Abend mit ihm unter seinen Bäumen zuzubringen, und, so, wie wir izt gestimmt waren, dachte keines gerne an ein Auseinandergehen.

Allmählig kam immer mehr Leben und Geist unter uns. Wir sprachen viel von den herrlichen Kindern des alten Joniens, von Sappho und Alcäus, und Anakreon, sonderlich von Homer, seinem Grabe zu Nio, von einer nahen Felsengrotte, am Ufer des Meles, wo der Herrliche manche Stunde der Begeisterung gefeiert

16 *Imolus* 17 *itzige* 22 *itzt* 28 *gefeyert*

haben soll, und manchem andern; wie neben uns die freundlichen Bäume des Gartens, wo vom Hauche des Frühlings gelöst, die Blüthen auf die Erde reegneten, so theilten unsre Gemüther sich mit; jedes nach seiner Art, und auch | die Ärmsten gaben etwas. *192* Melite sprach manch himmlisches Wort, kunstlos, ohne alle Absicht, in lautrer heiliger Einfalt. Oft wenn ich sie sprechen hörte, fielen mir die Bilder des Dädalus ein, von denen Pausanias sagt, ihr Anblik habe bei all ihrer Einfachheit etwas Göttliches gehabt.

Lange saß ich stumm, und verschlang die himmlische Schönheit, die, wie Strahlen des Morgenlichts, in mein Inneres drang, und die erstorbenen Keime meines Wesens ins Leben rief.

Man sprach endlich auch von so manchen Wundern griechischer Freundschaft, von den Dioskuren, von Achill und Patroklus, von der Phalanx der Sparter, von all' den Liebenden und Geliebten, die auf und untergiengen über der Welt, unzertrennlich, wie die ewigen Lichter des Himmels.

Da wacht' ich auf. Wir sollten davon nicht sprechen, rief ich. Solche Herrlichkeit zernichtet uns Arme. Freilich waren es goldne Tage, wo man die Waffen tauschte, und sich liebte bis zum Tode, wo man unsterbliche Kinder zeugte in der Begeisterung der Liebe und Schönheit, Thaten für's Vaterland, und himmlische Gesänge, und | ewige Worte der Weisheit, ach! wo der Aegyp- *193* tische Priester dem Solon noch vorwarf, „ihr Griechen seid alle Zeit Jünglinge!" Wir sind nun Greise geworden, klüger, als alle die Herrlichen, die dahin sind; nur Schade, daß so manche Kraft verschmachtet in diesem fremden Elemente!

Vergiß das zum wenigsten für heute, Hyperion! rief Notara; und ich gab ihm recht.

---

3 *regneten,* 4 *Aermsten* 6 *Einfalt Oft* Punkt fehlt 8 *Anblick bey*

Melite's Auge ruhte so ernst und groß auf mir. Wer hätte nicht alles vergessen.

Auf dem Wege nach der Stadt kam ich an ihre Seite. Ich drükte die Arme mit Macht gegen mein schauderndes Herz. Ich zwang den verwirrenden Tumult in mir, daß ich sprechen konnte.

O mein Bellarmin! Wie ich sie verstand, und wie sie das freute! wie ein zufällig Wörtchen von ihr eine Welt von Gedanken in mir hervorrief! Sie war ein wahrer Triumph der Geister über alles Kleine und Schwache, diese stille Vereinigung unsers Denkens, und Dichtens.

An Notara's Hause schieden wir. Ich taumelte fort in rasender Freude, schalt und lachte über den Kleinmuth meines Herzens in
194 den ver|gangenen Tagen, und sah mit nahmenlosem Stolze auf meine alten Laiden zurük.

Wie ich aber nun nach Hause kam, und vor die offnen Fenster trat, und meine verwilderten, und halb verdorrten Blumen, und hinaufsah zu der verfallnen Burg von Smyrna, die vor mir lag im dämmernden Lichte, wie sonderbar überfiel mich das alles!

Ach! da war ich ehmals so oft gestanden um Mitternacht, wenn ich den Schlaf nicht finden konnte auf meinem einsamen Lager, und hatte den Trümmern aus beßrer Zeit, und ihren Geitern meinen Jammer geklagt!

Izt war er wiedergekehrt, der Frühling meines Herzens. Izt hatt' ich, was ich suchte. Ich hatt' es wiedergefunden in der himmlischen Grazie Melites. Es tagte wieder in mir. Das hohe Wesen hatte meinen Geist aus seinem Grabe gerufen.

Aber was ich war, war ich durch sie. Die Gute freute sich über dem Lichte, das in mir leuchtete, und dachte nicht, daß es

4 *drückte* 13 *namenlosem* 14 *Leiden zurück.* 21 *bessrer* 23 *Itzt Itzt*

nur der Wiederschein des ihrigen war. Ich fühlte nur zu bald, daß ich ärmer wurde, als ein Schatten, wenn sie nicht in mir, und um mich, und für mich lebte, wenn sie nicht mein ward; daß ich zu nichts ward, wenn sie sich mir entzog. Es| konnte nicht anders 195 kommen, ich mußte mit dieser Todesangst jede Miene, und jeden Laut von ihr befragen, ihrem Auge folgen, als wollte mir mein Leben entfliehen, es mochte gen Himmel sich wenden, oder zur Erde; o Gott! es mußte ja ein Todesbote für mich seyn, jedes Lächeln ihres heiligen Friedens, jedes ihrer Himmelsworte, das mir sagte, wie ihr an ihrem, ihrem Herzen genüge: Sie mußte ja über mich kommen, diese Verzweiflung, daß das Herrliche, was ich liebte, so herrlich war, daß es mein nicht bedurfte. Verzeih' es mir die Heilige! oft flucht' ich der Stunde, wo ich sie fand, und raste im Geiste gegen das himmlische Geschöpf, daß es mich nur darum ins Leben gewekt hätte, um mich wieder niederzudrüken mit seiner Hoheit. Kann so viel Unmenschliches in eines Menschen Seele kommen?

---

15 *geweckt niederzudrücken*

196 Pyrgo in Morea. *III*

Schlummer und Unruhe, und manche andre seltsame Erscheinung, die halb sich bildete in mir, und verschwand, ließen indeß nichts, was ich dir mittheilen wollte, zur Sprache kommen. Oft hab' ich schöne Tage. Dann lass' ich mein Innres walten, wie es will, träumen und sinnen, lebe meist unter freiem Himmel, und die heiligen Höhn und Thale von Morea stimmen oft recht freundlich in die reineren Töne meiner Seele.

Alles muß kommen, wie es kömmt. Alles ist gut. Ich sollte das Vergangne schlummern lassen. Wir sind nicht für's Einzelne, Beschränkte geschaffen. Nicht wahr, mein Bellarmin? Mir wuchs ja nur darum kein Arkadien auf, daß das Dürftige, das in mir denkt und lebt, sich ausbreiten sollte, und das Unendliche umfassen. –

Das möcht' ich auch, o das möcht' ich! Zernichten möcht' ich die Vergänglichkeit, die über uns lastet, und unsrer heiligen Liebe spottet, und wie ein Lebendigbegrabner sträubt sich mein Geist gegen die Finsterniß, worinn er gefesselt ist.

Ich wollte erzählen. Ich will es thun. Von außen stört mich
197 nichts in meinen Erin|nerungen. Meer und Erde schläft in der Schwüle des Mittags, und selbst die Quelle, die sonst hier unter mir rieselte, ist vertroknet. Kein Lüftchen säuselt durch die Zweige. Ein leises Ächzen der Erde, wenn der brennende Strahl den Boden spaltet, hör' ich zuweilen. Aber das stört wohl nicht. Auch giebt die Cypresse, die über mir trauert, Schatten genug.

Der Abend, da ich von ihr gieng, hatte mit der Nacht gewechselt, und die Nacht mit dem Tage; aber für mich nicht. In meinem Leben war kein Schlaf und kein Erwachen mehr. Es war

---

6 *freyem* 12 *dürftige,* 19 *aussen* 22 *vertrocknet säußelt* 23 *Aechzen* vgl. jedoch die Parallele in II, 8

nur Ein Traum von ihr, ein seeliger schmerzlicher Traum; ein Ringen zwischen Angst und Hoffnung. Endlich gieng ich hin zu ihr.

Ich erschrak, wie sie nun vor mir stand, so ganz anders, als in mir es aussah, so ruhig und seelig, in der Allgenügsamkeit einer Himmlischen. Ich war verwirrt und sprachlos. Mein Geist war mir entflohen.

Ich glaube nicht, daß sie es ganz bemerkte, wie sie überhaupt bei all' ihrer himmlischen Güte nicht sehr genau darauf zu achten schien, was um sie vorgieng.

Sie hatte Mühe, mich dahin zurükzubringen, wo wir den Abend zuvor geendet hatten.| Endlich regte sich doch hie und *198*
da ein Gedanke in mir, und schloß sich fröhlich an die ihrigen an.

Sie wußte nicht, wie unendlich viel sie sagte, und wie ihr Bild zum Überschwenglichen sich verherrlichte, wenn das Hohe ihrer Gedanken an ihrer Stirne sich offenbarte, und der königliche Geist sich vereinigte mit der Huld des arglosen allliebenden Herzens. Es war als träte die Sonne hervor im freundlichen Aether, oder als stiege ein Gott hernieder zu einem unschuldigen Volke, wenn das Selbstständige, das Heilige neben ihrer Grazie sichtbar ward.

So lang ich bei ihr war, und ihr begeisterndes Wesen mich emporhub über alle Armuth der Menschen, vergaß ich oft auch die Sorgen und Wünsche meines dürftigen Herzens. Aber wenn ich weg war, dann verbarg ich's mir umsonst, dann klagt' es laut auf in mir, sie liebt dich nicht! Ich zürnte und kämpfte. Aber mein Gram lies nicht ab von mir. Meine Unruhe stieg von Tage zu Tage. Je höher und mächtiger ihr Wesen über mir leuchtete, desto düsterer und verwilderter ward meine Seele.

---

8 *bey* 10 *zurückzubringen,* 14 *Ueberschwenglichen* 21 *bey*

Sie schien mir endlich auszuweichen. Auch ich beschloß, sie nimmer zu sehen und hatt' es|auch wirklich unter nahmenloser Peinigung meinem Herzen abgetrozt, daß ich einige Tage wegblieb.

199 Um diese Zeit begegnete mir, da ich eben von der Einöde des Korax zurükkehrte, wohin ich vor Tagesanbruch hinausgegangen war, Notara mit seinem Weibe. Er sagte mir, daß sie zu einem benachbarten Verwandten geladen wären, und auf den Abend wieder da zu seyn gedenken. Melite, sezte er hinzu, sey zu Hause geblieben; die fromme Tochter müsse Briefe schreiben an Vater und Mutter.

Alle meine niedergedrükten Wünsche erwachten wieder. Einen Augenblik darauf ermannt' ich mich zwar, und sagte dem Sturm in mir, daß ich heute gerade sie schlechterdings nicht sehen wolle, gieng aber doch an ihrem Hause vorüber, gedankenlos und zitternd, als hätt' ich einen Mord im Sinne. Darauf zwang ich mich nach Hause, schloß die Thüre ab, warf die Kleider von mir, schlug mir, nachdem meine Wahl ziemlich lange gezögert hatte, den Ajax Mastigophoros auf, und sah hinein. Aber nicht eine Sylbe nahm mein Geist in sich auf. Wo ich hinsah, war ihr Bild. Jeder Fußtritt störte mich auf. Unwillkührlich, ohne Sinn sagt' ich abgerissene Reden vor mich hin, die|ich aus ihrem Munde gehört hatte. Oft strekt' ich die Arme nach ihr aus, oft floh ich, wenn sie mir erschien.

200 Endlich ergrimmt' ich über meinen Wahnsinn, und sann mit Ernst darauf, es von Grund aus zu vertilgen, dieses tödtende Sehnen. Aber mein Geist versagte mir den Dienst. Dafür schien es, als drängen sich falsche Dämonen mir auf, und böten mir Zau-

2 *namenloser* 3 *abgetrotzt,* 6 *zurückkehrte,* 9 *setzte* 12 *niedergedrückten* 13 *Augenblick* 25 *ergrimmt ich*

bertränke dar, mich vollends zu verderben mit ihren höllischen Arzneien.

Ermattet von dem wüthenden Kampfe sank ich endlich nieder. Mein Auge schloß sich, meine Brust schlug sanfter, und, wie der Bogen des Friedens nach dem Sturme, gieng ihr ganzes himmlisches Wesen wieder auf in mir.

Der heilige Frieden ihres Herzens, den sie mir oft auf Augenblike mitgetheilt hatte durch Red' und Miene, daß mir's ward, als wandelte ich wieder im verlassenen Paradiese der Kindheit, ihre fromme Scheue, nichts zu entweihen durch übermüthigen Scherz oder Ernst, wenn es nur ferne verwandt war mit Schönem und Gutem, ihre anspruchlose Gefälligkeit, ihr Geist mit seinen königlichen Idealen, woran ihre stille Liebe so einzig hieng, daß sie nichts suchte und| nichts fürchtete in der Welt – alle die lie- 201
ben, seelenvollen Abende, die ich zugebracht hatte mit ihr, ihre Stimme und ihr Saitenspiel, jeder Reiz ihrer Bewegung, die, wo sie stand und gieng, nur sie – ihre Güte und ihre Größe bezeichnete; ach! das alles und mehr ward so lebendig in mir.

Und diesem himmlischen Geschöpfe zürnt' ich? Und warum zürnt' ich ihr? Weil sie nicht verarmt war, wie ich, weil sie den Himmel noch im Herzen trug, und nicht sich selbst verloren hatte, wie ich, nicht eines andern Wesens, nicht fremden Reichthums bedurfte, um die verödete Stelle auszufüllen, weil sie nicht untergehen fürchten konnte, wie ich, und sich mit dieser Todesangst an ein anderes zu hängen, wie ich; ach! gerade, was das göttlichste an ihr war, diese Ruhe, diese himmlische Genügsamkeit hatt' ich gelästert mit meinem Unmuth, mit unedlem Groll sie um ihr Paradies beneidet. Durfte sie sich befassen mit solch einem zer-

---

2 *Arzneyen.* 7,8 *Augenblicke* 27 *unedlen* 28 *solch'*

rütteten Geschöpfe? Mußte sie mich nicht fliehen? Gewiß! ihr Genius hatte sie gewarnt vor mir.

Das alles gieng mir, wie ein Schwerd, durch die Seele.

202 Ich wollte anders werden. O! ich wollte werden, wie sie. Ich hörte schon aus ihrem Munde das Himmelswort der Vergebung, und fühlte mit tausend Wonnen, wie es mich umschuf.

So eilt' ich zu ihr. Aber mit jedem Schritte ward ich unruhiger. Melite erblaßte, wie ich hereintrat. Diß brachte mich vollends aus der Fassung. Doch war mir das gänzliche Verstummen von beiden Seiten, so kurz es dauerte, zu schmerzhaft, als daß ich es nicht mit aller Macht zu brechen versucht hätte.

Ich mußte kommen, sagt' ich. Ich war es dir schuldig, Melite! Das Gemäßigte meines Tons schien sie zu beruhigen, doch fragte sie etwas verwundert, warum ich dann kommen m ü ß t e?

Ich habe so viel dir abzubitten, Melite! rief ich.

„Du hast mich ja nicht belaidigt."

O Melite! wie straft mich diese himmlische Güte! Mein Unmuth ist dir sicher aufgefallen. –

„Aber belaidigt hat er mich nicht, du wolltest ja das nicht, Hyperion! Warum sollt' ichs dir nicht sagen? Getrauert hab' ich
203 über dich. Ich hätte dir so gerne Frieden gegönnt.| Ich wollte dich oft auch bitten, ruhiger zu seyn. Du bist so ganz ein andrer, in deinen guten Stunden. Ich gestehe dir, ich fürchte für dich, wenn ich dich so düster und heftig sehe. Nicht wahr, guter Hyperion! du legst das ab?"

Ich konnte kein Wort vorbringen. Du fühlst es wohl auch, Bruder meiner Seele! wie mir seyn mußte. Ach! so himmlisch der Zauber war, womit sie diß sprach, so unaussprechlich war mein Schmerz.

---

8 *Dieß* 12 *sagt* 16 *beleidigt."* 19 *beleidigt* 22 *seyn. du* 23 *dich*

Ich habe manchmal gedacht, fuhr sie fort, woher es wohl kommen möchte, daß du so sonderbar bist. Es ist so ein schmerzlich Räthsel, daß ein Geist, wie der deinige von solchen Laiden gedrükt werden soll. Es war gewiß eine Zeit, wo er frei war von dieser Unruhe. Ist sie dir nicht mehr gegenwärtig? Könnt' ich sie dir zurükbringen, diese stille Feier, diese heilige Ruhe im Innern, wo auch der leiseste Laut vernehmbar ist, der aus der Tiefe des Geistes kömmt, und die leiseste Berührung von außen, vom Himmel her, und aus den Zweigen, und Blumen – ich kann es nicht aussprechen, wie mir oft ward, wenn ich so dastand vor der göttlichen Natur, und alles Irrdische in mir ver|stummte – da ist er 204
uns so nahe, der Unsichtbare!

Sie schwieg, und schien betroffen, als hätte sie Geheimnisse verrathen.

Hyperion! begann sie wieder, du hast Gewalt über dich; ich weiß es. Sage deinem Herzen, daß man vergebens den Frieden außer sich suche, wenn man ihn nicht sich selbst giebt. Ich habe diese Worte immer so hoch geachtet. Es sind Worte meines Vaters, eine Frucht seiner Laiden, wie er sagt. Gieb ihn dir, diesen Frieden, und sey fröhlich! Du wirst es thun. Es ist meine erste Bitte. Du wirst sie mir nicht versagen.

Was du willst, wie du willst, Engel des Himmels! rief ich, indem ich, ohne zu wissen, wie mir geschah, ihre Hand ergriff, und sie mit Macht gegen mein jammerndes Herz hinzog.

Sie war, wie aus einem Traume geschrekt, und wand sich los, mit möglichster Schonung, aber die Majestät in ihrem Auge drükte mich zu Boden.

Du mußt anders werden, rief sie etwas heftiger, als gewöhn-

3 *Leiden* 4 *gedrückt frey* 5 *könnt ich* 6 *zurückbringen, Feyer,* 15 *Begann* 17 *ausser* 19 *Leiden,* 25 *geschreckt,* 26,27 *drückte*

lich. Ich war in Verzweiflung. Ich fühlte, wie klein ich war, und rang vergebens empor. Ach! daß es dahin kommen konnte mit
205 mir! Wie die gemeinen Seelen,|sucht' ich darinn Trost für mein Nichts, daß ich das Große verkleinerte, daß ich das Himmlische – Bellarmin! es ist ein Schmerz ohne gleichen, so einen schändlichen Flek an sich zu zeigen. Sie will deiner los seyn, dacht' ich, das ists all! – „Nun ja, ich will anders werden!" Das stieß ich Elender unter erzwungenem Lächeln heraus, und eilte, um fortzukommen.

Wie von bösen Geistern getrieben, lief ich hinaus in den Wald, und irrte herum, bis ich hinsank in's dürre Gras.

Wie eine lange entsezliche Wüste lag die Vergangenheit da vor mir, und mit höllischem Grimme vertilgt' ich jeden Rest von dem, was einst mein Herz gelabt hatte und erhoben.

Dann fuhr ich wieder auf mit wüthendem Hohngelächter über mich und alles, lauschte mit Lust dem gräßlichen Wiederhall, und das Geheul der Tschakale, das durch die Nacht her von allen Seiten gegen mich drang, that meiner zerrütteten Seele wirklich wohl.

Eine dumpfe fürchterliche Stille folgte diesen zernichtenden Stunden, eine eigentliche Todtenstille! Ich suchte nun keine Rettung mehr. Ich achtete nichts. Ich war, wie ein Thier unter der Hand des Schlächters.

206 „Auch sie! auch sie!" Das war der erste Laut, der nach langer Zeit mir über die Lippen kam, und Thränen traten mir ins Auge.

„Sie kann ja nicht anders; sie kann sich ja nicht geben, was sie nicht haben kann, deine Armuth und deine Liebe!" Das sagt' ich mir endlich auch. Ich ward nach und nach ruhig, und fromm,

---

1 *lich Ich* Punkt fehlt 3 *sucht ich* 6 *Fleck* 12 *entsetzliche* 13 *höllischen* 24 *Laut* 27, 28 *sagt ich*

wie ein Kind. Ich wollte nun gewiß nichts mehr suchen, wollte mir forthelfen von einem Tage zum andern, so gut ich konnte, ich war mir selbst nichts mehr, forderte auch nicht, daß ich andern etwas seyn sollte, und es gab Augenblike, wo es mir möglich schien, die Einzige zu sehn, und nichts zu wünschen.

So hatt' ich einige Zeit gelebt, als eines Tages Notara zu mir kam mit einem jungen Tinioten, sich über meine sonderbare Eingezogenheit beschwerte, und mich bat, mich den andern Tag Abends bei Homers Grotte einzufinden, er habe etwas Eignes vor, dem Tinioten zu lieb, der so recht mit ganzer Seele am alten Griechenlande hänge, und izt auf dem Wege sey, die Aeolische Küste, und das alte Troas zu besuchen, es wäre mir heilsam, sezte er hinzu, wenn ich seinen Freund dahin geleitete, er erinnere sich ohnediß, daß ich einmal den Wunsch geäußert hätte, diesen Theil von Kleinlasien zu sehn. Der Tiniote bat auch, und ich nahm es [207] an, so wie ich alles angenommen hätte, beinahe mit willenloser Lenksamkeit.

Der andre Tag vergieng unter Anstalten zur Abreise, und Abends holte Adamas, so hieß der Tiniote, mich ab, zur Grotte hinaus.

Es ist kein Wunder, (begann ich, um andern Erscheinungen in mir nicht Raum zu geben, nachdem wir eine Weile am Meles auf und nieder unter den Myrthen und Platanen gegangen waren,) daß die Städte sich zankten um die Abkunft Homers. Der Gedanke ist so erheiternd, daß der holde Knabe da im Sande gespielt habe, und die ersten Eindrüke empfangen, aus denen so ein schöner gewaltiger Geist sich mählig entwikelte.

Du hast recht, erwiederte er, und ihr Smyrner müßt euch den

4 *Augenblicke,* 9 *bey Etwas* 11 *itzt* 12 *setzte* 14 *geäussert* 16 *beynahe* 26 *Eindrücke* 27 *entwickelte.*

erfreulichen Glauben nicht nehmen lassen. Mir ist es heilig, dieses Wasser und diß Gestade! Wer weis, wie viel das Land hier, nebst Meer und Himmel, Theil hat an der Unsterblichkeit des Mäoniden! Das unbefangne Auge des Kindes sammelt sich Ahndungen und Regungen aus der Beschauung der Welt, die manches beschämen, was später unser Geist auf mühsamem Wege erringt.

208 In diesem Tone fuhr er fort, bis Notara mit Melite und einigen andern herankam.

Ich war gefaßt. Ich konnte mich ihr nähern, ohne merkliche Änderung im Innern. Es war gut, daß ich unmittelbar zuvor nicht mir selbst überlassen war.

Sie litt auch. Man sah' es. Aber o Gott! wie unendlich größer!

In die Regionen des Guten und Wahren hatte sich ihr Herz geflüchtet. Ein stiller Schmerz, wie ich ihn nie bemerkt hatte an ihr, hielt die frohen Bewegungen ihres Angesichts gefangen; aber ihren Geist nicht. In unwandelbarer Ruhe leuchtete dieser aus dem himmlischen Auge, und ihre Wehmuth schloß sich an ihn, wie an einen göttlichen Tröster.

Adamas fuhr fort, wo er unterbrochen worden war; Melite nahm Theil; ich sprach auch zuweilen ein Wörtchen.

So kamen wir an die Grotte Homers.

Stille traurende Akkorde empfiengen uns vom Felsen herab, unter den wir traten; die Saitenspiele ergossen sich über mein Innres, wie über die todte Erde ein warmer Reegen im Frühlinge. Innen, im magischen Dämmerlichte der Grotte, das durch die verschiedenen Öfnungen des Felsen, durch Blätter und Zweige
209 herein|bricht, stand eine Marmorbüste des göttlichen Sängers, und lächelte gegen die frommen Enkel.

---

1 *heilig* 2 *dieß* 6 *mühsamen* 10 *Aenderung* 24 *tode Regen* 26 *Oefnungen*

Wir saßen um sie herum, wie die Unmündigen um ihren Vater, und lasen uns einzelne Rhapsodien der Ilias, wie sie jedes nach seinem Sinne sich auswählte; denn alle waren wir vertraut mit ihr.

Eine Nänie, die mein Innerstes erschütterte, sangen wir drauf dem Schatten des lieben blinden Mannes, und seinen Zeiten. Alle waren tiefbewegt. Melite sah fast unverwandt auf seinen Marmor, und ihr Auge glänzte von Thränen der Wehmuth und der Begeisterung.

Alles war nun stille. Wir sprachen kein Wort, wir berührten uns nicht, wir sahen uns nicht an, so gewiß von ihrem Einklang schienen alle Gemüther in diesem Augenblike, so über Sprache und Äußerung schien das zu gehen, was jezt in ihnen lebte.

Es war Gefühl der Vergangenheit, die Todtenfeier von allem, was einst da war.

Erröthend beugte sich endlich Melite gegen Notara hin, und flüsterte ihm etwas zu.

Notara lächelte, voll Freude über das süße Geschöpf, nahm die Scheere, die sie ihm bot, und schnitt sich eine Loke ab.

Ich verstand, was das sollte, und that stillschweigend dasselbe. *210*

Wem sonst, als dir? rief der Tiniote, indem er seine Loke gegen den Marmor hielt.

Auch die andern gaben, ergriffen von unsrem Ernste, ihr Todtenopfer.

Melite sammelte das andere zu dem ihrigen, band es zusammen, und legte es an der Büste nieder, indeß wir andern wieder die Nänie sangen.

Das alles diente nur, um mein Wesen aus der Ruhe zu loken,

---

12 *Augenblicke,* 13 *Aeusserung* 14 *Todtenfeyer* 18 *süsse* 19 u. 21 *Locke* 28 *locken,*

in die es gesunken war. Mein Auge verweilte wieder auf ihr, und meine Liebe und mein Schmerz ergriffen mich gewaltiger, als je.

Ich strengte mich umsonst an, auszuhalten. Ich mußte weggehn. Meine Trauer war wirklich gränzenlos. Ich gieng hinab an den Meles, warf mich nieder aufs Gestade und weinte laut. Oft sprach ich mir leise ihren Nahmen vor, und mein Schmerz schien davon besänftigt zu werden. Aber er war es nur, um desto unaufhaltsamer zurükzukehren. Ach! für mich war keine Ruhe zu finden, auf keiner Stelle der Welt! Ihr nahe zu seyn, und ferne von ihr, die ich so nahmenlos liebte, und so nahmenlos, so unaus-
211 sprechlich schändlich gequält hatte, das war|gleich! Beides war Hölle für mich geworden! ich konnte nicht lassen von ihr, und konnte nicht um sie bleiben!

Mitten in diesem Tumulte hört' ich etwas durch die Myrthen rauschen. Ich rafte mich auf – und o Himmel! es war Melite!

Sie mußte wohl erschreken, so ein zerstörtes Geschöpf vor sich zu sehen. Ich stürzte hin zu ihr in meiner Verzweiflung und rang die Hände und flehte nur um Ein, Ein Wort ihrer Güte. Sie erblaßte und konnte kaum sprechen. Mit himmlischen Thränen bat sie mich endlich, den edlern stärkern Theil meines Wesens kennen zu lernen, wie sie ihn kenne, auf das Selbstständige, Unbezwingliche, Göttliche, das wie in allen, auch in mir sei, mein Auge zu richten – was nicht aus dieser Quelle entspringe, führe zum Tode – was von ihr komme, und in sie zurükgehe, sei ewig – was Mangel und Noth vereinige, höre auf, Eines zu seyn, so wie die Noth aufhöre; was sich vereinige in dem und für das, was allein groß, allein heilig, allein unerschütterlich seye, dessen Vereinigung müsse ewig bestehen, wie das Ewige, wodurch und wofür sie be-

6 *Namen* 8 *zurückzukehren.* 10 *namenlos namenlos,* 16 *erschrecken,* 24 *zurückgehe,*

stehe und so – Hier mußte sie enden. Die andern kamen ihr nach. Ich hätte in diesem Augenblike tausend Leben daran gewagt, sie auszuhören! Ich habe sie nie ausgehört. Über den Ster- 212
nen hör' ich vieleicht das übrige.

Nahe bei der Grotte, zu der wir wieder zurükkehrten, fieng sie noch von meiner Reise an, und bat mich, die Ufer des Skamanders, und den Ida und das ganze alte Trojer-Land von ihr zu grüßen. Ich beschwur sie, kein Wort mehr zu sprechen von dieser verhaßten Reise, und wollte geradezu den Adamas bitten, mich loszusprechen von meinem gegebnen Worte. Aber mit all' ihrer Grazie flehte Melite, das nicht zu thun; sie sey so gewiß, nichts seye vermögend, Frieden und Freude zwischen ihr und mir zu stiften, wie diese Reise, ihr wäre, als hänge Leben und Tod daran, daß wir uns auf eine kleine Weile trennten, sie gestände mir, es sey ihr selbst nicht so deutlich, warum sie mich so sehr bitten müßte, aber sie müßte, und wenn es ihr das Leben kostete, sie müßte.

Ich sah sie staunend an, und schwieg. Mir war, als hätt' ich die Priesterin zu Dodona gehört. Ich war entschlossen zu gehn, und wenn es mir das Leben kostete. Es war schon dunkel geworden, und die Sterne giengen herauf am Himmel.

Die Grotte war erleuchtet. Wolken von Weihrauch stiegen 213
aus dem Innern des Felsen, und mit majestätischem Jubel brach die Musik nach kurzen Dissonanzen hervor.

Wir sangen heilige Gesänge von dem, was besteht, was fortlebt unter tausend veränderten Gestalten, was war und ist und seyn wird, von der Unzertrennlichkeit der Geister, und wie sie Eines seyn von Anbeginn und immerdar, so sehr auch Nacht und

2 *Augenblicke* 3 *Ueber* 4 *vielleicht* 5 *bey zurückkehrten,* 8 *grüssen.*

Wolke sie scheide und aller Augen giengen über vom Gefühle dieser Verwandtschaft und Unsterblichkeit.

Ich war ganz ein andrer geworden. Laßt vergehen, was vergeht, rief ich unter die Begeisterten, es vergeht, um wiederzukehren, es altert, um sich zu verjüngen, es trennt sich, um sich inniger zu vereinigen, es stirbt, um lebendiger zu leben.

So müssen, fuhr nach einer kleinen Weile der Tiniote fort, die Ahndungen der Kindheit dahin, um als Wahrheit wieder aufzustehen im Geiste des Mannes. So verblühen die schönen jugendlichen Mythen der Vorwelt, die Dichtungen Homers und seiner Zeiten, die Prophezeiungen und Offenbarungen, aber der Keim der in ihnen lag, gehet als reife Frucht hervor im Herbste. Die
214 Einfalt und Unschuld der er|sten Zeit erstirbt, daß sie wiederkehre in der vollendeten Bildung, und der heilige Friede des Paradieses gehet unter, daß, was nur Gabe der Natur war, wiederaufblühe, als errungnes Eigenthum der Menschheit.

Herrlich! herrlich! rief Notara.

Doch wird das Vollkommne erst im fernen Lande kommen, sagte Melite, im Lande des Wiedersehens, und der ewigen Jugend. Hier bleibt es doch nur Dämmerung. Aber anderswo wird er gewiß uns aufgehen der heilige Morgen; ich denke mit Lust daran; da werden auch wir uns alle wiederfinden, bei der großen Vereinigung alles Getrennten.

Melite war ungewöhnlich bewegt. Wir sprachen sehr wenig auf unserem Rükwege. An Notaras Hause bot sie mir noch die Hand; „lebe wohl, guter Hyperion!" das waren ihre lezten Worte, und so entschwand sie.

4 *vergeht um* 5 *trennt sich um* 10 *Myrthen* Noch am Schluß des zweiten *Phaëton-Segments* scheint der Dichter die metaphorische Qualität des Druckfehlers zu reflektieren: Myrthen aber giebt es in Griechenland (vgl. Bd. 9; *Dichtungen nach 1806*). Damit wäre die zufällige Verschiebung des Drucks *Myrthen* statt *Mythen* im Nachhinein autorisiert (vgl. Bd. 3: *Die Eichbäume* IV/V, 14-17). 11 *Prophezeyungen* 25 *Rückwege.*

Lebe wohl, Melite, lebe wohl! Ich darf deiner nicht oft gedenken. Ich muß mich hüten vor den Schmerzen und Freuden der Erinnerung. Ich bin, wie eine kranke Pflanze, die die Sonne nicht ertragen kann. Leb auch du wohl, mein Bellarmin! Bist du indeß dem Heiligthum der Wahrheit näher gekommen? Könnt' ich ruhig suchen, wie du! –

Ach! bin ich nur dort einmal angekommen, dann soll es an- 215
ders werden mit mir. Tief unter uns rauscht dann der Strom der Vergänglichkeit mit den Trümmern, die er wälzt, und wir seufzen nicht mehr, als wenn das Jammern derer, die er hinunterschlingt, in die stillen Höhen des Wahren und Ewigen heraufdringt.

IV

Kastri am Parnaß.

Vom Gegenwärtigen ein andermal! Auch von meiner Reise mit Adamas vieleicht ein andermal! Unvergeßlich ist mir besonders die Nacht vor unserem Abschiede, wo wir an den Ufern des alten Ilion unter Grabhügeln, die vieleicht dem Achill und Patroklus, und Antilochus, und Ajax Telamon errichtet wurden, vom vergangnen und künftigen Griechenlande sprachen, und manchem andern, das aus den Tiefen und in die Tiefen unsers Wesens kam und gieng.

Der herzliche Abschied Melite's, Adamas Geist, die heroischen Phantasien und Gedanken, die, wie Sterne aus der Nacht, uns aufgiengen aus den Gräbern und Trümmern der alten Welt, die geheime Kraft der Natur, die überall sich an uns äußert, wo das Licht und die Erde, undl der Himmel und das Meer uns um- 216

1,2 *gedenken Ich* Punkt fehlt 2 *mich.* 6 *Du!* – 8 *mir Tief* Punkt fehlt 14 und 16 *vielleicht* 24 *äussert,*

giebt, all das hatte mich gestärkt, daß jezt etwas mehr sich in mir regte, als nur mein dürftiges Herz; Melite wird sich freuen über dich! sagt' ich mir oft ingeheim mit inniger Lust, und tausend güldne Hofnungen schlossen sich an, an diesen Gedanken. Dann konnte mich wieder eine sonderbare Angst überfallen, ob ich sie wohl auch noch treffen werde, aber ich hielt es für ein Überbleibsel meines finstern Lebens und schlug es mir aus dem Sinne.

Ich hatte am Sigäischen Vorgebirge ein Schiff getroffen, das geradezu nach Smyrna seegelte, und es war mir ganz lieb, den Rükweg auf dem Meere an Tenedos und Lesbos hin zu machen.

Ruhig schifften wir dem Hafen von Smyrna zu. Im süßen Frieden der Nacht wandelten über uns die Helden des Sternenhimmels. Kaum kräuselten sich die Meereswellen im Mondenlichte. In meiner Seele wars nicht ganz so stille. Doch fiel ich gegen Morgen in einen leichten Schlaf. Mich wekte das Frohloken der Schwalben und der erwachende Lärm im Schiffe. Mit allen seinen Hofnungen jauchzte mein Herz dem freundlichen Gestade meiner Heimath zu, und dem Morgenlichte, das über dem Gipfel des
217 dämmern|den Pagus, und seiner alternden Burg, und über den Spizen der Moskeen und dunkeln Cypressenhaine hereinbrach, und ich lächelte treuherzig gegen die Häuserchen am Ufer, die mit ihren glühenden Fenstern wie Zauberschlösser hervorleuchteten hinter den Oliven und Palmen.

Freudig säuselte mir der Inbat in den Loken. Freudig hüpften die kleinen Wellen vor dem Schiffe voran ans Ufer.

Ich sah, und fühlte das, und lächelte.

Es ist schön, daß der Kranke nichts ahndet, wenn der Tod ihm schon ans Herz gedrungen ist.

---

1 *jetzt* 3 *sagt ich* 6 *Ueberbleibsel* 10 *Rückweg* 11 *süssen* 15 *weckte Frohlocken* 20 *Spitzen* 24 *Jubat Locken* 27 *Knabe* vmtl. statt *Kranke*

Ich eilte vom Hafen zu Notaras Hause. Melite war fort. Sie sey schnell abgeholt worden auf Befehl ihres Vaters, sagte mir Notara, wohin wisse man nicht. Ihr Vater habe die Gegend des Tmolus verlassen, und er habe weder seinen jezigen Aufenthalt, noch die Ursache seiner Entfernung erfahren können. Melite hab' es wahrscheinlich selbst nicht gewußt. Sie habe übrigens am Tage des Abschieds überhaupt beinahe nichts mehr gesprochen. Sie hab' ihm aufgetragen, mich noch zu grüßen.

Mir war, als würde mir mein Todesurtheil gesprochen. Aber ich war ganz stille dazu. Ich gieng nach Hause, berichtigte nothwendige Kleinigkeiten, und war sonst im Äußern ganz,| wie die *218* Andern. Ich vermied alles, was mich an das Vergangne erinnern konnte; ich hielt mich ferne von Notaras Garten, und dem Ufer des Meles. Alles, was irgend mein Gemüth bewegen konnte, floh ich, und das gleichgültige war mir noch gleichgültiger geworden. A b g e z o g e n h e i t v o n a l l e m L e b e n d i g e n, das war es, was ich suchte. Über den ehrwürdigen Produkten des altgriechischen Tiefsinns brütet' ich Tage und Nächte. Ich flüchtete mich in ihre Abgezogenheit von allem Lebendigen. Allmählig war mir das, was man vor Augen hat, so fremde geworden, daß ich es oft beinahe mit Staunen ansah. Oft, wenn ich Menschenstimmen hörte, war mirs, als mahnten sie mich, aus einem Lande zu flüchten, worein ich nicht gehörte, und ich kam mir vor, wie ein Geist, der sich über die Mitternachtsstunde verweilt hat, und den Hahnenschrei hört.

Während dieser ganzen Zeit war ich nie hinausgekommen. Aber mein Herz schlug noch zu jugendlich: sie war noch nicht in mir gestorben, die Mutter alles Lebens, die unbegreifliche Liebe.

---

4 *Imolus jetzigen* 8 *grüssen.* 11 *Aeussern* 17 *Ueber* 22 *mahnte* 24 *Hahnenschrey*

Ein räthselhaft Verlangen zog mich fort. Ich gieng hinaus.

219 Es war ein stiller Herbsttag. Wunderbar erfreute mich die sanfte Luft, wie sie die welken Blätter schonte, daß sie noch eine Weile am mütterlichen Stamme blieben.

Ein Kreis von Platanen, wo man über das felsige Gestade weg ins Meer hinaussah, war mir immer heilig gewesen.

Dort saß ich und gieng umher.

Es war schon Abend geworden, und kein Laut regte sich ringsumher.

Da ward ich, was ich jezt bin. Aus dem Innern des Hains schien es mich zu mahnen, aus den Tiefen der Erde und des Meers mir zuzurufen, warum liebst du nicht *mich*?

Von nun an konnt' ich nichts mehr denken, was ich zuvor dachte, die Welt war mir heiliger geworden, aber geheimnisvoller. Neue Gedanken, die mein Innerstes erschütterten, flammten mir durch die Seele. Es war mir unmöglich, sie festzuhalten, ruhig fortzusinnen.

Ich verlies mein Vaterland, um jenseits des Meeres Wahrheit zu finden.

Wie schlug mein Herz von großen jugendlichen Hofnungen!

Ich fand nichts, als dich. Ich sage das dir, mein Bellarmin! Du fandest ja auch nichts, als mich.

220 Wir sind nichts; was wir suchen, ist alles.

Auf dem Cithäron. *V*

Noch ahnd' ich, ohne zu finden.

---

10 *jetzt*

Ich frage die Sterne und sie verstummen, ich frage den Tag, und die Nacht; aber sie antworten nicht. Aus mir selbst, wenn ich mich frage, tönen mystische Sprüche, Träume ohne Deutung.

Meinem Herzen ist oft wohl in dieser Dämmerung. Ich weis nicht, wie mir geschieht, wenn ich sie ansehe, diese unergründliche Natur; aber es sind heilige seelige Thränen, die ich weine vor der verschleierten Geliebten. Mein ganzes Wesen verstummt und lauscht, wenn der leise geheimnisvolle Hauch des Abends mich anweht. Verloren ins weite Blau, blik' ich oft hinauf an den Aether, und hinein ins heilige Meer, und mir wird, als schlösse sich die Pforte des Unsichtbaren mir auf und ich vergienge mit allem, was um mich ist, bis ein Rauschen im Gesträuche mich aufwekt aus dem seeligen Tode, und mich wider Willen zurükruft auf die Stelle, wovon ich ausgieng.

Meinem Herzen ist wohl in dieser Dämmerung. Ist sie unser Element diese Dämmerung? Warum kann ich nicht ruhen darinnen?

Da sah' ich neulich einen Knaben am Wege liegen. Sorgsam hatte die Mutter, die ihn bewachte, eine Deke über ihn gebreitet, daß er sanft schlummre im Schatten, und ihm die Sonne nicht blende. Aber der Knabe wollte nicht bleiben, und riß die Deke weg, und ich sah wie er's versuchte, das freundliche Licht anzusehn, und immer wieder versuchte, bis ihm das Auge schmerzte und er weinend sein Gesicht zur Erde kehrte.

Armer Knabe! dacht' ich, andern ergehts nicht besser, und hatte mir beinahe vorgenommen, abzulassen von dieser verwegnen Neugier. Aber ich kann nicht! ich soll nicht!

Es muß heraus, das große Geheimniß, das mir das Leben giebt oder den Tod.

---

7 *verschleyerten* 9 *blick'* 13 *aufweckt zurückruft* 18 u. 20 *Decke* 24 *dacht ich* unter dem Text: *Hölderlin.* und Abschlußstrich

IV
Metrische Fassung

Äußerlich unterscheidet sich der vermutlich um die Jahreswende 1794/95 in Jena und Weimar entstandene Entwurf einer *metrischen Fassung* von den drei früheren Textstufen durch die schon in Tübingen, in Episteln an Neuffer und Hiller (vgl. Bd. 3) erprobte jambische Form, tiefgreifender jedoch durch Aufgabe des zuvor angewandten Kompositionsprinzips. Die kunstvolle Anordnung und Mischung des Stoffs mußte dem strikten Nacheinander der jetzt gewählten Rahmenerzählung weichen, wobei der Rahmen selbst, das philosophische Gespräch des Verfassers mit seinem noch nicht beim Namen genannten Helden, als Überrest jener verdrängten Ausdrucksformen zu werten ist. Der *Prosaentwurf* (IV*A*) bricht mit diesem hinzugefügten Segment ab, während für die nachfolgende Erzählung schon die *rohen Massen* früherer Entwürfe bereitlagen (18), die nun nur umzubilden und in die Reihe zu bringen waren. Viel weiter als der überlieferte Text dürfte die *metrische Fassung* nicht gediehen sein; doch aufgegeben wurde die projektierte Dichtart nie. 1799, in den Briefen *Emilie vor ihrem Brauttag* (vgl. Bd. 3) hat Hölderlin den Plan einer jambischen Erzählung wieder aufgegriffen und innerhalb weniger Wochen verwirklicht.

IV *A*
Prosaentwurf.
$_1$**Unschuldiger Weise hatte mi**r
1 $_2$**ch**
$_1$**die Schule** des Schiksaals **und der Weisen**
$_2$| |
2 $_3$**des Schiksaals**
$_1$eine Strenge des Un
$_2$rteils und der ↓
$_3$| |
↑$_2$Behandlung gegeben, **tyrannisch**
3 $_4$**ungerecht u**[nd] ↑
4 **gegen die Natur gemacht.**
5 **Der gänzliche Unglaube, den ich**
$_1$**gegen alles hegte**,
6 $_2$**, was ich aus**
7 **ihren Händen empfieng, lies keine**
8 $_1$**Liebe in mir gedeihen.**
Ich nahm ↓
8a $_2$| |
↑$_1$das Leben für nichts
9a $_2$| |wußte
$_1$von nicht
10a $_2$s, als von dem Kampfe
11a den das Göttliche im Menschen
12a mit der physischen Notwendigkeit
$_1$kämpfe,
13a $_2$. Ich nahm sie für eine
14a ewige Feindin
Streichungen von 8a Ich bis 14a Feindin.
9 **Der reine freie**
10 **Geist, glaubt ich, könne sich nie mit**
den Sinnen und ihrer Welt, **versöhnen**[,]
11 []
12 **und es gebe keine Freuden, als die**
$_1$**des Siegs;** ich freute [m]ich nicht so- ↓ 17$_1$
$_2$| |
$_3$oft fode
13 $_4$**zürnend fodert' ich**
14 **oft von dem Schiksaal die**
$_1$ursprüngliche Göttlichkeit **unsere**
$_2$fesselfreie **Freiheit** ↑ [s]
15 $_3$[ursprüngliche]
16 **Wesens zurük**[;]
↑$_1$wol,
$_2$und
$_3$**ich freute mich** **des Kampfs**
17 $_4$**oft**
18 **den die Vernunft mit dem Unver-**
19 **nünftigen kämpft, weil es mir**
$_1$**ingeheim mehr darum zu thun**,
20 $_2$**war,**
$_1$zu
$_2$**immer neu**en **Sieg zu erringen,**
21 $_3$**das Gefül der Überlegenheit** **im**
21*a* mglw. ist immer neu, trotz der Unterstreichung von neu, aufgegeben.
22 **als den gesezlosen Kräften, die**
$_1$**de**r
23 $_2$**s Menschen Brust bewegen, die**

$_1$schöne Einigkeit mitzuteilen, deren ↓ 24
$_2$[.]| |

↑$_1$sie fähig sind.
$_2$I h
$_3$c achtete, der Hülfe
[] 25
$_1$nicht, womit uns die Natur der ↓
$_2$| | | | 26
↑$_1$zweiten Schöpfung, dem
$_2$dem großen 27
Geschäfte der Bildung ent- 28
gegenkömmt, denn ich wollte allein 29
$_1$vollende
$_2$arbeiten, ich nahm die 30
Bereitwilligkeit, womit sie 31
der Vernunft die Hände bietet, 32
nicht an, den[n] ich wollte sie be- 33
herrschen. Unangenemes achtet' ich wenig. 34
Erweiterung in der rechten Spalte:
$_1$An
$_2$Gefahr war mir oft 35
fast willkommen. 36
Ich beurteilte die andern strenge, 37
wie mich selbst. // 38
Für die stillen Melodien des 39
menschlichen Lebens, für das Häus- 40
liche, u[nd] Kindliche hat[t'] ich den 41
Sinn beinahe ganz verloren. [//] 42
Fortsetzung verso, linke Spalte.
Unbegreiflich wars mir, wie mir 43
$_1$einst Homer hätte gefallen können.
$_2$ehmals [a] 44
Ich reiste; und wünschte oft 45
ewig zu reisen. // 46
Eben auf dieser Reise war es[,] 47
$_1$daß mich in W., wo ich mich s
$_2$ich $_3$länger 48
als sonstwo aufhielt, auf einen 49
Fremden aufmerksam gemacht wurde, 50
$_1$der in der Nähe der Stadt seit eini-
$_2$| | 51
$_1$gen Jahren ein Landhaus vor
$_2$r Zeit $_3$benachbartes $_4$bewohnte.
$_5$, 52
$_1$und desto mer
$_2$in eben dem Grade
$_3$| | 53
$_1$die Gemüther dieser Menschen z
$_3$er dortigen $_2$desto mer beschäftig- 54
$_1$te, je ruhiger diese das sein
$_2$weniger sich das seinige mit ihnen
$_3$ruhiger ihn [diese] zu lassen
$_4$| | [das sein]ige 55
schienen. – // 56
Im Grunde beschäftigte er auch 57
$_1$die meisten nur, weil er fremd.
$_2$|| 58
war. Nur Wenige schienen ihn 59
zu verstehn, und zu ahnden. [//] 60

61 **Ich gieng hinaus, ihn zu besuchen.**
$_{1}$Ich traf d
62a $_{2}$**ihn in seinem Pappelwalde,**
$_{1}$mit einem Knaben, dem er lächelnd ↓
$_{2}$holden $_{3}$| | drükte
63a $_{4}$**' ihm**
↑$_{1}$die Loken aus der Stirne zurükbog
64a $_{2}$| |

Nach der Interpunktionsänderung in 62a Neufassung von 63a, 64a in der rechten Spalte:

62 Ich traf ihn in seinem Pappelwalde.
63 **Er sas an einer Statue, u**[nd]
$_{1}$**ein**er
64 $_{2}$**holder Knabe stand vor**
$_{1}$**ihm.** Dem
$_{2}$iesem drükte
$_{3}$**er**
65 $_{4}$**Lächelnd streichelt' diesem**
66 die Loken aus der Stirne
$_{1}$**und** so
$_{2}$**schien mit tiefem** Wohlgefallen
67 $_{3}$**Schmerz**
68 **das friedliche Geschöpf zu be-**
$_{1}$**trachten, das** frei und
$_{2}$freundlich
69 $_{3}$**zutraulich**
70 **an dem majestätischen Manne hinauf-**
71 **sah.** //
72 **Jezt sah' er sich um, und trat**
73 **mir entgegen.** //
74 **Ich widerstrebte dem ungewohn-**
75 **ten Zauber, der mich umfieng,**
$_{1}$**mit Gewalt**,
76 $_{2}$**, um die Freiheit meines**
$_{1}$**Geistes** vor
77 $_{2}$**zu behalten.** //
78 **Seine Ruhe und Freundlichkeit half**
79 **mir auch mer als ich selbst konnte,**
80 **zur Besonnenheit.** //
81 **Er fragte mich, wie ich die Men-**
82 **schen auf meiner Reise gefunden**
83 **hätte?** //
84 **Mer thierisch, als göttlich,**
85 **antwortet' ich ihm.** //
$_{1}$**Das** macht
86 $_{2}$**kömt daher, sagte er,**
87 **daß so wenige menschlich sind.** //
88 **Ich ahndete tiefen Sinn in seiner Rede,**
$_{1}$**und war um so begieriger**, von
89 $_{2}$**ihn darüber**
$_{1}$**zu hören, weil** ich in **d**em
90 [ ]$_{2}$| | **as, was ich ahndete,**
$_{1}$in einem ziemlichen Kontrast **mit** meinen
$_{2}$| | | |
91 [meiner]
$_{1}$**bisherigen Art zu** be
92 $_{2}$**leben und zu denken,**

Fortsetzung recto, linke Spalte.

$_{1}$**meinem Gefüle**,
$_{2}$**nach in ziemliche**n
93 $_{3}$**m**

$_1$**Kontraste stand. Ich bat ihn, mir,**
$_2$**das** 94
Gesagte zu entwikeln, und er fuhr 95
fort: // 96
Daß wir das Göttliche dem Thieri- 97a
schen, das Heilige dem Gemeinen, 98a
$_1$die Vernunft den Sinnen stark ent-
$_2$so
$_3$| | 99a
gegensezen, ist notwendig, und 100a
eine voreilige Vereinigung der 101a
$_1$beiden Gegenteile ist so mislich
$_2$rächte sich so gewis 102a
als die falsche Schonung, womit 103a
man, ohne sich gegenseitig zu er- 104a
$_1$klären,
$_2$, den
$_3$ie Zwiste beilegt. 105a
Man lächelt sich ins Angesicht, glaubt 106a
$_1$es auch wohl herzlich zu mey
$_2$inen, und 107a
ingeheim wäch[s]t der Unfrieden, 108a
$_1$bis Eines das andere unterdrükt hat,
$_2$überwälti
$_3$unterdrükt 109a
$_1$oder, wo des
$_2$der
$_3$ie Feindschaft bitterer 110a
ausbricht. 111a

Durch Einklammerung werden die Zeilen 97a-111a aufgehoben.

$_1$Je reiner wir das Ur bild alles
$_2$[V]or 97b
$_1$Daseins in tragen, je gränzenlo-
$_2$uns 98b
ser der Maasstaab ist, wo- 99b
$_1$mit
$_2$rann wir die Natur messen, 100b
je mächtiger und reiner der Trieb, 101b
$_1$dem formlosen zu bilden, nach
$_2$as [ ] 102b
$_1$jenem Urbe
$_2$ilde, das wir in uns 103b
tragen, und die widerstrebende 104b
Materie sich zu unterwerfen, 105b
desto bitterer ist freilich der 106b
Schmerz im Kampfe mit ihr, 107b
desto größer ist die Gefahr, 108b
$_1$daß wir die Götterwaffen
$_2$im Unmuth 109b
$_1$von uns werfen, den
$_2$m Schiksaal 110b
und unsern Sinnen uns gefangen 111b
geben[,] die Vernunft verläugnen, 112a
u[nd] zu Thieren werden – oder auch 113a
$_1$daß wir, erbittert über den w
$_2$Wi- 114a
derstand der Natur[,] gegen sie 115a
$_1$kämpfen, nicht um ihr und so
$_2$um damit
$_3$in ↑ 116a

117a zwischen ihr und dem Übernatür-
118a lichen in uns Frieden zu stiften,
119a sondern um sie zu vernichten,
1**daß wir gewaltsam** unsere
120a 2| |
1Sinne
121a 2jede Empfänglichkeit verläugnen,
122a und das Schiksaal verachten
1u. uns
123a 2die Welt um uns zu einer Wüste
1machen,
124a 2, und die Vergangenheit
125a zum Vorbild einer hofnungslosen
126a Zukunft.

Überarbeitung des Satzes von 97b 126a; l. 97 wird vorgefügt.

Wir sollen unsern Adel nicht verläugnen.
97 [,]
Je reiner wir das Vorbild alles
98 **wir sollen** ↑
Daseins in uns tragen, je gränzenlo-
1das wir
2| | **rein u**[nd] **heilig** **halten**[.]
99 3**be**
ser der Maasstaab ist, wo-
100 | |[D] ,[ ]
rann wir die Natur messen,
101 **soll gränzenlos sein,**
je mächtiger und reiner der Trieb,
1**u**[nd] der
102 2**unbezwinglich** ↑
103 das formlose zu bilden, nach
104 jenem Urbilde, das wir in uns
105 tragen, und die widerstrebende
Materie sich zu unterwerfen,
106 **dem heiligen Geseze der Einheit** [.]
desto bitterer ist freilich der
107 **Aber**
108 Schmerz im Kampfe mit ihr,
desto größer ist die Gefahr,
109 | |
110 daß wir im Unmuth die Götterwaffen
111 von uns werfen, dem Schiksaal
112 und unsern Sinnen uns gefangen
113 geben, die Vernunft verläugnen,
114 und zu Thieren werden – oder auch
115 daß wir, erbittert über den Wi-
116 derstand der Natur, gegen sie
117 kämpfen, nicht um in ihr und so
zwischen ihr und dem Übernatür-
118 **Göttlichen**
lichen in uns Frieden zu stiften,
119 [ ] **u**[nd] **Einigkeit**
120 sondern um sie zu vernichten,
daß wir gewaltsam
121 **jedes Bedürfniß zerstören**[,]
122 jede Empfänglichkeit verläugnen,
und das Schiksaal verachten
123 **u**[nd] **so das schöne Vereinigungsband,**
1**das uns mit anderen Geistern** ver-
124 2**zusammen-**

$_1$knüpft, **zerreißen**[,]
$_2$**hält,** 125
die Welt um uns zu einer Wüste 126
machen, und die Vergangenheit 127
zum Vorbild einer hofnungslosen 128
Zukunft. 129
Fortsetzung verso, linke Spalte.
Er hielt einen Augenblik inne; ich 130
glaubte, zu bemerken, daß an 131
den lezten Worten sein Gemüth 132
mer Anteil genommen hatte, als 133
zuvor. Aber
[ ] // 134
$_1$**Wir können's** auch
$_2$**nicht verläugnen**[,] 135
fuhr er erheitert fort, es ist etwas 136
in uns, was selbst im Kampfe mit 137
$_1$ihr
$_2$**der Natur Hülfe von ihr erwartet** 138
$_1$**und hoft**? **Und sollten wir** das
[.] $_2$| | 139
nicht? Begegnet nicht in allem, was 140
da ist, unserem Geiste ein freund- 141
$_1$**licher Geist?** b
$_2$**Birgt sich nicht**[,] 142
$_1$**inde**m **d**er
$_2$**ß er ie Waffen gegen uns** 143
$_1$**kehrt,** hinter dem Schilde **ein guter**
$_2$| | 144
Meister hinter dem Schilde? 145
$_1$**Nenn' ihn, wie du willst**?
$_2$**! Er ist** 146
derselbe. // 147
Und ist die Natur dann immer form- 148a
los? Traten nie Erscheinungen vor 149a
$_1$dein U
$_2$e Sinne, wo dirs war, als wäre 150a
das Göttlichste in dir sichtbar ge- 151a
worden? Symbole des Heiligen 152a
in dir? Offenbart sich nicht im Klein- 153a
sten das Gröste? Das Urbild 154a
$_1$alll
$_2$er Einigkeit, das du im Gei- 155a
ste bewahrst, erkanntest du es nie 156a
in den friedlichen Bewegungen 157a
deines Herzens? stellt es dir sich 158a
nicht im Angesichte dieses Kindes 159a
dar? // 160a
Hörtest du nie die Melodie des 161a
Umformung der Fragesätze 148a-161a:
Und ist die Natur dann immer form-
$_1$Und die ↑ ist nicht überall
$_2$Auch die ↑
$_3$ist ↑ [ ]
$_4$| | 148b
los? Traten nie Erscheinungen vor
Oft treten ↑ 148
deine Sinne, wo dirs war , als wäre
unsre **es uns ist** 149

das Göttlichste in dir sichtbar ge-
150 **uns**
worden? Symbole des Heiligen
151 [,] u[nd] **Unvergänglichen**
in dir? Offenbart sich nicht im Klein-
152 [uns.] **Oft** [o] | |
sten das Gröste? Das Urbild
153 [.]
aller Einigkeit, das du im Gei-
154 **wir**
ste bewahrst , erkanntest du es nie
155 **en es scheint uns wieder**
156 in den friedlichen Bewegungen
deine s Herzens? stellt es dir sich
$_{1}$**unsre** [,] | |
Umstellung durch Ziffern:
157 $_{2}$**es stellt sich**
nicht im Angesichte dieses Kindes
158 | |
dar?
159 [.]
Hörtest du nie die Melodie des
160 **Und h en wir**
161 **Schiksaals rauschen? – Seine Disso-**
162 **nanzen bedeuten dasselbe. //**
163 **Denke nicht, ich spreche zu jugendlich,**
164 **lieber Fremdling! //**
165a Ich weis, daß es nur ein Bedürfnis
$_{1}$unserer höhern Natur ist, was
166a $_{2}$das der
167a Natur eine Verwandschaft Unsterb-
$_{1}$lichen in uns, was der G
168a $_{2}$Materie einen
169a Geist, der blinden Nothwen-
170a digkeit Vernunft, der Welt einen
$_{1}$Gott giebt,
171a $_{2}$; so wie ich weis
$_{1}$daß n
172a $_{2}$die Materie nur für
$_{1}$uns di[e]se Materie, ich weis aus
173a $_{2}$ch
174a daß wir da, wo die schönen Formen
175a der Natur uns die gegenwärtige
176a Gottheit verkündigen, wir selbst
Fortsetzung in der rechten Spalte.
177a die Welt mit unserer Seele beseelen,
$_{1}$aber wi
178a $_{2}$as ist dann, das nicht durch
179a uns so wäre wie es ist? //
Überarbeitung ab 165a:
Ich weis, daß es nur ein Bedürfnis
$_{1}$das höchste ↓ 166$_{1 \cdot 2}$
$_{2}$was **uns dringt**
165 $_{3}$| | | | | |
unserer höhern Natur ist, das der
↑ $_{1}$s Wesens ↑
↑ $_{2}$Seyns ↑
166 $_{3}$| | [ ] | |
Natur eine Verwandschaft Unsterb-
167 **mit dem**

lichen in uns, was der Materie einen
$_{1}$begl
$_{2}$beizulegen **u**[nd] **in**
$_{3}$**zu geben** 168
Geist, der blinden Nothwen-
zu glauben[,] **aber ich weis, daß dieses** 169
Streichung der Zeilen 170a-173a Materie – stattdessen:
Bedürfnis uns dazu berechtigt.
ich weis auch ,
[I] | | 170
daß wir da, wo die schönen Formen
$_{1}$| |
$_{2}$**da** 171
der Natur uns die gegenwärtige 172
Gottheit verkündigen, wir selbst 173
Fortsetzung in der rechten Spalte.
die Welt mit unserer Seele beseelen,
$_{1}$es sind, die
$_{2}$| |
[die Welt mit] 174
aber was ist dann, das nicht durch
$_{1}$| |
$_{2}$**ist dann** 175
uns so wäre wie es ist? 176
Am Ende der Zeile ein Kreuz; vmtl. als Einfügungszeichen für eine beabsichtigte oder verschollene Erweiterung.
$_{1}$**Laß mich menschlich sprechen**, a **ls unser**
$_{2}$**. A** 177
ursprünglich unendliches Wesen zum 178
$_{1}$**erstenmale leidend**, **die freie** **Kraft**
$_{2}$**ward u**[nd] **volle** 179
$_{1}$**die erste** **Schränke** fand **, als der**
$_{2}$**ie**
$_{3}$**n** **a** **n empfand** 180
Armuth mit dem Überflusse sich paarte, 181
$_{1}$**da ward die Liebe.** Wann **war**
$_{2}$**Fragst du, wann das** 182
das **? Plato sagt. Am Tage**
[ ] [:] 183
$_{1}$**da** die
$_{2}$**Aphrodite geboren ward**,
[u] $_{3}$**e.** 184
$_{1}$D
$_{2}$**Also da, als** s
$_{3}$**die schöne Welt** 185
für uns anfieng, da wir zum 186
$_{1}$**Bewußtsein kamen**.
$_{2}$**, da wurden wir endlich.** 187
Nun fülen wir tief die Beschrän- 188
kung unseres Wesens, und die ge- 189
$_{1}$f
$_{2}$**hemmte Kraft sträubt sich unge**[-] 190
duldig gegen ihre Fesseln, und 191
doch ist etwas in uns das diese 192
$_{1}$**Fesseln gerne behält – denn** wären
$_{2}$| | 193
$_{1}$diese Fesseln nicht , **würde das**
$_{2}$| |[] 194
$_{1}$Unendliche **in uns von keinem Wi-**
$_{2}$**Göttliche** 195

196 **derstande beschränkt, so wüßten**
197 [wir] **von nichts außer uns,**
$_1$also
198 $_2$**und so auch von uns selbst**
199 **nichts, und von sich nichts zu wissen,**
200 **sich nicht zu fülen, und vernichtet**
201 **seyn, ist für uns Eines.** //
$_1$Fell
202a $_2$ssellos zu seyn, ist göttlich
203a keine Fessel zu fülen ist thierisch
202a, 203a durch Einklammerung getilgt.
202 **Wir können den Trieb, uns zu be-**
$_1$be
203 $_2$**freien, zu veredlen, fortzuschrei-**
204 **ten ins Unendliche, nicht verläugnen –**
205 **das wäre thierisch, wir können aber**
$_1$**auch** Tr
206 $_2$**den Trieb bestimmt zu wer-**
207 **den, zu empfangen, nicht ver-**
208 **läugnen, das wäre nicht men-**
$_1$schlich,
209a $_2$. Die Liebe vereiniget
210a diese beiden Triebe. Sie strebt
Texterweiterung im Anschluß an 209a schlich.:
schlich.
209 **Wir müßten untergehn im Kampfe**
210 **dieser widerstreitenden Triebe**[.]
die Liebe vereiniget
211 **Aber** [d] **sie**[.]
diese beiden Triebe. Sie strebt
212 | · |
213 **unendlich nach dem Höchsten und**
214 **Besten**[,] **denn ihr Vater ist der Über-**
215 **fluß, sie verläugnet aber auch**
216 **ihre Mutter die Dürftigkeit nicht;**
$_1$**sie hoft auf Beistand.** Und
$_2$**So**
217 $_3$**pp.**
$_1$**zu lieben ist menschlich.** Diese Liebe
218 $_2$| |
$_1$ist j**enes höchste Bedürfnis un**s
219 $_3$| |[J] $_2$**seres**
220 **Wesens, das uns dringt, der**
221 **Natur eine Verwandschaft mit dem**
222 **Unsterblichen in uns beizulegen, und**
223 **in der Materie einen Geist zu glauben,**
224 **es ist diese Liebe.**

Konstituierter Text IV *A*

Unschuldiger Weise hatte mich die Schule des Schiksaals und der Weisen ungerecht und tyrannisch gegen die Natur gemacht. Der gänzliche Unglaube, den ich gegen alles hegte, was ich aus ihren Händen empfieng, lies keine Liebe in mir gedeihen. Der reine freie Geist, glaubt ich, könne sich nie mit den Sinnen und ihrer Welt versöhnen, und es gebe keine Freuden, als die des

Siegs; zürnend fodert' ich oft von dem Schiksaal die ursprüngliche Freiheit unseres Wesens zurük; ich freute mich oft des Kampfs den die Vernunft mit dem Unvernünftigen kämpft, weil es mir ingeheim mehr darum zu thun war, das Gefül der Überlegenheit immer neu im Sieg zu erringen, als den gesezlosen Kräften, die des Menschen Brust bewegen, die schöne Einigkeit mitzuteilen. Ich achtete der Hülfe nicht, womit die Natur dem großen Geschäfte der Bildung entgegenkömmt, denn ich wollte allein arbeiten, ich nahm die Bereitwilligkeit, womit sie der Vernunft die Hände bietet, nicht an, denn ich wollte sie beherrschen. Unangenemes achtet' ich wenig. Gefahr war mir oft fast willkommen. Ich beurteilte die andern strenge, wie mich selbst.

Für die stillen Melodien des menschlichen Lebens, für das Häusliche, und Kindliche hatt' ich den Sinn beinahe ganz verloren.

Unbegreiflich wars mir, wie mir ehmals Homer hatte gefallen können. Ich reiste; und wünschte oft ewig zu reisen.

Eben auf dieser Reise war es, daß ich in W., wo ich mich länger als sonstwo aufhielt, auf einen Fremden aufmerksam gemacht wurde, der seit einiger Zeit ein benachbartes Landhaus bewohnte, und die Gemüther der dortigen Menschen desto mer beschäftigte, je ruhiger diese das seinige zu lassen schienen. –

Im Grunde beschäftigte er auch die meisten nur, weil er fremd war. Nur Wenige schienen ihn zu verstehn, und zu ahnden.

Ich gieng hinaus, ihn zu besuchen. Ich traf ihn in seinem Pappelwalde. Er sas an einer Statue, und ein holder Knabe stand vor ihm. Lächelnd streichelt' er diesem die Loken aus der Stirne und schien mit tiefem Schmerz das friedliche Geschöpf zu betrachten, das zutraulich an dem majestätischen Manne hinaufsah.

Jezt sah' er sich um, und trat mir entgegen.

Ich widerstrebte dem ungewohnten Zauber, der mich umfieng, mit Gewalt, um die Freiheit meines Geistes zu behalten.

Seine Ruhe und Freundlichkeit half mir auch mer als ich selbst konnte, zur Besonnenheit.

Er fragte mich, wie ich die Menschen auf meiner Reise gefunden hätte?

Mer thierisch, als göttlich, antwortet' ich ihm.

Das kömt daher, sagte er, daß so wenige menschlich sind.

Ich ahndete tiefen Sinn in seiner Rede, und war um so begieriger, ihn darüber zu hören, weil das, was ich ahndete, mit meiner bisherigen Art zu leben und zu denken, meinem Gefüle nach in ziemlichem Kontraste stand. Ich bat ihn, mir das Gesagte zu entwiklen, und er fuhr fort:

Wir sollen unsern Adel nicht verläugnen, wir sollen das Vorbild alles Daseins in uns rein und heilig behalten. Der Maasstaab, worann wir die Natur messen, soll gränzenlos sein, und unbezwinglich der Trieb, das formlose zu bilden, nach jenem Urbilde, das wir in uns tragen, und die widerstrebende Materie dem heiligen Geseze der Einheit zu unterwerfen. Aber desto bitterer ist freilich der Schmerz im Kampfe mit ihr, desto größer die Gefahr, daß wir im Unmuth die Götterwaffen von uns werfen, dem Schiksaal und unsern Sinnen uns gefangen geben, die Vernunft verläugnen, und zu Thieren werden – oder auch daß wir, erbittert über den Widerstand der Natur, gegen sie kämpfen, nicht um in ihr und so zwischen ihr und dem Göttlichen in uns Frieden und Einigkeit zu stiften, sondern um sie zu vernichten, daß wir gewaltsam jedes Bedürfniß zerstören, jede Empfänglichkeit verläugnen, und so das schöne Vereinigungsband, das uns mit anderen Geistern zusammenhält, zerreißen, die Welt um uns zu einer Wüste machen, und die Vergangenheit zum Vorbild einer hofnungslosen Zukunft.

Er hielt einen Augenblik inne; ich glaubte, zu bemerken, daß an den lezten Worten sein Gemüth mer Anteil genommen hatte, als zuvor.

Wir können's nicht verläugnen, fuhr er erheitert fort, es ist etwas in uns, was selbst im Kampfe mit der Natur Hülfe von ihr erwartet und hoft. Und sollten wir nicht? Begegnet nicht in allem, was da ist, unserem Geiste ein freundlicher Geist? Birgt sich nicht, indeß er die Waffen gegen uns kehrt, ein guter Meister hinter dem Schilde? Nenn' ihn, wie du willst! Er ist derselbe.

Oft treten Erscheinungen vor unsre Sinne, wo es uns ist, als wäre das Göttlichste in uns sichtbar geworden, Symbole des Heiligen und Unvergänglichen in uns. Oft offenbart sich im Kleinsten das Gröste. Das Urbild aller Einigkeit, das wir im Geiste bewahren, es scheint uns wieder in den friedlichen Bewegungen unsres Herzens, es stellt sich im Angesichte dieses Kindes dar.

Und hörten wir nie die Melodie des Schiksaals rauschen? – Seine Dissonanzen bedeuten dasselbe.

Denke nicht, ich spreche zu jugendlich, lieber Fremdling!

Ich weis, daß nur Bedürfnis uns dringt, der Natur eine Verwandschaft mit dem Unsterblichen in uns zu geben und in der Materie einen Geist zu glauben, aber ich weis, daß dieses Bedürfnis uns dazu berechtigt. Ich weis, daß wir da, wo die schönen Formen der Natur uns die gegenwärtige Gottheit verkündigen, wir selbst die Welt mit unserer Seele beseelen, aber was ist dann, das nicht durch uns so wäre wie es ist?

Laß mich menschlich sprechen. Als unser ursprünglich unendliches Wesen zum erstenmale leidend ward und die freie volle Kraft die ersten Schranken empfand, als die Armuth mit dem Überflusse sich paarte, da ward die Liebe. Fragst du, wann das war? Plato sagt: Am Tage da Aphrodite geboren wurde. Also da, als die schöne Welt für uns anfieng, da wir zum Bewußtsein kamen, da wurden wir endlich. Nun fülen wir tief die Beschränkung unseres Wesens, und die gehemmte Kraft sträubt sich ungeduldig gegen ihre Fesseln, und doch ist etwas in uns das diese Fesseln gerne behält – denn würde das Göttliche in uns von keinem Widerstande beschränkt, so wüßten wir von nichts außer uns, und so auch von uns selbst nichts, und von sich nichts zu wissen, sich nicht zu fülen, und vernichtet seyn, ist für uns Eines.

Wir können den Trieb, uns zu befreien, zu veredlen, fortzuschreiten ins Unendliche, nicht verläugnen – das wäre thierisch, wir können aber auch den Trieb bestimmt zu werden, zu empfangen, nicht verläugnen, das wäre nicht menschlich. Wir müßten untergehn im Kampfe dieser widerstreitenden Triebe. Aber die Liebe vereiniget sie. Sie strebt unendlich nach dem Höchsten und Besten, denn ihr Vater ist der Überfluß, sie verläugnet aber auch ihre Mutter die Dürftigkeit nicht; sie hoft auf Beistand. pp. So zu lieben ist menschlich. Jenes höchste Bedürfnis unseres Wesens, das uns dringt, der Natur eine Verwandschaft mit dem Unsterblichen in uns beizulegen, und in der Materie einen Geist zu glauben, es ist diese Liebe.

IV*B*
Metrische Fassung.
*B*₁

$_1$**Gestält vom Schiksaal und den Weisen war**
$_2$**hlt** 1
Durch meine Schuld mein jugendlicher Sin[n] 2
Tyrannisch gegen die Natur geworden. 3
$_1$Ich
$_2$Was ich, wie sonst, aus ihrer Hand empfieng
$_3$**Unglaubig nahm ich auf, was ich** ,
$_4$**wie sonst** 4
Aus ihrer mütterlichen Hand empfieng, 5
So konnte keine Lieb in mir gedeihen. 6
$_1$Oft fodert' ich von ihr
$_2$m Schiksaal, zürnend 7a
$_1$Die fesselfreie Reinigkeit zurük
$_2$Geistigkeit 8a
Die Verse 7a, 8a werden später durch Einklammerung getilgt.
$_1$Oft **freut'** ich **mich des** **Kampfes,** den mit
$_3$**Ich** [e] wakern $_2$| | **in dem**
$_4$**harten** 7
Das Licht die alte Finsternis bekämpft, 8
$_1$**Doch kämpft' ich** nur , im Siege **das Gefühl** ↓ 10_1
$_2$mer **damit ich** ↓ 10_2
$_3$nur vgl. 11_3
$_4$[mer] vgl. 11_4 9
↑$_1$**Des**
↑ $_2$**r Überlegenheit erbeutete,** 10
$_1$Und nicht
$_2$Als **um die** schöne **Einigkeit**
$_3$| | | | $_5$**u**[nd] **hohe Stille**
$_4$**Als** 11

$_1$Den Kräften mitzuteilen, die d
12 $_2$gesezlos
$_1$Des
$_2$r Bru
$_3$Menschen Herz bewegen.
13 $_4$, achtet' auch
14 Der Hülfe nicht, womit uns die Natur
entgegenkömt, in jeglichem Geschäfte
15 [E]
16 Des Bildens, nahm die Willigkeit nicht an,
17 Womit der Stoff dem Geiste sich erbietet;
18 Ich wollte zähmen, herrschen wollt ich, richtete
Mit Argwohn u[nd] mit Strenge mich, u[nd] andre[,]
19 []
20 Auch hört' ich nicht die zarten Melodien
$_1$Der Häuslichkeit, des frommen Kindersinns,
21 $_3$reinen $_2$.
22 Einst hatte wohl der fromme Mäonide
$_1$Mein Herz gewonnen, auch von ihm
23 $_2$junges
24 Und seinen Göttern war ich abgefallen. –
25 Ich wanderte durch fremdes Land, u[nd] wünscht'
26 Im Herzen oft, ohn' Ende fortzuwandern.
Vmtl. Absatz durch Abteilungsstrich unter der Zeile; Fortsetzung verso.
$_1$Da hört' ich einst von einem fremden Manne,
27 $_2$weisen
28 Der nur seit kurzem erst ein nahes Landhaus
$_1$Bewohne,
$_2$' und wenn
29 $_3$unbekannt, doch aller Herzen
30 Der kleinen, wie der größern, mächtig sei,
$_1$Der meisten , weil er schön und fremde
$_2$freilich $_3$fremde $_5$schön
31 $_4$'
$_1$Und stille wäre, doch auch weniger,
32 $_2$einiger
33 Die seinen Geist verständen[,] ahndeten. [//]
$_1$Ich gieng hinaus, d
$_2$ihn zu besuchen.
34 $_3$den seltnen Mann zu sprechen.
$_1$Ich sah' ihn fern in seinem Pappelwalde.
35 $_2$traf bald
$_1$I
36 $_2$Er saß an einer Statue; vor ihm
$_1$Ein hoh
$_2$Ider Knaben; lächelnt
37 $_4$I I [ ] $_3$d streichelt' er die Loken
$_1$Dem
38 $_2$Mit sanfter Hand dem Knaben aus der Stirne,
$_1$Und sah
39 $_2$blikte stum[m] mit Schmerz u[nd] Wohlgefallen
40 Das holde Wesen an, das frei u[nd] freundlich
41 Dem königlichen Mann ins Auge sah.
42 Ich stand von fern und ruht auf meinem Stabe.
43 Doch da er um sich wandt', u[nd] sich erhub
$_1$Und mir eng
44 $_2$tgegentrat, da widerstand ich
45 Dem neuen Zauber, der mich izt umfieng[,]
46 Mit Mühe kaum, daß ich den Geist mir frei

$_1$e
$_2$**Erhielt,** und seine Ruh und Freundlichkeit
$_2$doch half des Mannes Freundlichkeit ↓ 48$_1$
$_4$stärkte
$_5$**doch stärkte mich des Mannes Ruh** 47
↑$_1$Und Ruhe wie
$_2$**Und Freundlichkeit auch wieder wunderbar.** // 48
Und wie ich wohl auf meinen Wanderungen 49
Die Menschen fände, fragt er traulich mich 50
Nach einer Weile, thierisch mer als göttlich 51
Versezt' ich hart und strenge, wie ich war. 52
$_1$Das
$_2$**Sie wären** wohl die Menschen nicht
$_3$**'s nicht[,] erwiedert**e **mit Ernst,** 53
$_4$**er**
$_1$**Und Liebe, wenn** sie **menschlich wäre**n. 54
$_2$**ihr Sinn nur** | |
$_1$**Ich bat ihn, was er dächte** e 55
$_2$**zu enthüllen.**[//]
Fortsetzung recto.
$_1$**Das** **Maas,** woran des Menschen Geist
$_2$edler
$_3$**volle** **begann er nun, woran** 56
$_1$**Der** Gei
$_2$**s Menschen edler Geist die Dinge mißt,** 57
Ist gränzenlos, und soll es seyn u[nd] **bleiben**[.] 58
Das Ideal von allem, was erscheint[,] 59
Wir sollen rein und heilig es bewahren. 60
Wir sollen unsern Adel nicht verläugnen. 61a
Tilgung durch eine Klammer angedeutet.
Der Trieb in uns, das Ungebildete 61
Zu bilden nach dem Göttlichen in uns, 62
$_1$Und d**ie** ewig **wi**st
$_3$| |[D] mächtig $_2$**derstrebende Natur**
$_4$ewig
$_5$**mächtig** 63
$_1$**Dem Geist** **in uns** **zu unterwerfen,** 64
$_2$**der** **herrscht**
$_1$Er s**oll nie auf halbem Wege sich begnügen.** 65
$_2$| |[S]
Doch um so bitterer ist auch der Schmerz 66
Im Kampfe, desto größer die Gefahr, 67
Entweder, daß die Streiter unmuthsvoll 68a
Die Götterwaffen von sich werfen, 69a
Der ehernen Nothwendigkeit gefangen 70a
sich geben, 71a
Ab 68a Umwandlung in 3. Pers. Sing.
Entweder, daß die Streiter unmuthsvoll
Daß oft der blutge 68
Die Götterwaffen von sich werfen,
ferne **wirft** ↑ 69
Der ehernen Nothwendigkeit gefangen
sich schmieget[,] 70
sich geben
Sich selbst verläugnet, und zum Thiere wird – 71
$_1$**Oft, daß** wir **auch, vom Widerstand erbittert**[,] 72
$_2$**er**
$_1$Nun nimmer **die Natur bekämpft,** um ihr
$_2$**Nicht** mer
$_3$**wie er sollte** | | 73

$_1$Nicht um Frieden ihr u[nd] Einigkeit zu geben,
74 $_2$| |[U]
$_1$Nur um die Trozige zu br
75 $_3$Widerspenstige $_2$drüken.
$_1$So wird gewaltsam jegliches Bedürfnis ↓ 77a$_1$
$_2$Und
$_3$Daß so oft oft des Herzens
76a [ ]
↑$_1$Zerstört,
$_2$Bedürfnis, und Empfänglichkeit zerstört
77a []
Einklammerung und Neufassung von 76a, 77a:
76 So tödten wir das menschlichste Bedürfnis
77 Verläugnen die Empfänglichkeit in uns[,]
$_1$Die uns zusammenhä lt mit andern Geistern.
$_2$i[e]
78 $_3$vereinigte ↑
79 So wird die Welt um uns zu einer Wüste
80 Und das vergangene zum bösen Zeichen
81 Der hofnungslosen Folgezeit entstaltet.
Vmtl. Absatz; Fortsetzung auf dem Dbl. 35/1-4.
82 Wir könnens nicht verläugnen, fuhr er nun
$_1$Erheitert fort,
83 $_2$, wir rechnen selbst im Kampfe
84 Mit der Natur auf ihre Willigkeit.
85 Und irren wir? begegnet nicht in allem
86 Was da ist, unsrem Geist' ein freundlicher
$_1$Verwandter Geist? Und birgt lächelnd nicht,
87 $_2$sich
88 Indeß er gegen uns die Waffen kehrt,
89 Ein guter Meister hinter seinem Schilde? –
$_1$Benenn' ihn, wie du willst! Er ist derders
90 $_2$selbe.
$_1$Und treten
91 $_2$Verborgnen Sinn enthält das Schöne! – deute
92 Sein Lächeln dir! – denn so erscheint vor uns,
93 Das Heilige, das Unvergängliche.
94 Im Kleinsten offenbart das Gröste sich.
95 Das hohe Urbild aller Einigkeit,
96 Es scheint uns wieder in den friedlichen
97 Bewegungen des Herzens, stellt sich hier
98 Im Angesichte dieses Kindes dar. –
99 Und rauschten nahe dir die Melodien
$_1$Da
$_2$es Schiksaals nie? vernahmst du sie? dasselbe
100 $_3$standst
$_1$Bedeuten seinen
101 $_2$Dissonanzen auch. //
$_1$Du denkest wohl.
102 $_2$, ich spreche jugendlich.
$_1$Es ist Bedürfnis, was uns d
103 $_3$Ich weis, [e] $_2$dringt,
104 Der ewig wechselnden Natur Verwandschaft
105 Mit dem Unsterblichen in uns [zu] geben,
106 Doch diß Bedürfnis giebt das Recht uns auch.
107 Auch ist mir nicht verborgen, daß wir da,
108 Wo uns die schönen Formen der Natur
109 Die Gegenwart des Göttlichen verkünden,
110 Mit unsrem Geiste nur die Welt beseelen.

Doch, lieber Fremdling, sage mir, was ist, 111
Das nicht durch uns so wäre, wie es ist?[//] 112
Fortsetzung verso.
Er schwieg und sah mich forschend an; ich sagt ihm[,] 113
$_1$**Wohl mancher hätt am Ende** sein
[] ['] $_2$**deß, was er** 114
Mir da gesagt, ein kleines Aergernis 115
$_1$**Genommen,** doch **ich** verstände**, wenn ich anders** ↓ 117_1
$_2$| | dächte ↓ 117_{2-4}
$_3$**doch hätte** ↑ 116
↑$_1$ Ihn recht verstände,
↑$_2$**Nicht irrte**,
$_3$, seinen Sinn,
$_4$gefaßt zu haben.
$_5$**sein Geheimnis durchgeschaut.** 117
$_1$**So** kön
$_2$ann ja
$_3$ich
$_4$[ ] **kann ich ja wohl mer noch wagen**.
$_5$**, rief** 118
$_1$e **r** traulich,
$_2$**E traut und heiter, doch erinnre mich** 119
$_1$**Zu rechter Zeit!** – a
$_2$**Als unser Geist, begann** 120
Er lächelnd nun, sich aus dem freien Fluge 121
Der Himmlischen verlor, und erdwärts sich, 122
$_1$Der Hohe **neigt', und mit dem Überflusse**
$_2$**Vom Aether** 123
$_1$**Sich so die Armuth** paarte **, da ward**
$_2$**gattete** 124
Die Liebe. Das geschah, **am Tage, da**
[] 125
$_1$**De**m Chaos **Aphrodite sich entwand.**
$_2$**n Fluthen** 126
Wir wurden endlich, da die schöne Welt 127a
Für uns begann, wir tauschten das Bewußtsein, 128a
Erweiterte Neufassung von 127a, 128a:
Wir wurden endlich, da die schöne Welt
$_1$**Am Tage**[,] **da**, **die schöne Welt für uns** begann
[] $_2$| | 127
Begann, begann für uns die Dürftigkeit 128
Für uns begann, wir tauschten das Bewußtsein,
Des Lebens u[nd] || 129
Für unsre Reinigkeit und Freiheit ein. – 130
$_1$**Der reine Geist befaßt** sich
$_2$unbeschränkt
$_3$**leidensfreie** | | 131
Sich mit dem Stoffe nicht, ist aber auch 132
$_1$**Sich keines Dings bewußt**,
$_2$**u**[nd] **seiner nicht ,** 133
$_1$**Für ihn ist** keine **keine Welt, denn außer ihm**
$_2$| | 134
$_1$**Ist nichts.** – So denken wir das
$_2$**Doch, was ich sag', ist nur Gedanke. –** 135
$_1$**Nun fülen** fü
$_2$**wir die Schranken unsers Wesens** 136
Und die gehemmte Kraft sträubt ungeduldig 137
Sich gegen ihre Fesseln, und es sehnt der Geist 138
Zum ungetrübten Aether sich zurük. 139
Doch ist in uns auch wieder etwas, das 140

$_1$**Die Fesseln gern**e trägt **, denn würd in uns**
141 $_2$**behält**
142 **Das Göttliche von keinem Widerstande**
$_1$**Beschränkt –** u
143 $_2$**wir fühlten uns und andre nicht.**
Fortsetzung am linken Rand.
$_1$**Sich aber nicht zu fühlen, ist** zu
144 $_2$**der Tod,**
$_1$**Von nichts zu wissen,** zu
$_2$**und vernichte**n
145 $_3$**t seyn**
$_1$**I**n
$_2$**st Eins für uns. – Wie** soll
$_3$können unsern **Trieb**
146 $_4$[soll]**ten wir den**
Fortsetzung recto.
$_1$**Unendlich fortzuschrei**b
$_2$**ten, uns zu läutern,** zu befrein,
147 $_3$| |
$_1$**Un**d
$_2$**s zu veredlen, zu befrei**en,
148 $_3$| | **verläugnen?**
$_1$**Das wäre thierisch.** Doch können **auch**
$_2$Aber **wi**e **sollten** wir
$_3$| | **r** | |
149 [Doch]
$_1$**De**n **Trieb , be**stimmt [zu] **werden, zu empfangen,**
150 $_2$[s] **s** $_3$**schränkt**
$_1$Nicht
$_2$Uns
$_3$**Nicht stolz uns** un
$_4$**überheben**? **denn es wäre**
151 [,]
152 **Nicht menschlich, und wir tödteten uns selbst.**
$_1$**De**r **Widerstreit** ,
153 [n] $_2$**der Triebe, deren keiner**
154 **Entbehrlich ist, vereiniget die Liebe.**[//]
$_1$Sie strebt
$_2$ringt
155a $_3$Dem Höchsten und dem Besten ringt unendlich
$_1$Die Liebe ,
$_2$nach, und trümmert stark
156a $_3$kühn und stark
$_1$Die ehrnen Berge nieder, die d
157a $_2$sich ihr
$_1$Entgen
$_2$geg
158a $_3$n wälzen,
Überarbeitung von 156a-158a:
Die Liebe nach, und trümmert kühn und stark
156b wandelt löwen stolz
Die ehrnen Berge nieder , die sich ihr
157b Durch Flammen und durch Fluthen
Entgegen wälzen,
158b fort,
Einklammerung und Neuansatz im Anschluß an 156b Die Liebe nach,:
Die Liebe nach,
156c u[nd] über ihrer Wange
$_1$**Wo** tief

$_{2}$seine Narben tief das Schiksaal schlug,
$_{3}$tiefe ihr 157c
$_{1}$Tront doch ein königlicher Blik,
$_{2}$hohes Auge, denn ↓ 159a$_{1}$
$_{3}$sie stammt 158c
↑$_{1}$Sie stammt
$_{2}$Vom göttlichen
[n] $_{3}$m Geschlechte,
$_{4}$, denn ihr Vater 159a

Tilgung von 159a und Neuansatz in 158c:

Tront doch ein hohes Auge, denn sie stammt
ihr [Vater] 158d
Der Überfluß, ist göttlichen Geschlechts. 159b
Doch pflükt sie auch die Beere von den Dornen, 160a
Und sammelt Ähren auf dem Stoppelfelde, 161a
$_{1}$Und wenn ein freundlich Herz ihr einen Trunk
$_{2}$| |[W] ihr Wesen a 162a
Am schwülen Tage reicht, verschmäht sie nicht 163a
Den irrdnen Krug, denn ihre Mutter ist 164a
$_{1}$Die Arm
$_{2}$Dürftigkeit. – Der Geist sei freu
$_{3}$i
$_{4}$unbezwin[g]lich 165a
$_{1}$Und rastlos die freie Tätigkeit,
$_{2}$ruhelos $_{4}$Wirksamkeit,
$_{3}$schlummerlos 166a
$_{1}$Doch auch
$_{2}$acht er auch der Hülfe der Natur, 167a

Neuansatz im Anschluß an 165a:

Er beuge nie sich der Naturgewalt 166b
$_{1}$Docht
$_{2}$acht' er auch der Hülfe
$_{3}$treuen
$_{4}$lieben
$_{5}$| | , wenn sie schon 167b

Nach einem nochmaligen Ansatz zur Überarbeitung in v. 165a werden 166a, 167b gestrichen. Fortsetzung im Anschluß an 165a Dürftigkeit. –

Die Dürftigkeit. – Der Geist sei unbezwinglich
groß u[nd] 165b
Die Dürftigkeit. – groß und
Groß und unbezwinglich sei 165c
Des Menschen Geist in seinen Forderungen, 166c
$_{1}$Und,
$_{2}$Er beuge nie sich der Naturgewalt, 167c
$_{1}$Docht
$_{2}$acht' er auch der Hülfe, wenn sie schon 168a
$_{1}$Aus fremdem Lande kömmt, doch
$_{2}$verkenn er nicht
$_{3}$Vom Sinnen| ↑ $_{4}$und schäme sich 169a

Fortsetzung am linken Rand.

Der Stärkung, die die freundliche Natur 170a
Ihm bietet nicht 171a

Die Überarbeitung von 170a, 171a setzt den Rückgriff auf 169a$_{2}$ voraus.

Vom Sinnenlande kömmt, verkenn er nicht
e ↑ 169b
Was edel ist im sterblichen Gewande 170b
$_{1}$Und schäme sich der freundlich
$_{2}$Wenn hie und da
$_{3}$Stimmt nach ihrer eignen Weise 171b

172a In seine Töne die Natur, so schäm'
173a Er sich [der] freundlichen Gespielin nicht
Fortsetzung verso; Neufassung ab 155a:
$_1$Dem Höchsten und dem Besten ringl
155b $_2$t unendlich
156d $_1$Die Liebe,
157d $_2$nach und wandelt kün und stolz
Durch Flammen und durch Fluthen ihre Bahn,
$_1$Sie
$_2$Doch heite
158e $_3$hoft sie auch in frölichem Vertraun
159c $_4$Sie wartet aber auch in | |
Vertrau'n,
Der folgende Neuansatz ersetzt den bisher entworfenen Text ab 155b:
$_1$**Wenn** s
155 $_2$**deine Pflicht ein feurig Herz begleitet,**
156 **Verschmähe nicht den rüstigen Gefährten.**
$_1$Wenn dann **dem Göttlichen** d
157 $_3$**Und wenn** $_2$**in dir ein Zeichen**
$_1$**Der** treue **Sinn erschafft, und goldne Wolken**
$_2$starke
158 $_3$**gute**
159 **Den Aether des Gedankenreichs umziehn,**
160 **Bestürme nicht die freudigen Gestalten!**
161 **Denn du bedarfst der Stärkung der Natur.**
Absatz.
162 **Dem Höchsten und dem Besten ringt unendlich**
$_1$**Die Liebe nach, und wandelt kü**n
163 $_2$**hn und frei**
$_1$**Durch Flammen und durch Fluthen ihre Bahn**,
164 $_2$,
$_1$**Sie** a
$_2$**wartet aber auch in frölichem** Vertraun
165 $_3$| |
166 **Vertraun der Hülfe, die von außen kömmt,**
167 **Und überhebt sich ihrer Armuth nicht.**
$_1$**Do**r
168 $_2$**ch irret mannigfaltig auch die Liebe.** //
$_1$**So reich sie ist**,
169 $_2$**, so dürftig fühlt sie sich,**
170 **Je mächtiger in ihr das Göttliche**
$_1$**Sich regt – sie dünk t sich**
171 $_2$**e nur um so schwächer.**
$_1$**Wie** sollte **sie den Reichtum**, f
172 $_3$**kann** $_3$**so** $_2$**den sie tief**
173 **Im Innersten bewahrt, in sich erkennen?**
174 **Sie trägt der Armuth schmerzliches Gefühl,**
175 **Und füllt den Himmel an mit ihrem Reichtum.**
Mit ihren **eignen Herrlichkeit veredelt**
176 [r]
$_1$Belebt s **ie die Vergangenheit, wie ein Gestirn**
177 $_2$| |[S]
Fortsetzung am rechten Rand.
$_1$**Durchwandelt sie der Zukunft** f
178 $_2$**weite Nacht**
$_1$**Mit ihre**n Stralen,
$_2$**m Licht, und** ahd
$_3$ndet nicht wie nur
$_4$nie
179 $_5$**reinen** $_6$[sie] **vergißt**[,]

$_1$**Daß nur von** d
$_2$**ihr die Dämmerung entspringt,** 180
$_1$**Die heilig ihr und hold entgegenkömmt.** 181
In ihr ist nichts, und außer ihr ist alles. 182
$_1$**Sie hat den Adel ihres Vaters nun** verl
$_2$| | 183
Verloren, und der freie Sinn ist hin. 184
Die letzte Zeile steht auf dem Kopf. Vmtl. Lücke von einem Quartblatt.
B$_2$
$_1$V
$_2$**Das beste Wort verwirrt den Menschen oft** 1
$_1$**Wenn er den** wohlgemeinten **Tadel nicht** versteht, ↓ 186$_1$
$_2$| | ↓ $_2$
$_3$**treuen** ↑ **versteht;** 2
↑$_1$E
↑$_2$Versteht,
$_3$, e**r soll sich reinigen von einer Schlake,**
$_4$| |[E] 3
$_1$**Er möcht' es wohl,** doch
$_2$**und weis nicht, wie und wo?** 4
Und fällt sein Gutes an im Misverstande. 5
Besiegt er es, so fühlt er wohl, er thue 6
$_1$**Nicht recht** ,
$_2$**daran, und siegt die Meinung nicht,** 7
Behält ihr Recht die bessere Natur, 8
So straft er sich doch auch und zwiefach quält 9
$_1$S
$_2$**Im** Streite **mit sich selbst, der Arme sich.** //
$_3$**Kampfe** 10
Mglw. restituiert die Unterstreichung von Streite die Var. 194$_2$.
$_1$**Von** seinen **Fantasien sollte sich**
$_2$**lieben** 11
Zu rechter Zeit des Knaben Sinn enthalten[.] 12
$_1$**In seiner** T
$_2$**Folgsamkeit verwundete** 13
$_1$**Der** Arme
$_2$Ti
$_3$**Thörige die Wurzel seines Wesens** 14
Den jungen Trieb, zu wirken und zu siegen .
[,] 15
Und grämte sich, in seiner schmerzlichen 16
Erniedrigung, und wähnte doch sie nötig. // 17
So gieng ich einst vorüber an der Kirche[,] 18
Das Thor war offen, und ich trat hinein. 19
Ich sahe keinen Menschen und es war 20
$_1$**So** d
$_2$**stille, daß mein Fußtritt wiederhallte.** 21
Von dem Altare, wo ich weilte, sah 22
$_1$**Panagia mit Wehmuth und** L
$_2$**mit Liebe** 23
$_1$**Zu mir herab**
$_2$**. Ich beugte, stumm vor ihr** 24
$_1$**Das Knie, und weint' und** läche
$_2$**blikte lächelnd wieder** 25
h **inauf zu ihr, und konnte lange nicht**
[H] 26
$_1$**Das Auge von ihr wenden** ,
$_2$**, bis ein Wagen,** 27
$_1$**D**a
$_2$**er rassel**[n]**d nah vorüberfuhr, mich schrökte.** 28

29 **Izt trat ich leise wieder an die Thüre**
Fortsetzung am linken Rand.
30 **Und sahe durch den Spalt, und wartete**
31 **Des Augenbliks, wo leer die Straße war,**
32 **Da schlüpft' ich schnell hinaus, und flog davon**
$_{1}$**Und schloß mich** ei
$_{2}$**sorgsam ein in meine**n
33 $_{3}$**Kammer.** [//]
Fortsetzung verso.
34 **Oft sah und hört' ich freilich nur zur Hälfte,**
$_{1}$**Und sollt' ich recht** nach na
35 $_{2}$**wärts gehn, so gieng ich links,**
$_{1}$**Und sollt** [ich] **ei**nen
$_{2}$**lig einen Becher** s
36 $_{3}$**bringen**[,]
$_{1}$**So bracht' ich einen Korb**.
37 $_{2}$**, und hatt' ich auch**
38 **Das richtige gehört, so waren, ehe noch**
39 **Gethan war, was ich sollte, meine Völker**
40 **Vor mich getreten, mich zum Rath, und Feinde,**
41 **Zu wiederhohlter Schlacht mich aufzufordern,**
42 **Und über dieser größern Sorg' entfiel mir dann**
43 **Die kleinre, die mir anbefolen war.**
$_{1}$**Oft sollt' ich strak**t
44 $_{2}$**s in meine Schule wandern,**
45 **Doch ehe sich der Träumer es versah,**
$_{1}$**So hatt' er in den** T
46 $_{2}$**Garten sich verirrt,**
Und sä**ß behäglich unter den Oliven,**
47 [a]
$_{1}$**Und** s
48 $_{2}$**baute Flotten, schifft' ins hohe Meer.** //
49 **Diß kostete mich tausend kleine Leiden.**
$_{1}$**Verzeihlich war es** freilich, daß **mich oft**
50 $_{2}$**immer wenn**
51 **Die Klügeren mit herzlichem Gelächter**
52 **Aus meiner seeligen Ekstase schrökten,**
53 **Doch unaussprechlich wehe that es mir.**
$_{1}$**Mir schien,** w
54 $_{2}$**als wäre nun mein Heldentum**
$_{1}$**Zum Spotte vor der** bösen **Welt geworden,**
55 $_{2}$**argen**
$_{1}$**Und was mit Recht dem Träumer galt**,
56 $_{2}$**, das nahm**
57 **Der Fürst der Heere für Entwürdigung.**
58 **Und lange drauf, als schon der Knabe sich**
$_{1}$**Für** h
$_{2}$**mündig hielt, ertappt' ich mich noch** wohl,
$_{3}$oft
$_{4}$E
59 $_{5}$**einmal**
$_{1}$**Auf eine**m **kindischen** Vergleich
60 $_{2}$**r** **Erinnerung,**
$_{1}$a**ls** **ich** zum erstenmale las, **wie der Pelide tief**
61 [A] $_{2}$**einst** **las,** ↑
62 **Gekränkt an seiner Ehre, weinend sich**
63 **Ans Meeresufer sezt, und seiner Mutter**
$_{1}$D**en** tief
$_{2}$**bittern Kummer klagt**
64 $_{3}$**Der Herrliche** [d]

Konstituierter Text IV*B*

*B*1

Gestählt vom Schiksaal und den Weisen war
Durch meine Schuld mein jugendlicher Sinn
Tyrannisch gegen die Natur geworden.
Unglaubig nahm ich auf, was ich wie sonst
Aus ihrer mütterlichen Hand empfieng,
So konnte keine Lieb in mir gedeihen.
Ich freute mich des harten Kampfs, in dem
Das Licht die alte Finsternis bekämpft,
Doch kämpft' ich mer, damit ich das Gefühl
Der Überlegenheit erbeutete,
Als um die Einigkeit und hohe Stille
Den Kräften mitzuteilen, die gesezlos
Der Menschen Herz bewegen, achtet' auch
Der Hülfe nicht, womit uns die Natur
Entgegenkömt, in jeglichem Geschäfte
Des Bildens, nahm die Willigkeit nicht an,
Womit der Stoff dem Geiste sich erbietet,
Ich wollte zähmen, herrschen wollt ich, richtete
Mit Argwohn und mit Strenge mich und andre,
Auch hört' ich nicht die zarten Melodien
Der Häuslichkeit, des reinen Kindersinns.
Einst hatte wohl der fromme Mäonide
Mein junges Herz gewonnen, auch von ihm
Und seinen Göttern war ich abgefallen. –
Ich wanderte durch fremdes Land, und wünscht'
Im Herzen oft, ohn' Ende fortzuwandern.

Da hört' ich einst von einem weisen Manne,
Der nur seit kurzem erst ein nahes Landhaus
Bewohn', und unbekannt, doch aller Herzen
Der kleinen, wie der größern, mächtig sei,
Der meisten freilich, weil er fremd' und schön
Und stille wäre, doch auch einiger,
Die seinen Geist verständen, ahndeten.

Ich gieng hinaus, den seltnen Mann zu sprechen.
Ich traf ihn bald in seinem Pappelwalde.
Er saß an einer Statue; vor ihm

Ein Knabe; lächelnd streichelt' er die Loken
Mit sanfter Hand dem Knaben aus der Stirne,
Und blikte stumm mit Schmerz und Wohlgefallen
Das holde Wesen an, das frei und freundlich
Dem königlichen Mann ins Auge sah.
Ich stand von fern und ruht auf meinem Stabe.
Doch da er um sich wandt', und sich erhub
Und mir entgegentrat, da widerstand ich
Dem neuen Zauber, der mich izt umfieng,
Mit Mühe kaum, daß ich den Geist mir frei
Erhielt, doch stärkte mich des Mannes Ruh
Und Freundlichkeit auch wieder wunderbar.

Und wie ich wohl auf meinen Wanderungen
Die Menschen fände, fragt er traulich mich
Nach einer Weile, thierisch mer als göttlich
Versezt' ich hart und strenge, wie ich war.
Sie wären's nicht, erwiedert er mit Ernst,
Und Liebe, wenn ihr Sinn nur menschlich wäre.
Ich bat ihn, was er dächte zu enthüllen.

Das volle Maas, begann er nun, woran
Des Menschen edler Geist die Dinge mißt,
Ist gränzenlos, und soll es seyn und bleiben.
Das Ideal von allem, was erscheint,
Wir sollen rein und heilig es bewahren.
Der Trieb in uns, das Ungebildete
Zu bilden nach dem Göttlichen in uns,
Die mächtig widerstrebende Natur
Dem Geist der in uns herrscht zu unterwerfen,
Soll nie auf halbem Wege sich begnügen.
Doch um so bitterer ist auch der Schmerz
Im Kampfe, desto größer die Gefahr,
Daß oft der blutge Streiter unmuthsvoll
Die Götterwaffen ferne von sich wirft,
Der ehernen Nothwendigkeit sich schmieget,
Sich selbst verläugnet, und zum Thiere wird –
Oft, daß er auch, vom Widerstand erbittert,
Nicht wie er sollte die Natur bekämpft,
Um Frieden ihr und Einigkeit zu geben,

Nur um die Widerspenstige zu drüken.
So tödten wir das menschlichste Bedürfnis
Verläugnen die Empfänglichkeit in uns,
Die uns vereinigte mit andern Geistern.
So wird die Welt um uns zu einer Wüste
Und das vergangene zum bösen Zeichen
Der hofnungslosen Folgezeit entstaltet.

Wir könnens nicht verläugnen, fuhr er nun
Erheitert fort, wir rechnen selbst im Kampfe
Mit der Natur auf ihre Willigkeit.
Und irren wir? begegnet nicht in allem
Was da ist, unsrem Geist' ein freundlicher
Verwandter Geist? Und birgt sich lächelnd nicht,
Indeß er gegen uns die Waffen kehrt,
Ein guter Meister hinter seinem Schilde? –
Benenn' ihn, wie du willst! Er ist derselbe.
Verborgnen Sinn enthält das Schöne! – deute
Sein Lächeln dir! – denn so erscheint vor uns,
Das Heilige, das Unvergängliche.
Im Kleinsten offenbart das Gröste sich.
Das hohe Urbild aller Einigkeit,
Es scheint uns wieder in den friedlichen
Bewegungen des Herzens, stellt sich hier
Im Angesichte dieses Kindes dar. –
Und rauschten nahe dir die Melodien
Des Schiksaals nie? verstandst du sie? dasselbe
Bedeuten seine Dissonanzen auch.

Du denkest wohl, ich spreche jugendlich.
Ich weis, es ist Bedürfnis, was uns dringt,
Der ewig wechselnden Natur Verwandschaft
Mit dem Unsterblichen in uns zu geben,
Doch diß Bedürfnis giebt das Recht uns auch.
Auch ist mir nicht verborgen, daß wir da,
Wo uns die schönen Formen der Natur
Die Gegenwart des Göttlichen verkünden,
Mit unsrem Geiste nur die Welt beseelen.
Doch, lieber Fremdling, sage mir, was ist,
Das nicht durch uns so wäre, wie es ist?

Er schwieg und sah mich forschend an; ich sagt ihm,
Wohl mancher hätt am Ende deß, was er
Mir da gesagt, ein kleines Aergernis
Genommen, doch ich hätte, wenn ich anders
Nicht irrte, sein Geheimnis durchgeschaut.
So kann ich ja wohl mer noch wagen, rief
Er traut und heiter, doch erinnre mich
Zu rechter Zeit! – Als unser Geist, begann
Er lächelnd nun, sich aus dem freien Fluge
Der Himmlischen verlor, und erdwärts sich,
Vom Aether neigt', und mit dem Überflusse
Sich so die Armuth gattete, da ward
Die Liebe. Das geschah am Tage, da
Den Fluthen Aphrodite sich entwand.
Am Tage, da die schöne Welt für uns
Begann, begann für uns die Dürftigkeit
Des Lebens und wir tauschten das Bewußtsein
Für unsre Reinigkeit und Freiheit ein. –
Der reine leidensfreie Geist befaßt
Sich mit dem Stoffe nicht, ist aber auch
Sich keines Dings und seiner nicht bewußt,
Für ihn ist keine Welt, denn außer ihm
Ist nichts. – Doch, was ich sag', ist nur Gedanke. –
Nun fülen wir die Schranken unsers Wesens
Und die gehemmte Kraft sträubt ungeduldig
Sich gegen ihre Fesseln, und es sehnt der Geist
Zum ungetrübten Aether sich zurük.
Doch ist in uns auch wieder etwas, das
Die Fesseln gern behält, denn würd in uns
Das Göttliche von keinem Widerstande
Beschränkt – wir fühlten uns und andre nicht.
Sich aber nicht zu fühlen, ist der Tod,
Von nichts zu wissen, und vernichtet seyn
Ist Eins für uns. – Wie sollten wir den Trieb
Unendlich fortzuschreiten, uns zu läutern,
Uns zu veredlen, zu befrein, verläugnen?
Das wäre thierisch. Doch wir sollten auch
Des Triebs, beschränkt zu werden, zu empfangen,
Nicht stolz uns überheben, denn es wäre

Nicht menschlich, und wir tödteten uns selbst.
Den Widerstreit der Triebe, deren keiner
Entbehrlich ist, vereiniget die Liebe.

Wenn deine Pflicht ein feurig Herz begleitet,
Verschmähe nicht den rüstigen Gefährten.
Und wenn dem Göttlichen in dir ein Zeichen
Der gute Sinn erschafft, und goldne Wolken
Den Aether des Gedankenreichs umziehn,
Bestürme nicht die freudigen Gestalten!
Denn du bedarfst der Stärkung der Natur.

Dem Höchsten und dem Besten ringt unendlich
Die Liebe nach, und wandelt kühn und frei
Durch Flammen und durch Fluthen ihre Bahn,
Sie wartet aber auch in frölichem
Vertraun der Hülfe, die von außen kömmt,
Und überhebt sich ihrer Armuth nicht.
Doch irret mannigfaltig auch die Liebe.

So reich sie ist, so dürftig fühlt sie sich,
Je mächtiger in ihr das Göttliche
Sich regt – sie dünket nur sich um so schwächer.
Wie kann sie so den Reichtum, den sie tief
Im Innersten bewahrt, in sich erkennen?
Sie trägt der Armuth schmerzliches Gefühl,
Und füllt den Himmel an mit ihrem Reichtum.
Mit ihrer eignen Herrlichkeit veredelt
Sie die Vergangenheit, wie ein Gestirn
Durchwandelt sie der Zukunft weite Nacht
Mit ihrem reinen Licht, und sie vergißt,
Daß nur von ihr die Dämmerung entspringt,
Die heilig ihr und hold entgegenkömmt.
In ihr ist nichts, und außer ihr ist alles.
Sie hat den Adel ihres Vaters nun
Verloren, und der freie Sinn ist hin.

[Lücke von vmtl. zwei Quartseiten, ca. 60-70 Verse]

*B*2

Das beste Wort verwirrt den Menschen oft
Wenn er den treuen Tadel nicht versteht;
Er soll sich reinigen von einer Schlake,
Er möcht' es wohl, und weis nicht, wie und wo?
Und fällt sein Gutes an im Misverstande.
Besiegt er es, so fühlt er wohl, er thue
Nicht recht daran, und siegt die Meinung nicht,
Behält ihr Recht die bessere Natur,
So straft er sich doch auch und zwiefach quält
Im Kampfe mit sich selbst, der Arme sich.

Von lieben Fantasien sollte sich
Zu rechter Zeit des Knaben Sinn enthalten.
In seiner Folgsamkeit verwundete
Der Thörige die Wurzel seines Wesens
Den jungen Trieb, zu wirken und zu siegen,
Und grämte sich, in seiner schmerzlichen
Erniedrigung, und wähnte doch sie nötig.

So gieng ich einst vorüber an der Kirche,
Das Thor war offen, und ich trat hinein.
Ich sahe keinen Menschen und es war
So stille, daß mein Fußtritt wiederhallte.
Von dem Altare, wo ich weilte, sah
Panagia mit Wehmuth und mit Liebe
Zu mir herab. Ich beugte stumm vor ihr
Das Knie, und weint' und blikte lächelnd wieder
Hinauf zu ihr, und konnte lange nicht
Das Auge von ihr wenden, bis ein Wagen,
Der rasselnd nah vorüberfuhr, mich schrökte.
Izt trat ich leise wieder an die Thüre
Und sahe durch den Spalt, und wartete
Des Augenbliks, wo leer die Straße war,
Da schlüpft' ich schnell hinaus, und flog davon
Und schloß mich sorgsam ein in meine Kammer.

Oft sah und hört' ich freilich nur zur Hälfte,
Und sollt' ich rechtwärts gehn, so gieng ich links,
Und sollt ich eilig einen Becher bringen,

So bracht' ich einen Korb, und hatt' ich auch
Das richtige gehört, so waren, ehe noch
Gethan war, was ich sollte, meine Völker
Vor mich getreten, mich zum Rath, und Feinde,
Zu wiederhohlter Schlacht mich aufzufordern,
Und über dieser größern Sorg' entfiel mir dann
Die kleinre, die mir anbefolen war.
Oft sollt' ich straks in meine Schule wandern,
Doch ehe sich der Träumer es versah,
So hatt' er in den Garten sich verirrt,
Und saß behäglich unter den Oliven,
Und baute Flotten, schifft' ins hohe Meer.

Diß kostete mich tausend kleine Leiden.
Verzeihlich war es immer, wenn mich oft
Die Klügeren mit herzlichem Gelächter
Aus meiner seeligen Ekstase schrökten,
Doch unaussprechlich wehe that es mir.
Mir schien, als wäre nun mein Heldentum
Zum Spotte vor der argen Welt geworden,
Und was mit Recht dem Träumer galt, das nahm
Der Fürst der Heere für Entwürdigung.
Und lange drauf, als schon der Knabe sich
Für mündig hielt, ertappt' ich mich noch einmal
Auf einer kindischen Erinnerung,
Als einst ich las, wie der Pelide tief
Gekränkt an seiner Ehre, weinend sich
Ans Meeresufer sezt, und seiner Mutter
Der Herrliche den bittern Kummer klagt

V
Hyperions Jugend

Das unvollständig überlieferte Konvolut der Reinschrift umfaßte mindestens neun von *a* bis *i* gezählte Lagen von je zwei ineinandergelegten Doppelblättern, also 72 Seiten; die Hälfte der ***etwa 12 Bogen***, die Schiller Cotta am 9. März 1795 als ***in einigen Monaten fertig*** angekündigt hatte (20). Die Lagen *c* und *d* sind erst seit Mitte des vorigen Jahrhunderts verschollen; außerdem fehlt der äußere Bogen von Lage *g*. Der Beginn beruht augenscheinlich auf der originär entwickelten Textgestalt der ***metrischen Fassung***, wobei der jambische Rhythmus der Vorlage bis zum Ende des ersten Segments (V*A*) hörbar bleibt. Noch im Januar 1795 – angesichts seiner ungesicherten Lage in Jena – hoffte Hölderlin, den nun in Kapitel eingeteilten Roman ***bis Ostern*** abzuschließen (16, 18). Seit Februar ist nur noch vom ***ersten Band*** die Rede, der ***nach Ostern fertig seyn wird*** (19); in Schillers Brief vom März lediglich von einem unbestimmten, noch späteren Abgabetermin (20). Im April 1795 übernimmt Hölderlin die *Phaëton*-Übersetzung als Auftragsarbeit für die *Horen* (vgl. Bd. 17); für alles weitere fehlen die Nachrichten. Daß Hölderlin nach seiner Abreise aus Jena *Hyperions Jugend* fortgesetzt und von Nürtingen aus an Cotta geschickt haben sollte, ist jedoch unwahrscheinlich. Schließlich war jener Aufbruch, so ungeklärt er im einzelnen bleibt, eine Flucht vor Nötigungen, zu denen auch die ästhetische Doktrin dieser Fassung gehörte (36).

V*A*
Titelblatt, oben:
Hyperions Jugend. T1
Im unteren Drittel:
$_1$**Erster Theil**.
$_2$| | T2
herausgegeben von T3
Friedrich Hölderlin. T4
Rückseite leer; Fortsetzung recto.
Erstes Kapitel. 1
Eine Zeile Zwischenraum.
In den ersten Jahren der Mündigkeit, wenn der Mensch vom glük- 2
lichen Instincte sich losgerissen hat, und der Geist seine 3
Herrschaft beginnt, ist er gewöhnlich nicht sehr geneigt, den 4
Grazien zu opfern. // 5
Ich war vester und freier geworden in der Schule des 6
$_1$**Schiksaals und der Weisen, aber streng ohne Maas, i**m
$_2$**n** 7
vollem Sinne tyrannisch gegen die Natur, wiewohl ohne die 8
Schuld meiner Schule. Der gänzliche Unglaube, womit ich 9
alles aufnahm, lies keine Liebe in mir gedeihen. Der rei- 10
ne freie Geist, glaubt' ich, könne sich nie mit den Sinnen 11
$_1$**und ihrer Welt versöhnen. Ich kämpf**e
$_2$**te überall mit dem** 12
Vernunftlosen, mehr, um mir das Gefühl der Überlegen- 13
heit zu erbeuten, als um den regellosen Kräften, die des 14
Menschen Brust bewegen, die schöne Einigkeit mitzutheilen, 15
deren sie fähig sind. Stolz schlug ich die Hülfe aus, wo- 16
mit uns die Natur in jedem Geschäfte des Bildens entge- 17
genkömmt, die Bereitwilligkeit, womit der Stoff dem Gei- 18
ste sich hingiebt; ich wollte zähmen und zwingen. 19
Ich richtete mit Argwohn und Härte mich und andre. [//] 20
Für die stillen Melodien des Lebens, für das Häusliche und 21
Kindliche hatt' ich den Sinn beinahe ganz verloren. [//] 22
$_1$**Einst hatte Homer mein junges Herz so ganz gewonnen.**
$_2$**; auch** 23
Fortsetzung verso.
von ihm, und seinen Göttern war ich abgefallen. [//] 24
Ich reiste, und wünscht' oft ewig fortzureisen. // 25
$_1$**Da hört' ich einst von einem** weisen **Manne, der seit kur-**
$_2$**guten** 26
zem ein nahes Landhaus bewohne, und ohne sein Bemühn 27
recht wunderbar sich aller Herzen bemeistert habe, der klei- 28
$_1$**nere n**
$_2$| | **, wie der größern, der meisten freilich, weil er** frembd
$_3$| | 29
$_1$**fremd** und schön,
$_2$**und freundlich wäre, doch wären auch** 30
$_1$**einige, die seinen Geist verständen** und
$_2$[,] **ahndeten.** [//] 31
$_1$**Ich gieng hinaus, den** seltnen **Mann zu sprechen. Ich traf ihn**
$_2$| | 32
in seinem Pappelwalde. Er saß an einer Statue, und ein 33
lieblicher Knabe stand vor ihm. Lächelnd streichelt' er diesem 34
die Loken aus der Stirne, und schien mit Schmerz und Wohl- 35
$_1$**gefallen das holde Wesen zu betrachten, das frei und trau-**
$_2$**so** ganz
$_3$**ganz** 36
lich dem königlichen Mann' in's Auge sah. // 37
Ich stand von fern und ruhte auf meinem Stabe; doch da 38

$_1$**sich umwandte, und sich erhub, und mir entgegentrat,**
39 $_2$**er**
$_1$**da wi**st**er** d **and ich** **dem neuen Zauber, der mich umfieng,**
[d] [st] $_2$kaum
40 $_3$| |
$_1$**mit Mühe, daß ich mir den Geist frei erhielt**.
$_2$**, doch** stär
41 $_3$| |
42 **stärkte mich auch wieder die Ruhe und Freundlichkeit**
43 **des Mannes. – //**
$_1$**Und** ich
$_2$**wie ich wohl die Menschen fände**n
44 $_3$**auf meinen Wan-**
$_1$**derungen, fragt**e
45 $_2$**' er mich nach einer Weile. Mehr thierisch,**
46 **als göttlich, versezt' ich hart und strenge, wie ich war.**
47 **O wenn sie nur erst menschlich wären! erwiedert' er**
48 **mit Ernst und Liebe. Ich bat ihn, sich darüber zu er-**
Fortsetzung recto.
49 **klären. //**
50 **Es ist wahr, begann er nun, das Maas ist gränzenlos, woran**
$_1$**der Geist des Menschen die Dinge mißt**,
51 $_2$**, und so soll][es**
$_1$**seyn!** den
52 $_2$**wir sollen es rein und heilig bewahren, das Ideal**
53 **von allem, was erscheint, der Trieb in uns, das Ungebildete**
54 **nach dem Göttlichen in uns zu bilden, und die widerstreben-**
$_1$**de Natur**,
55 $_2$**dem Geiste, der in uns herrscht, zu unterwerfen, er**
$_1$**soll nie** sich begnügen auf halbem Wege; **doch um so er-**
Umstellung durch Ziffern:
56 $_2$**auf halbem Wege sich begnügen**
57 **müdender ist auch der Kampf, um so mehr ist zu fürchten,**
58 **daß nicht der blutige Streiter die Götterwaffen im Unmuth**
$_1$**von sich** ferne
59 $_2$**werffe, dem Schiksaal sich gefangen gebe,**
60 **die Vernunft verläugne, und zum Thiere werde, oder auch,**
61 **erbittert vom Widerstande, verheere, wo er schonen sollte,**
62 **das friedliche mit dem feindlichen vertilge, die Natur aus**
63 **roher Kampflust bekämpfe, nicht um des Friedens willen,**
64 **seine Menschlichkeit verläugne, jedes schuldlose Bedürfnis**
65 **zerstöre, das mit andern Geistern ihn vereinigte, ach!**
66 **daß die Welt um ihn zu einer Wüste werde, und er zu**
67 **Grunde gehe in seiner finstern Einsamkeit. //**
68 **Ich war betroffen; auch er schien bewegt. //**
69 **Wir können es nicht verläugnen, fuhr er wieder erheitert**
$_1$**fort, wir rechnen selbst i'm Kampfe mit der Natur auf ihre**
70 $_2$||
71 **Willigkeit. Wie sollten wir nicht? Begegnet nicht in allem,**
72 **was da ist, unsrem Geiste ein freundlicher verwandter**
73 **Geist? und birgt sich nicht, indeß er die Waffen gegen**
Fortsetzung verso.
74 **uns kehrt, ein guter Meister hinter dem Schilde? – Nenn' ihn, wie**
75 **du willst! Er ist derselbe. – Verborgnen Sinn enthält das**
76 **Schöne. Deute sein Lächeln dir! Denn so erscheint vor**
77 **uns der Geist, der unsern Geist nicht einsam läßt.**
78 **Im Kleinsten offenbart das Gröste sich. Das hohe Urbild**
79 **aller Einigkeit, es begegnet uns in den friedlichen Be-**
80 **wegungen des Herzens, es stellt sich hier, im Angesichte**
81 **dieses Kindes dar. – Hörtest du nie die Melodien des**

$_{1}$**Schiksaals rauschen? –** Da
$_{2}$**Seine Dissonanzen bedeuten**
dasselbe. //
$_{1}$**Du denk**e**st**,
$_{2}$| | **wohl, ich spreche jugendlich. Ich weis es Be-**
$_{3}$**ist**
dürfnis, was uns dringt, der ewig wechselnden Natur Ver-
wandtschaft mit dem Unsterblichen in uns zu geben. Doch
$_{1}$**diß Bedürfnis giebt uns das Recht. Es ist die Schranke**
$_{2}$**auch**
der Endlichkeit, worauf der Glaube sich gründet; des-
wegen ist er allgemein, in allem, was sich endlich
fühlt. //
$_{1}$**Ich sagt**e
$_{2}$**' ihm, daß es mir sonderbar gienge mit dem,**
$_{1}$**was er gesagt**,
$_{2}$**; es sei so fremdartig mit meiner bis-**
herigen Denkart, und doch scheine mir es so natürlich,
$_{1}$**als w**u
$_{2}$**är' es bis jezt mein einziger Gedanke gewesen.**
$_{1}$**So kann ich ja wohl noch mehr wa**a
$_{2}$**gen, rief er traut und**
heiter, doch erinnre mich zu rechter Zeit! – Als unser
Geist, fuhr er nun lächelnd fort, sich aus dem freien
Fluge der Himmlischen verlor, und sich erdwärts neig-
Fortsetzung recto.
te vom Aether, als der Überfluß mit der Armuth sich
gattete, da ward die Liebe. Das geschah am Tage,
da Aphrodite geboren ward. Am Tage, da die schöne
Welt für uns begann, begann für uns die Dürftigkeit des
Lebens. Wären wir einst mangellos und frei von aller
$_{1}$**Schranke gewesen,** so hätten wir doch nicht umsonst **die**
$_{2}$| |
Umstellung durch Ziffern:
$_{3}$**umsonst hätten wir doch nicht**
$_{1}$**Allgenügsamkeit verloren, das Vorrecht reiner Geister**,
$_{2}$**.**
Wir tauschten das Gefühl des Lebens, das lichte Bewußt-
$_{1}$**seyn** tauschten wir
$_{2}$**für die leidensfreie Ruhe der Götter**
ein. Denke, wenn es möglich ist, den reinen Geist! Er be-
faßt sich mit dem Stoffe nicht; drum lebt auch keine
$_{1}$**Welt fü**h
$_{2}$**r ihn; für ihn geht keine Sonne auf und unter;**
er ist alles, und darum ist er nichts für sich. Er ent-
behrt nicht, weil er nicht wünschen kann; er leidet nicht, denn
er lebt nicht. – Verzeih mir den Gedanken! er ist auch
nur Gedanke und nichts mehr. – Nun fühlen wir die
Schranken unsers Wesens, und die gehemmte Kraft sträubt
sich ungeduldig gegen ihre Fesseln, und der Geist sehnt
sich zum ungetrübten Aether zurük. Doch ist in uns auch
$_{1}$**wiede**t
$_{2}$**r etwas, das die Fesseln gerne trägt; denn wür-**
$_{1}$**de der Geist von keinem Wi**st
$_{2}$**derstande beschränkt, wir**
fühlten uns und andre nicht. Sich aber nicht zu fühlen,
ist der Tod. Die Armuth der Endlichkeit ist unzertrennlich
$_{1}$**vereiniget mit dem Überflusse de**s
$_{2}$**in uns** $_{3}$**r Göttlichkeit. Wir können**
Fortsetzung verso.

$_1$den Trieb, uns auszubreiten, zu befrein,
$_2$en, nie verläugnen,
$_3$;
das wäre thierisch. Doch können wir auch des Triebs, be-
schränkt zu werden, zu empfangen, nicht stolz uns über-
heben. Denn es wäre nicht menschlich, und wir tödteten uns
selbst. Den Widerstreit der Triebe, deren keiner ent-
behrlich ist, vereiniget die Liebe, die Tochter des Über-
flusses und der Armuth. Dem Höchsten und Besten
ringt unendlich die Liebe nach, ihr Blik geht aufwärts
$_1$und das Vollendete ist ihr Ze
$_2$iel.
$_3$, denn ihr Vater, der Über-
fluß, ist göttlichen Geschlechts. Doch pflükt sie auch
die Beere von den Dornen, und sammelt Ähren auf
dem Stoppelfelde des Lebens, und wenn ihr ein freund-
lich Wesen einen Trank am schwülen Tage reicht, ver-
schmähet sie nicht den irrdnen Krug, denn ihre Mutter ist
$_1$die Dürftigkeit. – Groß und unbezwinglich sei der
$_2$und rein
Geist des Menschen in seinen Forderungen, er beuge nie
$_1$sich der Naturgewalt,
$_2$! Doch acht' er auch der Hülfe,
wenn sie schon vom Sinnenlande kömmt, verkenne nie, was
edel ist, im sterblichen Gewande, stimmt hie und da
nach ihrer eignen Weise die Natur in seine Töne, so
schäm' er sich nicht der freundlichen Gespielin! [//]
Wenn deine Pflicht ein feurig Herz begleitet, verschmä-
$_1$he den rüstigen Gefährten nicht! Wenn dem g
$_2$Geisti-
$_1$gen in dir die Pf
$_2$hantasie ein Zeichen erschafft, und gold-
ne Wolken den Aether des Gedankenreichs umziehn, bestür-
Fortsetzung recto.
me nicht die freudigen Gestalten! Wenn dir als Schönheit
entgegenkömmt, was du als Wahrheit in dir trägst, so nehm'
es dankbar auf, denn du bedarfst der Hülfe der Natur. //
Doch erhalte den Geist dir frei! verliere nie dich selbst!
für diesen Verlust entschädiget kein Himmel dich. Vergiß
dich nicht im Gefühle der Dürftigkeit! Die Liebe, die den Adel
ihres Vaters verläugnet, und immer außer sich ist, wie
mannigfaltig irrt sie nicht, und doch wie leicht! //
$_1$Wie kann sie den Reichtum, den tieff i'm
$_2$|| Innersten bewahrt[,]
$_3$sie in
$_1$erkennen? So reich sie ist, so dürftig fühlt sie sich. Sie
$_2$sich $_3$dünkt
trägt der Armuth schmerzliches Gefühl, und füllt den
$_1$Himmel mit ihrem Überfluß an. Mit ihrem
$_2$r eignen Herrlich-
$_1$keit veredelt sie die Vergangenheit;
$_2$; wie ein Gestirn,
durchwandelt sie die Nacht der Zukunft mit ihren Stralen,
$_1$und ahndet nicht, daß nur von ihr die holde D
$_2$heilige
Dämmerung ausgeht, die ihr entgegenkömmt. In ihr ist nichts,
und außer ihr ist alles. Ihre Männlichkeit ist hin. Sie hofft
$_1$und glaubt , und trauert nur, daß sie noch da ist, um
$_2$nur;
ihr Nichts zu fühlen, und möchte lieber in das Heilige ver-

wandelt seyn, das ihr vorschwebt. Aber sie fühlt sich so 167
ferne von ihm; die Fülle des Göttlichen ist zu gränzenlos, 168
um von ihrer Dürftigkeit umfaßt zu werden. Wunderbar! 169
vor ihrer eignen Herrlichkeit erschrikt sie. Laß ihr das Un- 170
sichtbare sichtbar werden! es erschein' ihr im Gewande des 171
Frühlings! es lächl' ihr vom Menschenangesichte zu! Wie 172
Fortsetzung verso.
ist sie nun so seelig! Was so fern ihr war, ist nahe nun, 173
und ihresgleichen, und die Vollendung, die sie an der Zei- 174
$_1$ten Ende nur dunkel, ahndete, ist da. Ihr ganzes Wesen
|| 175
trachtet, das Göttliche, das ihr so nah ist, sich nun recht innig 176
$_1$zu vergegenwärtigen, und seiner, w
$_2$als ihres Eigentums, be- 177
wußt zu werden. Sie ahndet nicht, daß es verschwinden 178
wird im Augenblike, da sie es umfaßt, daß der unend- 179
liche Reichtum zu nichts wird, so wie sie ihn sich zu eigen 180
$_1$machen will. In ihrem Schmerz,
$_2$e verläßt sie das Geliebte; 181
$_1$hängt sich oft ohne Wahl an diß und das im Leben, im-
$_2$dann 182
$_1$mer hoffend und immer getäuscht, oft kehrt sie auch in
$_2$; 183
ihre Ideenwelt zurük; mit bittrer Reue nimmt sie oft den 184
Reichtum zurük, womit sie sonst die Welt verherrlichte, wird 185
stolz, haßt und verachtet nun; oft tödtet sie der 186
Schmerz der ersten Täuschung ganz, dann irrt der Mensch 187
$_1$ohne Heimath umher, müd'
$_2$und hofnungslos, und scheint ru- 188
hig, denn er lebt nicht mehr. Sie sind unendlich, die Verirrun- 189
gen der Liebe. Doch überall möcht' ich ihr sagen: verstehe 190
das Gefühl der Dürftigkeit, und denke, daß der Adel deines 191
$_1$Wesens i'm Schmerze nur sich offenbaren kann! Kein Handl
$_3$|| $_2$eln, 192
kein Gedanke reicht, so weit du willst. Das ist die Herr- 193
lichkeit des Menschen, daß ihm ewig nichts genügt. In 194
deiner Unmacht thut sie dir sich kund. Denke dieser Herr- 195
$_1$lichkeit! Denn wer seiner Unmacht denkt, muß immer mit
$_2$nur 196
Angst nach fremder Stüze sich umsehn, und wer sich beredet, 197
$_1$er habe nichts zu geben, will immer nur empfangen aus ↓ 199$_1$
$_2$aus fremder 198
Fortsetzung recto; Umstellung durch Ziffern in 198$_2$ und 199$_3$.
↑$_1$fremder Hand , und nie genug em
$_3$Hand empfangen $_4$wird $_2$haben. Denn würd ihm auch 199
alles gegeben, es müßte doch mangelhaft vor ihm erschei- 200
nen. Auf dem schmalen Wege des Empfangens wird 201
$_1$auch der Reichtum für ihn zur Dürftigkeit. Wer um-
$_2$uns 202
spannt den Olymp mit seinen Armen? Wer faßt den 203
Ozean in eine Schaale? Und welchem Auge stellte 204
$_1$sich ein Gott in unverhüllter Glorie dar? Er
$_2$s ist 205
so unmöglich für uns, das Mangellose ins Bewußtseyn 206
aufzunehmen, als es unmöglich ist, daß wir es hervor- 207
bringen. Was blieb' uns auch zum Tagewerk noch übrig, 208
$_1$Wo
$_2$wenn die Natur überwunden gäbe, und die
$_4$sich $_3$er Geist den 209
lezten Sieg feierte? // 210

$_1$Doch soll es werden das Vollkommene! Er
$_2$s soll! so kün-
det die geheime Kraft in dir sich an, woraus, vom
heißen Strale genährt, dein ewig Wachstum sich entwi-
kelt. Laß deine Blüthe fallen, wenn sie fällt, und deine
$_1$Blät
$_2$Zweige dürre werden! Du trägst den Keim zur
$_1$Unendlichkeit in dir,
$_2$! Erhalt ihn in der Dürftigkeit
des Lebens! Dein freier Geist verübe sein Recht un-
$_1$übert
$_2$windlich am Widerstande der Natur! Wenn sie uns
zum Kampfe fordert, will sie nicht, daß wir um Gna-
de rufen, sie schüzt die Feigen nicht, sie straft den Schmeich-
ler, wenn er im Hochgefühle seines Adels und seiner Macht
der alten Kämpferin begegnen sollte, und wimmernd zu ihr
spricht: Du meinst es gut, meine Freundin! Ich gebe mich
Fortsetzung verso.
und meine Waffen dir. Den stöst des Schiksaals eherner
Wagen um, der seinen Rossen nicht mit Muth in die Zü-
gel fällt. – Auch will die Natur nicht, daß man
vor ihren Stürmen sich i n s Gedan[ken]reich flüchte, zufrieden,
[ ] [']
daß man der Wirklichkeit vergessen könne im stillen Rei-
che des Möglichen. Ergründe sie, die Tiefen deines W[ ]e-
sens, doch nur, um unüberwindlicher aus ihnen in den
$_1$Kampf hervort
$_2$zutreten, wie Achill, da er im Styx sich
gebadet. Vollbringe, was du denkst! – Wenn aber die
$_1$Natur dir freundlich entgegenkömt, i'm Gewande des Frie-
$_2$||
dens, und lächelnd dir zu deinem Tagewerke die Hände
reicht, wenn freudig überrascht, im Sinnenlande dein Geist[,]
wie in einem Spiegel, sein Ebenbild beschaut, die Formen
der Natur zum einsamen Gedanken sich schwesterlich ge-
$_1$sellen, so freun
$_2$e dich, und liebe, doch vergiß dich nie!
Verlaß dein Steuer nicht, wenn eine fröliche Luft in deine
$_1$Seegel weht! Entehre nicht des Schiksaals gute Göttin,
$_2$!
du machst sie zur Sirene, wenn sie dich mit ihren Melo-
$_1$dien in Schlummer wiegt. //
$_2$den
$_1$Es ist das beste, frei,
$_2$und froh zu seyn; doch ist es auch
das schwerste, lieber Fremdling! – In seinen Höhn den Geist
$_1$emporzuhalten, i'm stillen Reiche der Unvergänglichkeit,
$_2$||
$_1$und heiter doch in's wechselnde Leben der Menschen, auch ins
$_2$hinab
eigne Herz zu bliken, und liebend aufzunehmen, was von
Fortsetzung recto.
$_1$ferne dem reinen Geiste gleicht.
$_2$, und menschlich auch dem klei sten
$_3$n
die fröliche Verwandtschaft mit dem, was göttlich ist, zu gön-
$_1$nen! Gep
$_2$waffnet zu stehn vor den feindlichen Bewegungen
$_1$der Natur, daß s
$_2$ihre Pfeile stumpf vom unverwundbaren

Geschmeide fallen, doch ihre friedlichen Erscheinungen 252
mit friedlichem Gemüthe zu empfangen, den düstern Helm 253
vor ihnen abzunehmen, wie Hector, als er sein Knäblein 254
herzte! Des Lebens Nächte mit dem Rosenlichte der Hofnung 255
$_1$**zu beleuchten, doch die Hände nicht müßig fromm** zufalten
$_2$**zu falten**,
$_4$**und des Glaubens** $_3$**!** 256
was wahr und edel ist, aus fesselfreier Seele den Dürf- 257
$_1$**tigen mitzut eilen, doch nie** ,
$_3$**h** $_2$**der eignen Dürftigkeit** [zu] **ver-** 258
$_1$gen
$_2$**gessen, dankbar aufzunehmen, was ein reines Wesen** 259
$_1$**giebt**,
$_2$**und der brüderlichen Gaabe sich zu freuen! Diß** 260
ist das Beste! so lehrte mich – ich ehre sie – die Schu- 261
le meines Lebens. – // 262
Der seltne Mann erschien vor meinem Innern so sanft und groß. 263
Froh bot ich ihm die Hand, und dankte, und sagt' ihm mei- 264
nen Irrtum. // 265
Nur zu lange, rief er, irrt' auch ich, und die Geschichte mei- 266
ner Jugend ist ein Wechsel widersprechender Extreme; ich kenne 267
das, wo wir traurend und verarmt des hohen Eigentums 268
$_1$**nicht gedenken**,
$_2$**und alles ferne wähnen, was wir doch in uns** 269
$_1$**finden sollten**,
$_2$**und das verlorne in der Zukunft suchen**,
$_3$**und** 270
$_1$**in der Gegenwart**,
$_2$**, i'm ganzen Labyrinthe der Welt, in allen**
$_3$|| 271
Zeiten und ihrem Ende; ich kenn' auch das, wo das feind- 272
Fortsetzung verso.
liche verhärtete Gemüth jede Hülfe verschmäht, jedes Glaubens 273
lacht in seiner Bitterkeit, auch die Empfänglichkeit für 274
$_1$**unsre Wünsche der** freundlichen **Natur misgönnt, und lieber**
$_2$**guten** ↑ 275
seine Kraft an ihrem Widerstande mißt. // 276
$_1$**Doch auch diesen** Verri
$_2$r
$_3$**Verirrungen gönn' ich izt oft einen** 277
$_1$**freundlichen Blik, wenn sie mir erscheinen. Wie sollt**e
$_2$**' ich sie** 278
noch mit Strenge bekämpfen? Sie schlummern friedlich in 279
ihrem Grabe. Wie sollt' ich sie aus meinem Sinne bannen? 280
Sie sind doch alle Kinder der Natur, und wenn sie oft der 281
Mutter Art verläugnen, so ist es, weil ihr Vater, der 282
Geist, vom Geschlechte der Götter ist. Genügsam hält 283
sich ewig in ihrer sichern Gränze die Natur; die Pflanze 284
$_1$**bleibt der Mutter Erde treu, der Vogel baut i'm dunkeln**
$_2$|| 285
Strauche sein Haus, und nimmt die Beere, die er giebt; ge- 286
$_1$**nügsam ist** **, und ihr** ein
$_2$**die Natur** $_3$**es Lebens Einfalt verliert sich ni**m
$_4$**e, denn** 287
$_1$**sie erhebt sich** **in ihren Forderungen über ihre Armuth. Genüg-**
$_2$**nie** 288
sam ist der mangellose Geist, in seiner ewigen Fülle, und 289
in dem Vollkommenen ist kein Wechsel. Der Mensch ist nie ge- 290
nügsam. Denn er begehrt den Reichtum einer Gottheit, und 291
seine Kost ist Armuth der Natur. – Verdamme nicht, wenn 292

293 **in dem Sinnenlande das niebefriedigte Gemüth von einem zum**
$_1$**andern eilt**,
294 $_2$**! es hoft unendliches zu finden: durch die Dornen**
295 **irrt der Bach; er sucht den Vater Ozean. Wenn sein ver-**
296 **gessen, des Menschen Geist über seine Gränze sich ver-**
$_1$**liert, ins Labyrinth des Unerkennbaren, und ver**g **essen**
297 $_2$**m**
Fortsetzung recto.
298 **seiner Endlichkeit sich überhebt, verdamme nicht! Er dürstet**
nach Vollendung. Er **rollten nicht über ihr Gestade die regel-**
299 [s]
$_1$**los**s**en Ströme, würden sie nicht von den Fluthen des Him-**
300 $_2$ll
301 **mels geschwellt.** //
$_1$**Der schöne Knabe, de**s
$_2$**r indeß** von
302 $_3$**im Garten sich beschäftigt hatte,**
303 **kam und bracht' uns Blumen, erzählt' uns auch manches, und**
304 **wies uns das goldne Feuer über den Gebirgen. Es war schon**
305 **Abend geworden. Ich nahm die freundliche Herberge mit Dank an.**
$_1$**Das Leben ist nicht so reich, daß wir ein** seltnes **Wesen,**
306 $_2$**reines**
$_1$**wie der Mann war, den ich gefunden hatte, so schnell verla**g
307 $_2$**s-**
308 **sen könnten.** //
Das Kapitel wird durch einen Querstrich abgeschlossen. Fortsetzung verso.
309 **Zweites Kapitel.**
Eine Zeile Zwischenraum.
310 **Noch denk' ich gerne des Morgens, der uns jezt umfieng, und**
$_1$**wie sein Zauber uns verjüngte. Doch fand nie ein treues**
311 $_2$**ich**
312 **Bild für meine goldnen Stunden, um andern zu verkünden,**
313 **was ich genoß. Die Natur gab ihren Mutterpfennigen ein**
314 **ungangbares Gepräge, damit wir sie nicht, wie Schei-**
315 **demünze, verschleudern sollten. Auch mir war sie lange**
316 **fremd gewesen, diese Ruhe und Regsamkeit, wo alle Kräf-**
317 **te ineinander spielen, wie die stillen Farben am Bogen**
318 **des Friedens.** //
319 **Es war ein heiterer blauer Apriltag. Wir sezten uns**
$_1$**in Sonnenschein, auf de**m
$_4$**den** $_2$**n Balkon; es säs**
320 $_3$**uselten um uns die**
$_1$**Zweige**;
321 $_2$**und durch die sonntägliche Stille tönte ferner Thür-**
322 **me Geläut und gegenüber das Spiel der Orgel vom Hügel**
323 **der Kapelle.** //
$_1$**Du machtest mich begierig, fieng ich endlich an**,
324 $_2$**, auf die Geschich-**
$_1$**te deines jugendlichen Lebens**,
325 $_2$— //
326 **Ich bin auch izt gerade gestimmt, unterbrach er mich freundlich,**
327 **die wunderbaren unschuldigen Gestalten erscheinen zu**
328 **lassen, auch die wildern. Du bleibst so lange bei mir, bis**
329 **ich zu Ende bin. Ich gestehe dir, ich mußte mich lange von ihnen**
$_1$**ferne halten**,
330 $_2$**, um deßwillen, was ich verlor, ich mußte mich**
331 **hüten vor den Freuden und Schmerzen der Erinnerung, ich war,**
332 **wie eine kranke Pflanze, die die Sonne nicht ertragen kann.**
Hier enden die Lagen *a*, *b* (je zwei ineinandergelegte Doppelblätter); die Lagen *c*, *d* sind verschollen (Fortsetzung des zweiten und der größte Teil des dritten Kapitels).

B

Beginn von Lage *e*; Einsatz am Schluß des dritten Kapitels.

tum der Heroën, unter den Augen der Miltiade und Aristi- 1
$_1$**de, bei'm Wettgesange der edeln Dichter**,
$_2$**und im Kampfspiel,** 2
$_1$**wo der Lorbeer winkte!** du
$_2$**und deine Gespielen – du hättest** 3
$_1$**sie gewis recht lieb gewonnen, die starken bi**d
$_2$**ldsamen Jüng-** 4
linge! ihr hättet euch in eures Herzens Fröhlichkeit eure Ge- 5
heimnisse vertraut, wie es euch schmerze, noch nichts gethan zu 6
haben, wie ihr oft in der Stille über euch trauertet vor dem Bil- 7
de eines Helden, wie ihr nicht lassen könntet von der Liebe zu'm 8
$_1$**Lorbeer, und euch oft berauschtet i**'**m Gedanken der Unsterblich-**
$_2$| | 9
keit, ihr hättet euch gefreut, daß es einem ergehe, wie dem 10
andern, und kühn geschworen, des Herzens Triebe Genüge zu 11
thun. – Nun ist es freilich anders, gutes Herz! Du siehest 12
$_1$**vor dir, wie es ist. Abe**s
$_2$**r laß dich das nicht irren! – Siehe** 13
das Licht des Himmels an! Bedarf es fremden Feuers, um zu 14
leuchten und zu wärmen? bedarf es eines Dankes, um wohlzu- 15
$_1$**thun? und wenn sich die Erde mit Dünsten umwölkt, und** ihre ↓ 17$_1$
$_2$| | 16
↑ $_1$**reinen Stralen nicht aufnimmt, in ihr Inn**erstes, **leuchtet es min-**
$_2$**seine** $_3$**res** ↑ 17
$_1$**der**?
$_2$**, wie sonst? So sei auch du! Denk' und thue, wie du sollst,** 18
$_1$**und siehe nicht um dich**. **und wenn** ih **r**
[;] $_2$**de kleinen Menschen kleiner** 19
$_1$**Tadel in deinem** T
$_2$**sichern Gange dir nachtönt, so denke dir recht** 20
lebendig, wie der arme Perser den ungehorsamen Ozean peitsch- 21
te! – Es ist dein liebster Gedanke, zu werden, wie die Herr- 22
lichen, die einst waren. Erhalt ihn! werde nicht muthlos! 23
Gieb dich nie auf halbem Wege zufrieden! Verweile nicht 24
$_1$**an Armseeligkeiten! Sei still**,
$_2$**und harre, bis deine Zeit** 25
kömmt! Lebe in Gemeinschaft mit deinen Heroën! Du fin- 26

Fortsetzung verso.

dest ihresgleichen schwerlich so bald unter den Lebendigen. 27
Bewahre dich, junge Seele! Du gehörst einer andern Welt. Befas- 28
$_1$**se dich**t
$_2$**nicht zuviel mit dieser, bis deine Zeit kommt, und du** 29
unter ihr wirkst. Nähre dein Herz mit der Geschichte besserer 30
$_1$**Tage, suche nichts unter den jezigen**,
$_2$**! Das wenige,** das **sie**
$_3$**was** 31
dir geben, ist, wenigstens jezt, nicht für dich. – Denke mei- 32
ner Worte, Lieber! wenn ich ferne bin. Ich muß dich bald ver- 33
$_1$**lassen. We**s
$_2$**r weis**,
$_3$**? es**][**kön**[n]**ten die lezten Worte seyn, die** 34
ich dir sagte. Wenn ich sterbe, so sterb' ich mit der Hof- 35
nung, daß mein bestes Leben fortdaure in dir und de- 36
$_1$**nen, die du einst bildest**,
$_2$**. Daß sie wieder in andern pflan-** 37
zen, was in ihnen reifte durch dich. Und was sprech' ich von 38
$_1$**mir?** Möchtet **ihr wieder auf**erstehen **im Geiste meines**
$_2$**Stehet** | | 39

$_1$**Lieblings, ihr Herrlichen, die ihr schl**ä**ft**
$_2$**a unter den Trümmern**
des gefallenen Griechenlands! verjüngt euch wieder in
ihm, ihr alten Tugenden von Athen und Sparta! o kehret
wieder, goldne Tage, Tage der Wahrheit und der Schönheit,
kehret wieder in ihm! – Er sah, daß ich zu tief erschüttert
$_1$**war, um noch zu hören, auch ihm mochte zu viel aufdringen,**
$_2$**sich**
um es der jungen Seele mitzutheilen. Er umschlang mich
$_1$**schweigend** und **bewegt,** und ich **barg meine /**
$_2$[,]**innigst ich Glüklicher, in s**[seinen] **Armen ich /**
$_1$**/ heftigen Thrä-** ↓
$_2$**/ Seufzer u**[nd] **meine**
↑$_1$**nen** in seinem Arne
$_2$me. **//**
$_3$[ ] | |
Wir fuhren zurük nach Tina, und, wie ich ihn des andern
Tags besuchen wollte, war er fort.
Das Kapitel wird durch einen Querstrich abgeschlossen; Fortsetzung recto.
Viertes Kapitel.
Ich trauerte lang um meinen Freund. Im Innersten betrübt
dacht' ich oft, wenn ich an seinem Hauße vorübergieng, wie er
$_1$**vormals dagestanden wäre** ,
$_2$**am Fenster, und mir entgegen-**
$_1$**genikt hätte, wenn ich die Straße herauf**k
$_2$**gekommen wäre,**
und wenn die Thüre offen stand, sah ich wehmüthig hinein in
$_1$**den** Vors
$_2$**dunkeln Vorsaal, und hörte seine Stimme wieder,**
$_1$**wie er mir die Treppe herunter nachrief: schlaf**e
$_2$**wohl, lieber**
Junge! wenn das Volk versammelt war, und von ungefähr
die Farbe seines Mantels mir erschien, erschrak ich, als wär'
er da, und wenn ich einen Schiffer hörte, wie er von seiner
Fahrt sprach, und von fremden Menschen, die er gesehn, glaubt'
ich immer, es müßt' ihm auch der Herrliche, den ich liebte, be-
kannt seyn; oft, wenn ich draußen herumgieng, weilte
mein Blik am Horizont; dort wär' er wohl hinausgefahren,
$_1$**dacht' ich, und meine** T **ränen rannen in's Meer. Der klein-**
$_2$**Th**
ste Laut, den ich von ihm i'm Herzen bewahrte, war mir
heilig, wie der lezte Wille eines Verstorbenen. Ich folg-
te ihm fast zu treu. Ich verschloß mich, so sehr ich nur konn-
te vor den Menschen. Neben den Geistern des Altertums fand
nur er in meiner Seele Plaz. Mein Herz gehörte denen, die fer-
ne waren. Wo ich gieng und stand, geleiteten mich die ehr-
würdigen Gestalten. Wie Flammen, verloren sich in meinem
$_1$**Sinne die** a
$_2$**Thaten aller Zeiten, die ich kannte, ineinander. Nur**
Ein großer Sieg waren für mich die hundertfältigen Siege
Fortsetzung verso.
der Olympiaden. Was durch Jahrhunderte getrennt war, ver-
$_1$**sammelte sich vor meinem Geiste. Ich vergaß mich so ganz**
$_2$**jugendlichen**
über all' der Größe, die mich umgab. //
So war ich allmälig herangewachsen. Ich fieng jezt an,
mich über mich selbst zu befragen. Ich kehrt' izt oft von
den Halbgöttern, denen mein Herz gehörte, auf mich zurük;
ich maß, und erschrak über mein Nichts. Mein ganzes

Wesen raffte sich auf, dem tödtlichen Schmerze zu entge-
$_{1}$g
$_{2}$**hen, der i'm Gefühle meines Mangels lag. Ich wollt'**
i'm härtesten Kampfe mir einen Werth erringen. Aber
wo sollt' ich? – Ach! ich hätte gerne eine Stunde aus
eines großen Mannes Leben mit Blut erkauft. Trau-
rend sah ich izt oft in meinen Plutarch, und bittre
Thränen rannen mir auf's Blatt. Oft wenn über mir die
Gestirne aufgiengen, nannt' ich ihre Nahmen, die Nahmen
der Heroën, die einst auf Erden lebten – erbarmt euch
meiner, ihr Göttlichen, rief ich, laßt mich vergessen,
was ihr wart, oder tödtet mich mit eurer Herrlichkeit, ihr
seeligen Jünglinge! – //
Ich suchte endlich Trost unter den Menschen. ↓ 98
Nachträglich eingefügt:
Was ich mir selbst nicht geben konnte, dacht'
ich unter andern zu finden.
↑ $_{1}$**Man**n
$_{2}$**hatte mir**
schon oft gesagt, es würde mir gut seyn, wenn ich nicht
so sehr einsam lebte. Man würde so leicht exzentrisch
$_{1}$**in seinen Meinungen** g
$_{2}$**bei gänzlicher Zurükgezogenheit.**
In der Gesellschaft lerne man die Fülle des Guten fried-
lich unter sich theilen, man lerne, aus sich nicht Alles zu
Fortsetzung recto.
$_{1}$**machen, aus andern auch nicht, und sich zu begnügen mit de**n
$_{2}$**m,**
was jedem beschieden sei, man lerne Geduld, und das wäre
Gewinns genug. Aber ich war damals so gar nicht gestimmt, et-
was Verständiges der Art auf mich wirken zu lassen. Ich trat
mit ganz andrem Sinne unter die Menschen. //
Es ist sonderbar, wie ein jugendlich Gemüth oft in die Kinder-
spiele des Lebens so viel Gehalt legt. Es war mir unbegreif-
lich, wie die Menschen so befriedigt zurükkommen könnten von
ihren kleinen Festen, wenn nicht seltne Dinge dabei zu finden
wären. Wenn ich mir dachte, daß ich dort wohl auch so fröhlich
werden könnte, wie sie, wie unendlich viel mußt' ich erwar-
ten! //
Auch versprach mir jedes ehrliche Gesicht so viel. Ich habe man-
chen vergöttert, im ersten Augenblike, der sich recht sehr begnüg-
te mit seiner Menschlichkeit. Mit Bedauren denk' ich daran,
wie ich izt oft mit all' meiner Liebe trachtete, ein herzlich
Lächeln zu erbeuten, wie ich oft in einem Worte meine ganze
Seele gab, und einen wizigen Spruch dafür zurükbekam,
wie bei einem andern ein wenig Gutmüthigkeit mich so innig
freute, und wie ich mich verstanden glaubte von ihm, bis auch
$_{1}$**er mittheilte, was ihm am Herzen lag,** nud
$_{2}$**un ich dann Dinge**
hörte, woran ich so][**gar keinen Werth finden konnte, wie**
ich dastand und huldigte vor prächtigen Sentenzen –
ach! wie ich oft glaubte, das Unnen[n]**bare zu finden, das**
mein werden sollte, dafür, daß ich mich selbst an das Gelieb-
te verlor! – Das arme Wesen dachte, zwei Menschen
Fortsetzung verso.
$_{1}$**könnten sich Alles seyn, dacht' oft wirklich den** g
$_{2}$**heiligen**
Tausch getroffen zu haben, wo einer des andern Gott seyn
sollte, und machte nun freilich Forderungen, worüber der
der **andre sich wunderte. Er wollte ja nur Kurzweil, nichts**
[ ]

134 **so Ernstes! //**
135 **Einem jungen Manne, Gorgonda Notara nannt' er sich, war**
136 **ich immer gut geblieben. Ich hatte so oft umsonst gehoft, ein**
137 **Wesen zu finden, wo ich sagen könnte, nun bin ich zufrieden**
138 **auf ewig! hatte so oft mit Schmerzen mich losgerissen,**
139 **wo mein Herz so schnell und innig sich angehängt hatte, ich**
140 **hatte mich durch Dornen gewunden, und sie hatten mit jedem**
141 **Schritte mich vestgehalten, um mich ihren Stachel fühlen zu**
142 **lassen, ich hatte so oft mich hingedrängt, wo es besser ge-**
143 **wesen wäre, auszuweichen, ich war nun froh, doch etwas**
144 **an ihm zu haben, und wenn ich mich entfernen wollte in mei-**
145 **ner Ungenügsamkeit, zog er mich immer wieder an sich. Er**
$_1$**war etwas vielseitig, und das kam mir zu Statten**.
146 $_2$**; gab mir**
147 **freilich auch oft ein Mistrauen gegen ihn. Er wußte jedem Dinge**
148 **einen Werth zu geben; er war äußerst duldsam gegen mich, das**
149 **that mir wohl, aber er war es auch gegen andre, die meine Ge-**
150 **gentheile waren, und das war mir unbegreiflich. Er bestritt**
151 **mich oft gerade in meinen liebsten Überzeugungen, aber mit**
$_1$**Freundlichkeit und Bedacht**.
152 $_2$, [–] ↓ 156

153-155 am unteren Rand nachgetragen und durch Einweisungszeichen eingefügt.

153 **ich verglich uns, wenn wir so zusammen stritten, oft mit**
$_1$**den jungen Lämmern, die sich** a
$_2$einander **an die Stirne stießen**
$_3$scherzend

Umstellung durch Ziffern:

154 $_4$**scherzend einander**
$_1$**als wö**l[l]**ten**
155 $_2$**o** **sie sich so das Gefühl ihres Daseyns in sich weken –**
156 ↑ **und, wie es schien, mehr um das Ge-**
$_1$**spräch zu beleben**, als
157 $_2$**mehr zu'm Versuche, was wohl aus dem**
158 **Für und Wider sich ergeben möchte, als in strengem Ernste, und**
159 **indeß er wider mich sprach, schien er doch auch seine Freude zu**

Fortsetzung recto.

160 **haben an dem sonderbaren Geschöpfe, das so ungelenksam und**
$_1$**unersättlich** dringe
161 $_2$**wäre in seinen Forderungen, und doch so leicht**
$_1$**und oft gerade dem Kleinsten** h
$_2$**sich hing**e**be**
162 $_3$**ä** **; ich hätte in meinem**
163 **Leben noch keinen Menschen gesehen, meinte er, ich wandelte von**
$_1$**je her unter Geistererscheinungen**,
164 $_2$**und es wäre nur Schade, daß**
165 **diese verschwänden, so bald ich näher käme, aber man müßt' ihm**
166 **doch gut seyn, dem wunderlichen Phantasten! – //**
167 **Einst saßen wir mit andern zusammen; es war ein alter Bekan**[n]**ter**
168 **von einer Fahrt zurükgekommen, und wir feierten das fröhliche**
169 **Wiedersehn. Alle waren inniger, wie sonst; ich glühte, und**
170 **sprach ungewöhnlich viel. Ich fühlte wirklich zum erstenmale die**
171 **Freude jugendlicher Verbrüderung ganz. O man lebt doch nicht**
172 **umsonst, ihr Lieben! rief ich in meines Herzens Trunkenheit,**
173 **und strekte die Hand aus über dem Tische, und jeder bot die**
174 **seinige dar. – Öfne geschwinde die Fenster, rief ich einem, der**
175 **gegen mir über saß, nach einer Weile zu. Was hast du,**
176 **Hyperion? fragt' ein andrer. Dort gehn die Dioskuren**
177 **am Meer herauf, rief ich freudig. Zufällig sah ich einen**
178 **Augenblik darauf in den Spiegel, und glaubte drinn ein**
179 **zweideutig Lächeln an Notara zu bemerken. Betroffen**

blikt' ich um mich, und es war mir, als fänden sich auch
auf andern Gesichtern solche Spuren. Das war mir ein Dolch
in's Herz! Ich glaubte mein Innerstes verunehrt, meine beste
$_1$Freude verlacht, von meinen
$_2$m lezten Freunde mein Herz verspottet.
Ich sprang auf, und eilte fort. – Alle die traurigen Täuschun-
$_1$gen, die ich von je her erfahren, a
$_2$jede Miene, jeder Laut,
der mein Herz zurükgestoßen hatte, seit ich unter die Men-
Fortsetzung verso.
schen gekommen war mit meinen Hofnungen, jeder unfreundliche
Scherz, womit man sich an meinen kleinen Unaufmerksam-
keiten gerächt, jede Misdeutung, womit man meine unbefan-
genenen innigen Aüßerungen lächerlich gemacht, jede Falsch-
[ ] [Äu]
$_1$heit, womit man, wie mir izt schien, meine Liebe und mein
$_2$-
nen Glauben nachgeäfft hatte, alles, was ich längst ver-
$_1$ziehen hatten
$_2$und vergessen, gesellte sich nun zu den unver-
hofften Entdekungen, die ich eben gemacht, – ich dachte mir
einen um den andern aus dem Cirkel, den ich verlassen hatte,
wie er mir wohl seine bittern Bemerkungen nachschiken werde;
der raue Seeman[n] stand lebendig vor mir mit seinem Aerger
und gegenüber Notara mit seinen hämischen Entschuldigungen.
$_1$Ich
$_2$zt
$_3$Izt kam ich an dem Hauße vorüber, wo der edle Fremdling
gewohnt hatte. Du hattest Recht, guter Mann! dacht' ich, o du
hattest Recht! Ich sollte mich nicht zu viel befassen mit dieser
Welt, sagtest du. Ach! daß ich dir nicht folgte, mein Schuzgeist!
Nun bist du gerächt. //
Man belächelt oft den Menschen, und findet es ungereimt, wenn
oft von einer kleinen Wunde sein Innerstes erkrankt, und nur
sehr schwer genest. Man würde besser thun, wenn man theilneh-
mend das Übel zu ergründen suchte. Man würde dann finden,
daß auch dem schwächsten Feinde der Sieg sehr leicht wird, wenn
$_1$ihm ingeheim ein Stärkerer vorarbeitete, und unsre Stärksten
$_2$s
Feinde sind wir selbst. //
Das arme Wesen wollte sich nun zurükflüchten in sich selbst,
und hatte doch längst sein Selbst verloren. Ich hatte mich ge-
$_1$wöhnt, Ruh' und Freude aus fremder Hand zu empfangen, und
$_2$erwarten
Fortsetzung recto (Beginn von Lage f).
war nun dürftiger geworden, als zuvor. Ich war, wie ein Bett-
ler, den der Reiche von seiner Thüre sties, und der nun heimkehrt
in seine Hütte, sich da zu trösten, und nur um so bittrer sein
Elend fühlt zwischen den ärmlichen Wänden. Je mehr ich über
$_1$mich brütete in meiner Einsamkeit, um so öder ward es in mir.
$_2$r
Es ist wirklich ein Schmerz ohne gleichen, ein fortdaurendes
Gefühl der Zernichtung, wenn das Daseyn so ganz seine Bedeutung
verloren hat. Eine unbeschreibliche Muthlosigkeit drükte mich.
Ich wagt' oft das Auge nicht aufzuschlagen vor den Menschen.
Ich hatte Stunden, wo ich das Lachen eines Kindes fürchtete.
$_1$Dabey war ich sehr still und gel
$_2$duldig;
$_3$, hatt' oft einen wun-
derbaren Aberglauben an die Heilkraft mancher Dinge; oft

226 konnt' ich ingeheim von einem kleinen erkauften Besiztum, von ei-
227 ner Kahnfahrt, von einem Thale, das mir ein Berg verbarg,
228 Trost erwarten. Mit dem Muthe schwanden auch sichtbar meine
$_{1}$Kräfte.
229 $_{2}$. Ich glaubte wirklich unterzugehn. //
230 Ich hatte Mühe, die Trümmer ehmals gedachter Gedanken zusammen-
$_{1}$zulesen, der rege Geist war entschlummert.
231 $_{2}$; ich fühlte, wie
232 sein himmlisch Licht, das mir kaum erst aufgegangen war, sich
233 allmälig verdunkelte. – Freilich, wenn es einmal, wie mir däuch-
te, den lezten Rest meiner verlornen Existenx galt, wenn mein
234 [z]
235 Stolz sich regte, dann war ich lauter Wirksamkeit, und die All-
236 macht eines Verzweifelten war in mir, oder wenn sie von einem
$_{1}$Tropfen der
$_{2}$Freude
237 $_{3}$der getränkt war, die welke dürftige Natur, dann
238 drang ich mit Gewalt unter die Menschen, sprach, wie ein Begei-
239 sterter, und fühlte wohl manchmal auch die Thräne der Seeligen
Fortsetzung verso.
240 i'm Auge, oder wenn einmal wieder ein Gedanke oder das Bild
$_{1}$eines Helden in die Nacht meiner Seele stra lte, dann staunt'
241 $_{2}$h
242 ich und freute mich, als kehrte ein Gott ein in dem verarmten
$_{1}$Gebiete,
243 $_{2}$, dann war mir, als sollte sich eine Welt bilden in
244 mir; aber je heftiger die schlummernden Kräfte sich aufgeraft
245 hatten, um so müder sanken sie hin; versuche nur nichts mehr,
246 sagt' ich mir dann, es ist doch aus mit dir! //
247 Wohl dem, der das Gefühl seines Mangels versteht! wer
248 in ihm den Beruf zu unendlichem Fortschritt erkennt, zu un-
249 sterblicher Wirksamkeit, wer im Schmerze der Erniedrigung
$_{1}$den leinen Trost verachten kann, unter den Kleinen groß
250 [k]
251 zu seyn, ohne an sich zu verzweifeln, und den Glauben an
252 die Götterkraft des Geistes aufzugeben, wer sie über-
253 standen hat, diese Feuerprobe des Herzens, wenn es überall eine
254 Leere findet, und das wenige, was es geben kann, ver-
schmählt fühlt! – Wohl manches jugendliche Gemüth trauert,
255 []
256 wie ich einst trauerte, im Gefühle menschlicher Armuth, und
257 je treflicher die Natur, desto größer die Gefahr, daß es ver-
$_{1}$men
$_{2}$schmachte i'm Lande der Dürftigkeit. Mir ist es
258 $_{4}$ll $_{3}$r heilig dieser Schmerz,
259 so wahr mich's freuet, wenn mir ein freundlich Auge begegnet! Aber
260 sagen möcht' ich der Seele, die mir ihn klagte, daß sie nur da-
$_{1}$rum ihr Paradies verlor , damit sie ein Paradies erschaffe,
261 $_{2}$en hätte
$_{1}$doch werde diß mit nicht voll
262 $_{2}$en am siebenten Tage vollendet
263 seyn, denn der Ruhetag der Geister würd' ihr Tod seyn, sagen
264 würd' ich ihr, daß sie, um ihres Adels willen nicht einzig
265 fremder Hülfe vertrauen soll, die treuste Pflege müsse den
Fortsetzung recto.
266 zu Grunde richten, der müßig von ihr allein sein Heil erwarte;
267 in brüderlichem Zusammenwirken bestehe das Beste, doch sei es
$_{1}$auch herrlich, allein zu stehn, und sich hindurch arbeiten durch
268 $_{2}$zu

die Nacht, wenn es an Kampfgenossen gebreche. // 269
Mich hatte nun der Frühling überrascht in meiner Finsterniß. 270
Ich hatt' ihn wohl zuweilen von ferne gefühlt, wenn die todten 271
Zweige sich regten, und ein lindes Wehen meine Wange berührte. 272
Das junge Grün hatte mich oft wunderbar belebt auf Augenblike, 273
und manchmal, wann das freundliche Morgenlicht mich wekte, hatte 274
die Ahndung, daß es wohl noch besser werden könnte, mein hülflos 275
Herz erfreut. Aber das war vorübergegangen, wie der Schatten 276
einer Geliebten. // 277
Ich hatte mich häuslicher Geschäffte wegen einige Wochen in einem 278
andern Theile der Insel aufgehalten, und kehrte nun zurük nach 279
San-nicolo. // 280
Er war izt da in meinen Hainen, der holde Frühling, in aller 281
Fülle der Jugend. // 282
Mir war, als sollt' ich doch auch wieder fröhlich werden. Ich 283
öffnete meine Fenster, und kleidete mich, wie zu einem Feste. 284
$_{1}$Auch für mich sollt' er we
$_{2}$iederkehren, der hinn
$_{3}$mmlische Fremdling! 285
Was hoft dann der Arme? möchten die Todten auferstehn? 286
dacht' ich bei mir selbst. Aber mein Herz lies sich nicht ab- 287
weisen. Es gieng mir, wie den Kindern, die so gerne Zu- 288
traun fassen zu einem heiter farbigen Kleide. Mit jedem 289
Blike wuchs in mir der Glaube an bessere Tage vor dem 290
fröhlichen Bilde der Natur. // 291
Fortsetzung verso.
Ich sah, wie alles hinausströmte auf's freundliche Meer von 292
Tina, und sein Gestade. Ich gieng auch hinaus. // 293
Alles verjüngte und begeisterte der süße zauberische 294
Frühling. Fast jedes Gesicht war herzlicher, lebendiger; 295
überall wurde gutmüthiger gescherzt, und die sonst mit 296
fremden Gruße vorübergegangen waren, boten sich izt
[m] 297
die Hände. // 298
Das fröhliche Volk bestieg die Boote, steuerte hinaus in's 299
Meer und jauchzte von ferne der holden Insel zu, kehrte 300
dann zurük in die Platanenwälder, zu seinen zephyrlichen 301
Tänzen, lagerte sich unter Zelten zum lieblichen Mahle, 302
und pries und freute sich hoch, daß keiner sich verirrt hätte 303
in den Labyrinthen des Ronnecatanzes. // 304
Aber mein Herz suchte mehr, als das. Das konnte nicht vom Tode 305
retten. // 306
Ich gieng fort, und streifte herum auf einsamen Hügeln, sah 307
oft hinunter nach der fröhlichen Welt, und dachte, warum ich dann 308
darben müßte, wo alles so seelig wäre. Doch wollt' ich keinem 309
seine Freude misgönnen, und hoffte, auch meiner warte vieleicht 310
noch eine gute Stunde. So kehrt' ich zurük. // 311
An Notaras Hauße, wo ich vorüberkam, saß seine Mutter, ↓ 314 312
Über der Zeile eingefügt:
deren Liebling ich war[,] 313
↑ und 314
um sie ein Cirkel edler Mädchen, die Seide spannen, und kindliche 315
Liedchen sangen. ↓ 318 316
Über der Zeile eingefügt:
Da kömt der Menschenfeind, rief die Mutter mir zu. 317
↑ Ich trat näher, und dankt' ihr für den freund- 318
lichen Gruß. Du bist gestraft, daß du so lange wegbliebst, fuhr 319
sie lächelnd fort, etwas lieberes hat indeß in meinem Hauße 320
$_{1}$Plaz genommen. Mann
$_{2}$kann dich nun entbehren, du Stolzer! // 321

Fortsetzung recto.

**Ich sah mich um. Da stand sie vor mir, die Herrliche, wie eine
Priesterin der Liebe, heilig und hold! – ach! über dem Lä-
cheln voll Ruh und himmlischer Duldsamkeit thronte mit eines Gottes
Majestät ihr großes begeistertes Auge, und wie Wölkchen
$_{1}$um's Morgenlicht, wal**t
**$_{2}$llt' i'm Frühlingswinde der dunkle Schleier
um ihre Stirne. //
Ich kann es nicht anders nennen, es war Gefühl der Vollendung,
was sie mir gab in diesem Augenblike; war doch die Nacht
und Armuth meines Lebens, die ganze dürftige Sterblichkeit, mit
allem, was sie giebt und nimmt, so dahin, als wäre sie nie ge-
wesen! Oft trauert' ich, daß wir nur dann erst wissen, von
diesen Momenten der Befreiung, wann sie vorüber sind. Sie wägen
Aeonen unsers Pflanzenlebens auf, sprach ich oft bei mir selbst,
wenn ich ihr Andenken feierte, diese nahmenlosen Begeisterungen,
wo das irrdische Leben todt und die Zeit nicht mehr ist, und der
entfesselte Geist zu'm Gotte wird. //
Jahre giengen vorüber, Meere trennten mich von ihr, tausend-
$_{1}$fältig verwandelte sich vor mir die Gestalt der Welt$_{,}$
$_{2}$, aber ihr
$_{1}$Bild verlies mich nie. Oft, wenn ich am heißen Mittag$_{,}$
$_{2}$, ermattet
von meinen Wanderungen, unter fremdem Himmel ruhte, erschien
sie mir, wie in dem trunknen Momente, da ich sie fand, ich
preßt' es an mein glühendes Herz, das süße Phantom, ich hörte
$_{1}$ihre Stimme, das Lispeln ihrer Harfe$_{,}$
$_{2}$; wie ein friedlich Arka-
dien, wo in ewigstiller Luft die Blüthe sich wiegt, wo ohne
Zwang die Frucht der Ernte und die süße Traube gedeiht,
wo keine Furcht das sichre Land umzäunt, wo man von**
Fortsetzung recto.
**$_{1}$nichts weis, als von dem ewigen Frühling der Erde$_{,}$
$_{2}$, und
dem wolkenlosen Himmel und seiner Sonne, und seinen hei-
ligen Gestirnen, so stand es offen vor mir, das Heilig-
tum ihres Herzens und Geistes. //
$_{1}$Und später, unter den Bitterkeiten$_{,}$
$_{2}$und Mühen des Lebens,
$_{1}$bey stürmischer Fahrt, a'm Sch**ac
**$_{2}$lachttag, unter nahmenlosem
Unmuth, wo er mir auf ewig verschwunden schien, der gute Geist,
den ich sonst so gerne ahndete, in allem, was lebt, wo ich
kalt und stolz mir sagte: hilf dir selber, es ist kein Gott!
ach! da trat oft ihr Schatten vor mich, wie ein Engel des
Friedens, und besänftigte mein verwildertes Herz mit
seiner himmlischen Weisheit. //
Jezt ehr' ich als Wahrheit, was mir einst dunkel in ihrem
Bilde sich offenbarte. Das Ideal meines ewigen Daseyns,
ich hab' es damals geahndet, als sie vor mir stand in
ihrer Grazie und Hoheit, und darum kehr' ich auch so gerne
zurük, zu$_{,}$
$_{2}$dieser seeligen Stunde, zu dir, Diotima,
himmlisches Wesen! //**
Das Kapitel wird durch einen Querstrich abgeschlossen; Fortsetzung recto.
**Fünftes Kapitel.
Der Abend jenes Tages meiner Tage ist mir mit allem, was
ich noch gewahr ward in meiner Trunkenheit, unvergeßlich.
Mir war er das schönste, was der Frühling der Erde geben kann,**

und der Himmel und sein Licht. Wie eine Glorie der Hei-
ligen, umfloß sie das Abendroth, und die zarten goldnen
Wölkchen i'm Aether lächelten herunter, wie himmlische Genien,
die sich freuten über ihrer Schwester auf Erden, wie sie unter
uns wandelte in aller Herrlichkeit der Geister, und doch so gut
und freundlich war gegen alles, was um sie war. //
Alles drängte an sie. Allen schien sich ein Theil ihres Wesens
mitzutheilen. Ein freundlicher Ernst, ein zärteres Aufmerken,
eine innigere Traulichkeit war unter alle gekommen, und sie wuß-
ten nicht, wie ihnen geschah. //
Mit Begeisterung erzählte mir die Mutter, indeß die andern
um Diotima beschäfftigt waren, wie ihr das liebe Mädchen Freu-
de mache mit ihrem stillen nachdenklichen Wesen, und ihrer steten
$_1$Zufriedenheit, wie sich
$_2$sie sich scheue vor allem, was einem mensch-
$_1$lichen Herzen wehe thun könne, und sich bewahre
$_2$vor allem, was
nicht schön und schiklich wäre; auch sehe man es sogleich, wenn
etwas durch ihre Hände gegangen wäre, man könne gewis nicht
sagen, ihr Herz hänge an kleinen Dingen, und doch wär' es immer,
als wäre sie mit ihrer ganzen Seele an der Sache gewesen; ein
Gartenbeet gewinne ein ganz andres Ansehn, wenn sie es ordne;
es wär' ihr auch so leicht nicht abzulernen; das Eigentliche, was
einem an den Gewändern gefiele, die sie geschnitten, und
Fortsetzung verso.
den Kränzen, die sie gewunden hätte; – ihr Element seien
aber die alten Dichter und Weisen, hierin seie sie ein
eignes Wesen, sie sei zwar sehr geheim damit, aber man
hätte doch schon bemerkt, daß sie im Herzen das Andenken
$_1$großer Menschen i'm alten Griechenlande ungefähr ebenso
$_2$ll
feire, wie die andern frommen Gemüther das Fest der
Panagia, und anderer Seeligen; auch sonst sei etwas –
sie müßte nur sagen – Übermenschliches an ihr. Hättest
$_1$du sie gesehn, sezte sie hinzu, es wäre dir wohl so sonder[-]
$_2$gestern
bar zu Muth gewesen, wie mir. Es hatte kaum getagt, als
$_1$ich hinunter gieng . Da d
$_2$traf ich, ohne daß sie mich bemerken
$_3$in den Garten $_4$sah
konnte, das liebe Mädchen in dem heimlichen Pläzchen un-
ter den Platanen, wie sie dastand mit ausgebreite-
ten Armen, und emporrief: Dir opfr' ich mein Herz, ewige
$_1$Schönheit! – Ich werde den Anblik i'm Leben nicht vergessen. //
$_2$ll
Sie komme von den Ufern des Pactols, fuhr die Mutter
nach einer Weile fort, aus einem einsamen Thale des Tmolus,
wohin ihr Vater, ein Verwandter der Notara, aus Verdruß
$_1$über sich
$_2$sein Volk sich von s
$_3$Smyrna zurükgezogen hätte, und
ihre Mutte[r], ehmals die Krone von Jonien, seie seit einem
Jahre todt. //
Der junge Notara trat izt auch noch zu uns, grüßte mich freund-
lich, und fragte, ob ich immer noch zürne, er wisse nicht einmal
seine Schuld genau, die Mutter lies ihn aber nicht weiterre-
den, zog ihn auf die Seite, und flüsterte ihm, herzlich zu mir
herüberlächelnd, einige Worte zu, daß ich fast etwas freu-
diges vermuthen mußte. – Ich bat Notara, mir zu verzei-
Ende von Lage *f*. Das äußere Doppelblatt der Lage *g* fehlt; Lücke von einem Quartblatt.

C

1 Staunen. Mein Geist verzehrte sich über der frohen Mühe, den gan-
2 zen Reichtum zu fassen, der vor ihm sich aufthat. – Es fiel mir
3 lange nicht ein, ein Wort zu sprechen, und, da es mir einfiel, lies
4 es meine Verwirrung nicht zu. //
Man sprach endlich auch von so mancher n Wundern griechischer
5 [ ]
6 Freundschaft, von Achill und Patroklus, von der Cohorte
7 der Thebaner, von der Phalanx der Sparter, von Dion und
8 Plato, von all' den Liebenden und Geliebten, die auf und
9 untergiengen in der Welt, unzertrennlich, wie die brüderlichen
10 Gestirne. //
11 Da wacht' ich auf. Solche Herrlichkeit zernichtet uns Arme! rief
12 ich; freilich waren es goldne Tage, wo man die Waffen tausch-
13 te und sich liebte bis zu'm Tode, wo man unsterbliche Kinder zeug-
14 te in der Begeisterung der Liebe, Thaten und Gesänge und ewi-
$_1$ge Gedanken, ach! wo der Aegyptische Priester den
15 $_2$m Solon
16 noch vorwarf, ihr Griechen seid allzeit Jünglinge! wir sind
$_1$num
17 $_2$n doch Greise bei all' unsrem leichten Sinne! – Es ist alles
18 so anders geworden. Man lebt bequem, und hat daran ge-
19 nug. Der Mensch bedarf des Menschen nicht mehr; er braucht
20 nur Hände und Arme, zu seinem Dienste. //
21 So spricht mein Vater auch, versezte Diotima, und ihr Auge
22 verweilte ernster an mir. //
$_1$Nun kann ichs ihm nicht länger vorenthalten,
23 $_2$! rief die Mutter; spricht
24 dein Vater auch so, Diotima? Ich glaub' es wohl. Wißt ihr auch,
25 ihr guten Kinder, daß ihr aus einer Quelle geschöpft habt? Der
26 fremde Mann, Hyperion, mit dem ich so oft dich lustwandeln sah,
$_1$und über so manches Steinchen holpern, weil du kein Auge von
27 $_2$dich an stoßen
28 ihm wandtest, dem du so oft nachweintest am Meere draußen,
Fortsetzung verso.
29 als er fort war, wie du mir selbst gestandst, der ist Diotimas
30 Vater. //
$_1$Tausend Herzensgrüße von ihm, rief Diotima freudig,
31 $_2$! $_3$ – ich hab'
32 auch etwas mitgebracht; die böse Mutter hätt' es wohl eher sagen
$_1$können.
33 $_2$, sezte sie lächelnd hinzu, und eilte hinein in's Haus. [//]
34 O ihr Lieben! rief ich außer mir vor Freude, und faßte die
$_1$Hände Notaras und seiner Mutter. Nun seh' ich ern
35 $_2$st, wie herz-
36 lich gut du dem Manne bist, versezte die Mutter. Ja wohl bin
37 ich ihm herzlich gut, erwiedert' ich etwas betroffen, denn ich fühl-
38 te wohl, daß meine Freude nicht ihm allein galt. //
$_1$Izt kam Diotima zurük, und brachte mir zwei goldne Münzen,
39 $_2$.
40 Auf einer stand Minerva mit der Aegide, und warf die Lan-
$_1$ze, und eine Palme sproßte zu ihren Füßen.
41 $_2$; die andre mit
42 dem Apollonskopfe gab mir Diotima mit dem Zusaze, ich
43 möchte dabei an Delos und den Cynthus denken. //
$_1$Sie erzählte mir noch viel von ihrem Vater,
44 $_2$und wie er oft
45 von mir gesprochen habe; wir sprachen auch noch manches i'm
46 Allgemeinen. //
47 Wie ich sie da verstand! und wie sie das freute! wie ein

zufällig Wörtchen von ihr eine Welt von Gedanken in mir her- 48
vorrief! sie war wirklich ein Triumph des jugendlichen Gei- 49
stes, die stille Vereinigung unsers Denkens und Dichtens, 50
und ich erfuhr zu'm erstenmale ganz, wie die Freude begei- 51
stern kann. // 52
$_1$**Kinder! es wird spät!** r
$_2$**fiel endlich die Mutter ein**.
$_3$**, und** 53
$_1$**Hyperion kann uns immer** sa
$_2$**Dank sagen für diesen Abend. Leer** 54

Fortsetzung recto.

ist er nicht ausgegangen. // 55
Sie giengen hinein. Ich stürzte fort in rasender Freude, schalt und 56
lachte über den Kleinmuth meines Herzens in den vergangnen 57
Tagen, und der stolze Knabe konnte gar nicht begreifen, wie 58
$_1$er **so ein ärmlich Wesen** hätte **seyn** können.
$_2$**s möglich gewesen wäre, zu** .| |// 59
Wunderbar war mir's zu Muth, als ich in mein Zimmer trat. Es 60
war mir alles so fremd geworden. Jedes Geräthe schien mir 61
$_1$**etwas trauriges an sich zu haben**,
$_2$**und ich war doch so seelig.** 62
$_1$**Auch ihr m**ü**ßtet**
$_2$**u es entgelten, ihr Armen! sagt' ich vor** 63
mich hin in meines Herzens Trunkenheit, als ich vor die offnen 64
Fenster trat, und meine verwilderten und halbverwelkten 65
Blumen sah, nahm das Wassergefäß und begoß sie lächelnd. 66
$_1$**Ich** lag die ganze **Nacht unter dem Fenster . Es waren zau-**
$_2$**brachte** [die] **zu** 67
berische Stunden. Aus goldnen Träumen, wo an ein Wörtchen 68
von ihr meine ganze Seele sich hieng, um es hundertfach zu deu- 69
ten, und über ihrem Bilde mir jedes Daseyn schwand, wekte 70
mich das Wehen der Nachtluft um meine glühende Wange; die 71
$_1$**stille Natur** st
$_2$**chi**m
$_3$**en mir das Fest meines Herzens mitzufeiern;** 72
$_1$**die Sterne blikten freundlicher durch die Zweige; lieb**t
$_2$**licher** 73
duftete der Othem der Blüthen. Ich schlummert endlich stehend 74
ein, süßberauscht, wie von holden Melodien eingewiegt.– [//] 75
Bald spielte, wie eines Freundes warme Hand, das kommende 76
$_1$**Tageslicht um meine Stirne**.
$_2$**, und ich lächelt' empor.** 77

Kein Absatz; eine Linie von Bald an abwärts disponiert vmtl. den neuen Textverlauf.

Es war ein seeliger Morgengruß, den izt mein Herz dem 78
Himmel und der schönen Erde brachte. Himmel und Erde schie- 79
$_1$**nen mir neugeboren, wie i**h
$_2$**ch es war.** // 80

Fortsetzung verso.

$_1$**Ich gieng hinaus zu meinen alten Lieblingspläzen. Die läg**
$_2$**ngstver-** 81
gangnen Stunden, die Stunden des Erwachens, wo der Knabe da- 82
$_1$**saß in dunklem** Sehnen**, und nicht wußte, was es war, als**
$_2$| |
$_3$**Sehnen** 83
die Fittige der junge[n] **Seele sich regten, wo zum erstenmale tiefer-** 84
athmend die Brust sich hob, und das Auge nun nicht mehr so ger- 85
ne verweilte an dem, was nahe war, und lieber nach der blauen 86
$_1$**geheimnißvollen Ferne sich richtete, die** gl
$_2$**ahndungsvollen Stun-** 87
den des Erwachens dämmerten wieder auf in mir. Damals, dacht' 88

ich, weissagtest du dir diesen Frühling! o damals sahst
du hinaus in die beßre Welt, die dich izt umgiebt! //
Ich dünkte mir nun so reich und stark. Mein Innerstes war
$_1$**so befriedigt. Es gab für mich in der Welt ni**cht
$_2$**chts feindliches**
$_1$**mehr. Meine Inse**h
$_2$**l hatt' ich nun auch recht lieb gewonnen.**
Mit innigem Wohlgefallen sah ich hinab auf ihre grünen U-
fer, wo die Wellchen unschädlich um die Myrthengebüsche
spielten, und wie das friedliche San-nicolo mit seinen
Blüthenwäldern aus dem Morgendufte sein röthlich Haupt
$_1$**erhub, und die Fenster an Notaras Hauße glüh**l
$_2$**ten, und**
der Rauch aufstieg von seinem Heerde; bald sah ich, wie
$_1$**die Thüre sich öffnete**,
$_2$**, die in den Garten führte, und Dio-**
tima die Marmortreppen hinuntergieng; ich erkannte sie
an der hohen schlanken Gestalt, und dem purpurnen Ober-
kleide, das um den weißen Leibrok flog. Wie mein
Auge an diesen Farben sich waidete! Es ist nichts, was
sich nicht in der Nähe eines solchen Geschöpfs beseelte,
für einen Sinn, wie der meinige war. Nach einer Weile

Hier fehlt die zweite Hälfte des äußeren Doppelblatts der Lage *g*. Fortsetzung auf den vollständig überlieferten Lagen *h* und *i*.

D

$_1$**Notara begleitete sie**,
$_2$**und die Mutter war im Hauße beschäff-**
tiget. Diotima gieng allein umher unter den Blumen. Es
schien ihr etwas widerfahren zu seyn. Der Schmerz auf ihren
Lippen gieng mir durch die Seele, so mild er schien. Wir
$_1$**giengen eine Weile schweigend auf und nieder**; meine Be-
$_2$[.] | |
sorgniß, meine Bestürzung wuchs mit jedem Blike nach ihr;
und ich konnte doch nicht fragen, nicht trösten und helfen.

Tilgung von 5a, 6a; vmtl. Absatz nach nieder.

$_1$**Mich verfolgt ein bittrer Gedanke,** b
$_2$**rief sie endlich, ich wag'**
es kaum, ihn zu sagen, und kann doch von ihm nicht ablassen.
Schon manchmal hat er sich mir aufgedrungen, auch heute
wieder. Ist es dann wahr – je mehr Menschen, je weniger
$_1$**Freude? – O wie oft ich das fühlen mußte**,
$_2$**! rief ich**.
$_3$**,**
wie oft – es ist unbegreiflich, wie man des Zusammen-
laufens nicht müde wird! – Als wüßtest du nicht, er-
wiederte Diotima, daß der bunteste Wechsel diesen Menschen
$_1$**das** liebste ist **, und diesen finden sie doch untereinander – ihr** ↓
$_2$**Beste dünkt**
bunter uneiniger Wechsel, fuhr ich fort, der ist gerade die wahre
Gestalt des Übels; ich mag es nicht nachempfinden, wie er mich
$_1$**verwirrte, und verzerrte, wie** man **in dem Kriege, den man**
$_2$**oft** $_3$| |
unter der Larve des Friedens führt, wo man immer das, woran
das eigne Herz hängt, vor fremden Pfeilen sichern, wo man so
ängstlich jede unschuldige Blöße verhüllen muß, wo der andere
bei aller Ruh' und Freundlichkeit, die er zeigt, doch mistrauisch
jede Bewegung belauert, ob sie nicht für Feindesanfall gelte, wie
in diesem kleinen schlechten Kriege die Kräfte so heillos zu
$_1$**Grunde gehn; nein! es ist eine une**h
$_2$**rhörte Ungereimtheit!**

sie bieten allem auf, um zusammenzuseyn, und dann, wann 25
sie zusammen sind, strengen sie mit aller erdenklichen Mühe sich 26
$_1$**an, um einsam zu seyn im eigentlichen Sinne**.
$_2$**, sie öffnen** 27
Fortsetzung verso.
die Thüre und verschließen ihr Herz – dem Himmel sei Dank, 28
daß ich los bin! // 29
Das betrübt mich eben, daß es räthlicher scheint, für sich zu leben, 30
$_1$**fuhr Diotima fort; ich trage ein Bild der Gese**el
$_2$**lligkeit in der** 31
$_1$**Seele; guter Gott! wie** w
$_2$**viel schöner ists nach diesem Bilde,** 32
$_1$gesellig **zu seyn, als einsam!** wenn man nun
$_3$**zusammen** $_4$**W** $_2$**r solcher Din-** 33
ge sich freute, denk' ich oft, nur solcher, die jedem Men- 34
schenherzen lieb und teuer sind, wenn das Heilige, das in 35
allen ist, sich mittheilte durch Rede und Bild und Gesang, 36
wenn in Einer Wahrheit sich alle Gemüther vereinigten, in 37
$_1$**Einer Schönheit sich alle wiedererkennten, ach! wenn so Hand in**
$_2$**man** 38
Hand hinaneilte in die Arme des Unendlichen – // 39
O Diotima, rief ich, wenn ich wüßte, wo sie wäre, diese 40
göttliche Gemeinde, noch heute wollt' ich den Wanderstab ergrei- 41
fen, mit Adlerseile wollt' ich mich flüchten in die Heimath 42
unsers Herzens! // 43
Oft leb' ich unter ihr im Geiste, fuhr Diotima fort, und mir 44
ist, als wär' ich ferne in einer andern Welt, und ich entbeh- 45
re der gegenwärtigen so leicht; – wir singen andre Lieder, 46
$_1$**wir feiern neue Feste, die Feste** guter Menschen **in allen**
$_2$**der Heiligen** 47
Zeiten und Orten, der Heroën des Morgen- und Abendlands; 48
da wählt jedes einen aus, der seinem Herzen, seinem Leben 49
am nächsten ist, und nennt ihn, und der herrliche Todte tritt 50
mitten unter uns in der Glorie seiner Thaten, auch wer, 51
geschäftig am stillen Heerde, mit reinem Sinne das seine that, 52
wird nie von uns vergessen, und Kronen blühn für jede 53
Tugend; und wenn auf unsern Wiesen die goldne Blume 54
Fortsetzung recto.
glänzt, in seiner bläulichen Blüthe das Aehrenfeld uns umrauscht, 55
und am heißen Berge die Traube schwillt, dann freun wir 56
$_1$**uns der lieben Erde, daß sie noch immer ihr friedlich Leben lebt,**
$_2$**schönes** 57
$_1$**und die sie bauen, singen von** ihrer Arbeit **, wie von einer**
$_2$**ihr** ↑ 58
$_1$**freundlichen Gespielin;** wir lieben sie alle, **die Ewigjugendliche,**
Erweiterung und Umstellung durch Ziffern.
$_2$**auch sie lieben wir alle,** 59
die Mutter des Frühlings, willkommen, herrliche Schwester! rufen 60
$_1$**wir aus der** Tiefe **unsers Herzens,** he
$_2$**wenn sie herauf kömmt** ↓
$_3$**Fülle** 61
↑**zu unsern Freuden, die Geliebte, die Sonne des Himmels; doch** 62
$_1$**ists nicht möglich, ihrer allein zu denken**,
$_2$**! der Aether, der u**m
$_3$**ns um-** 63
fängt, ist er nicht das Ebenbild unsers Geistes, der reine, 64
unsterbliche? und der Geist des Wassers, wenn er unsern 65
Jünglingen in der heiligen Wooge begegnet, spielt er nicht die 66
Melodie ihres Herzens? Er ist ja wohl eines Festes werth, der 67
seelige Friede mit allem, was da ist! – Den Einen, dem wir 68

$_1$huldigen, nennen wir nicht; ob er gleich uns s
$_2$nah ist, wie wir selbst
$_3$uns
sind, wir sprechen ihn nicht aus. Ihn feiert kein Tag; kein
Tempel ist ihm angemessen; der Einklang unserer Geister,
und ihr unendlich Wachstum feiert ihn allein. //
$_1$Es ist mir unmöglich, die Begeisterung des heiligen Mädl
$_2$chens
$_1$nachzusprechen. O schone dich, Diotima, dich und mich, rief ich
$_2$schone
endlich, da sie mit so gränzenloser Liebe sich in ihre bessere
$_1$Welt verlor, wer will es aushalten, bei
$_2$nach solchen Stunden,
$_1$in die
$_2$er Armseeligkeit, in die man zurükmuß? Aber du
bist glüklich, du fühlst die Gegenwart nur selten, hast sie
$_1$nie gefühlt, wie ich es mußte – Ach! sie d
$_2$sind doch Men-
schen, fuhr Diotima fort, die Armen, die sich vor uns müde
$_1$ringen,
$_2$und abkümmern, ohne daß sie wissen worüber? weil ih-
Fortsetzung verso.
nen das Eine, was noth ist, nicht erscheint, da möchte man so
gerne helfen – Wie gerne, rief ich, möcht' ich es ihnen gönnen,
$_1$W
$_2$daß sie lebten, wie du! – //
Guter Hyperion! unterbrach sie mich mit ihrer stillen Herz-
lichkeit, und ihr großes Auge glänzte von freundlichen Thränen.
$_1$Mir gieng ein Himmel auf b
$_2$in diesen Worten. Es war mir ohne-
diß schon lange eine Quaal gewesen, so ruhig vor ihr zu bleiben.
O Schwester meines Herzens! rief ich, mir hast du den Frieden
$_1$gegeben! erhalt ihn mir, um dieser Stunden
$_2$willen! ich
$_1$leben
$_2$dein Leben durch dich – o deinen Himmel, Diotima,
fuhr ich fort, da sie mich unterbrechen wollte, ich hab' ihn
umsonst gesucht auf dem dürren Felde des Lebens, ich war
so lange ohne Heimath; ach! es war die Nacht vor dem er-
freulichen Tage; ich seh' es nun, wir sterben nur, um
$_1$neu zu leben, ich war hingewelt vor
$_2$kt der Zeit, nun kömmt
$_1$mir ein ewiger Frühling, ich fühl es, unsterbliche Jugend ↓
$_2$hier ist [,]
↑$_1$ist da
$_2$hier, wo du bist! – Stille, stille, jugendlicher Geist!
rief Diotima. //
Ich war, indeß sie es sprach, selbst über mich erschroken. Es
$_1$schwebte noch manches warme Wort
$_2$mir auf der Zunge,
$_3$; ich ver-
$_1$schwieg,
$_2$es, aber bei jedem ward ich bestürzter. Ich war
stille, aber ich fühlte nur um so brennender, wie ich an ihr
$_1$hieng. Sonst war ich ruhiger von ihr gegangen. Ich wollte
$_2$als heute.
noch an demselben Abend zurük, aus mancherlei Gründen,
die ich mir einredete, aber ich hatte kaum drei Schritte gewagt,
so verwies ich es mir. Mit quälender Ungedult erwartet'

ich den andern Tag. Tausend Dinge wollt' ich ihr sagen. Ich stand
Fortsetzung recto.
$_1$im Geiste vor ihr, faßte sie
$_2$ihre Hände zum erstenmale, und so
$_3$| |
drükte sie so mit Zittern an meine Stirne. Wenn Diotima nicht
wäre, dacht' ich, und es war mir, als fühlt' ich Zernichtung. //
Ich erschrak über diese Heftigkeit; ich hielt mir die schönen
Tage vor, wo ich freier und stiller um Diotima lebte, ich such-
te, ihre zarten Melodien in mein Herz zurükzurufen, aber die
$_1$Unruhe blieb, und ich ward nur um so verwirrter, je mehr mein
$_2$ich
unbändiges Herz mit Vorstellungen plagte. – Es war mir unerklär-
lich, daß ich gerade heute so seyn sollte. //
$_1$Ich wußte mir nicht zu helfen, wie ich a
$_2$des andern Tages vor sie trat.
Sie schien mir so fremd, so unbekümmert um mich. Sie war auch
meist abwesend mit der Mutter, bei häuslichen Geschäfften. Sie
wollten mit Diotima die Insel ein wenig durchwandern, sagte
mir die Mutter, es würde dem lieben Mädchen doch Freude machen,
das schöne Land zu sehn, und so hätte sie jezt noch manches zu
besorgen, weil sie einige Tage ausbleiben würden. //
Es war gut, daß sie meine Antwort nicht abwartete, und wie-
der hinauseilte. So schnell hätt' ich ihr nichts darauf zu sagen ge-
wußt. //
Und morgen schon wird die Reise vor sich gehn? fragt' ich die
$_1$Mutter, als sie wieder hereintrat.
$_2$, wol
$_3$hl auch sehr frühe?
Vor Tagesanbruch! versezte sie; wir wollen möglichst in der
$_1$Kühle reisen. – Die Seeluft mildert zwar die Hize ziemlich, doch
$_2$erwiedert' ich,
$_1$ist der Morgen freilich lieblicher. Und b
$_2$wann werdet ihr zurük-
kommen? //
In sechs Tagen würden die Ältesten gewählt, versezte sie, da
möchte sie doch wieder in San-nicolo seyn. Er wäre schön,
[s]
wenn ich entgegenkäme. //
Fortsetzung verso.
$_1$Wie doch das unerfahrne Herz so fein berechnet, wenn es liebt!
$_2$so klug ist ↑
Beredtsamkeit war sicher meine Tugend nie gewesen, und heut'
am wenigsten. Jezt, da Diotima wieder gegenwärtig war, konnt
ich gar kein Ende finden in meinen Schilderungen von dem Wege,
den sie zu machen gedachte. In meinem Leben mahlt' ich nie le-
bendiger. Nicht eine der lieblichen und großen Stellen lies ich un-
bemerkt, die sie unterweges finden würde. Alles erfreuliche, was
ihr begegnen konnte, sucht' ich an mich anzuknüpfen. Bei jedem Rei-
ze der herrlichen Insel sollte Diotima mein gedenken. – //
Ich hatte keine Ruhe die Nacht über. Die Sterne leuchteten noch
am Himmel, als ich hinausgieng. Ich lagerte mich unter dunkeln
$_1$Platanen an einen
$_2$m Hügel, der nicht sehr ferne von der Straße
lag. Mancherlei bewegte sich mir in der Seele. Auch meine trü-
$_1$ben Tage, ehe ich Diotima kennen
$_2$gefunden hatte, erschienen
mir wieder. Der Mensch kann manches tragen, dacht' ich. Die Freude
gehet über ihm auf und unter. Aber er wandert doch auch in
der Nacht seinen Weg so hin. Ist er nur einmal vertraut

**damit geworden, so wird ihm auch das Unerträgliche leidlich.
Nur muß er nicht zurüksehn, auf das, was er verlor. Ein Tropfe
aus der Schaale der Vergessenheit, das ist alles, was er bedarf! //**
Absatz durch Einzug der folgenden Zeile.
**Ich hatte einige Tage zuvor einen alten Schiffer gesprochen, der
im Gefechte mit den Korsaren den rechten Arm verloren hatte,
auch sonst zur Fahrt zu schwach geworden war. Der hatte mir er-
zählt, wie er anfangs jedesmal hinausgegangen sei an den
Hafen, wenn ein Schiff ausgelauffen sei, oder wiedergekommen,
wie er sich immer da der alten Zeiten erinnert habe, wo ihm der
Vater noch seinen Seegen mitgegeben hätte auf die Fahrt, und
wie er dann mit klopfendem Herzen hinausgewandert wäre aufs**
Fortsetzung recto.
$_1$**herrliche** blaue **Meer, wie ihm ein frischer Trunk vom Brunnen**
$_2$| |
das Herz erfreuet hätte bei einer Landung, oder der blaue Himmel
$_1$**nach einer stürmischen Nacht, und dann bei glüklicher Rükkunft d**ie
$_2$**er**
**Grus seines Alten – das wär ihm immer eingefallen, wenn er
draußen am Hafen hätte Schiffe gehn und kommen gesehn, und
ihm hätte oft vor Sehnsucht das Herz geblutet, und er hätte oft**
$_1$**geweint in seinen alten Tagen**,
$_2$**, wie ein Kind, wenn er wieder
in seine Hütte geschlichen wäre mit seinem Einen Arme, aber seit-
dem ihn seine Füße nicht mehr tragen wollten, und er nicht mehr
ans Meer hinaus käme, und nicht mehr so oft seiner Jugend ge-
dächte, trag' er sein Schiksaal geduldiger. So ist der Mensch,
dacht' ich, ist nur erst die Freude recht ferne, so hält er dem
Kummer stille, und hilft sich, so gut er kann. //
Der erwachende Morgen wekte mich aus meinen Gedanken. Es
schien mir sonderbar, daß ich darauf gekommen war. //
Jezt sah ich unten auf der Straße die lieben Reisenden heran-**
$_1$**kommen. Ich** sp
$_2$**raffte schnell mich auf**,
$_3$**und wollte hinab. Aber
ich dachte, es möchte doch wohl auffallen, und so blieb ich. Ich
hörte, wie sie sangen. Siehst du, wie entbehrlich du bei ihrer
Freude bist, sagt' ich mir, und mir war es doch, als kön**[n]**t' ich
eher die Luft, die ich athmete, vermissen, als Diotima.
Nun war mir der Gesang allmälig verhallt, auch die dun-
keln Gestalten, die mein Auge, so lang es konnte, verschlang,**
$_1$**waren verschwunden.** Aber
$_2$**Ich lauschte noch eine Weile**,
$_3$**und
blikte da hinaus, wo ich sie verloren hatte; aber ich hörte
nur das tropfende Wasser in den Rizen des Hügels; kein mensch-**
Fortsetzung verso.
**liches Geschöpf zeigte sich in der ganzen Streke, wohin ich sah. Lebe
wohl, Diotima! Herrliche! Gute! rief ich endlich und kehr-
te nach Hauße. //
Ich geleitete sie im Geiste; ich belauschte ihr Auge, wie es
hinaussah in die schöne Welt; jezt ist sie wohl in dem Tha-
le, dacht' ich, wo die lieblichen Gruppen von Ulmen und
Pappeln stehn, wovon du ihr sagtest; da denkt sie vie-
leicht, du hättest nicht uneben geweissagt, und sagt den an-
dern, sie möchte dir wohl gönnen, daß du auch da wärst, und deine
Freude hättest. – Aber entbehren kan**[n] **sie dich doch gar leicht! du sahst
es ja! Das dacht' ich auch, doch zürnt' ich mir dabei, und schlug
mir's aus dem Sinne, weil es klein und eigennüzig wäre, daß ich
wünschen könnte, sie sollte nicht fröhlich seyn, wann ich gerade**

mich nicht freuen kön[n]te. // 204
$_1$**Mit** s **einer ganzen Liebe hieng** mein Herz **an der Stunde, wo ich**
$_2$**m** **ich** ↑ 205
sie wiedersehen sollte. Es war ein fröhliches Gewebe von Hoff- 206
$_1$**nungen,** das ich mir
$_2$**womit ich das Herz mir schwaigte**.
$_3$**, und** 207
$_1$hatt' **ich**
$_2$**war damit zu Ende, so löst' ich's wieder auf, es lieb-** 208
licher zu erneuern. // 209
Mit süßem Zauber wehten mir, wie Boten der Holdin, 210
die Lüfte des Himmels vom Thal entgegen, wo ich ihrer wartete. 211
Blüthenfloken umtanzten mich, und Nachtigallen schlugen un- 212
ter den Rosen am Wege. Sonst war es stille ringsumher; ich 213
konnte jeden Laut vernehmen, der von ferne kam. // 214
$_1$**Izt wanderte mir ein freundlicher Pl**
$_2$**ilger vorüber. Ob er** 215
nicht auf seinem Wege Reisenden begegnet wäre, fragt ich 216
ihn. Er hätte Reisende gesehn in einem Haine, erwiederte 217
Fortsetzung recto.
der Pilger, sie hätten dort sich vor dem Mittagsstrale unter die 218
Ulmen geflüchtet; ein holdes Mädchen hätte Nahmen in die Bäume 219
geschnitten. Ich wünscht' ihm herzlich für seine frohen Worte fro- 220
he Wandertage und eilte fort. Jezt, wo das Thal sich öffne- 221
te, sah ich hinaus; da kamen sie! // 222
Diotima warf den Schleier zurük, und nikt' und lächelte mir 223
entgegen, und ich flog hinan. Da bot sie traulich mir die 224
$_1$**Hand; ich mußt'** a
$_2$**ihr geschwind erzählen, wie ich jeden Tag** 225
$_1$**indeß gelebt; ich sagt ihr,** w
$_2$**daß ich früh am Tage, wo sie ab-** 226
gereist, den Hügel bei San-nicolo besucht, und sie von da ge- 227
sehen hätt' und gehört, daß ich indeß ihre Harfe gestimmt, und 228
den Gesang gelernt, den sie am Abend, da ich sie zum er- 229
stenmale begrüßte, gesungen hätte, daß ich oft nach ihren 230
liebsten Blumen in Notaras Garten gesehn, und ihrer gepflegt; 231
auch hätt' ich aus dem seltnen Buche, das ein Fremder mir geliehn, 232
die Blätter für sie abgeschrieben, die am meisten sie vergnüg- 233
ten – so warst du ja recht fleißig, sagte Diotima, fuhr 234
$_1$**dann fort, wie sie meinen Sinn geahndet hätte in jeder Stelle**,
$_2$ll 235
$_1$**die ich ihr beschrieben, wie man so ganz zusammentreffen könne**
$_2$**der Insel**[,] 236
in einem Urteil, einer Freude, gerade da, wo die andern so selten 237
einig wären; man hätt' auch einmal von Delos gesprochen, da 238
hätte sie den Knaben Hyperion vor sich gesehn, wie er mit ihrem 239
$_1$**Vater so fromm umhergegangen wäre unter den Ruinen, wie**
$_2$**heiligen** 240
er staunend oben auf dem Cynthus gestanden, und schweigend 241
mit dem Auge nur gefragt; sie hätte dann so herzlich gewünscht, 242
daß sie damals auch mit uns umhergewandert wäre; sie wäre 243
Fortsetzung verso.
zwar ein unverständig Kind gewesen, doch hätte sie gewiß auch 244
etwas geahndet, weil der Vater so ernst gewesen wäre, und 245
der kleine Gespiele – so und anders dacht ich mir Dio- 246
timas Empfang, und war seelig in meinen kindischen Träu- 247
men. // 248
Das Kapitel wird durch einen Querstrich abgeschlossen und zunächst unmittelbar darunter das nächste begonnen.
Es wäre gut, wenn die Hoffnung seltner wäre im Gemüthe des 249a

250a Menschen.
Darüber wird zur Kapitelüberschrift angesetzt, schließlich beides gestrichen und neu begonnen.
$_1$Sechstes
Vier Zeilen tiefer:
$_2$Sechs
249 $_3$tes Kapitel.
250 Es wäre gut, wenn die Hoffnung etwas seltner wäre i'm Ge-
$_1$müthe des Menschen. Er waffnete sich dann bei Zeiten
251 $_2$zu rechter
252 Zeit gegen die Zukunft. //
253 Der Abend war nun wirklich da, wo ich sie wiedersehen sollte.
$_1$Ich war ans
$_2$uch kaum hinausgegangen, so ward die Reisenden
254 $_3$ich in ei-
255 niger Entfernung gewahr. Diotima grüßte mich auch freundlich,
256 aber die Diotima, von der ich geträumt hatte, war sie doch nicht.
$_1$Ich
257 $_2$Ihr reiner immerthätiger Geist äußerte sich gegen mich, wie zu-
258 vor; aber es ward mir schwerer, als sonst, auf sie zu merken;
259 ich war zerstreut, und hört' oft Augenblike lang kein Wort
260 von allem, was sie sprach, und wenn ich lauschte, so war es,
261 weil das arme Wesen trachtete, für seine sterblichen
$_1$Wünsche ein erfreulich Wörtchen auf
262 $_2$zu erhaschen. Oft,
263 wenn sie während ihrer Rede meinen Nahmen nannte, war
264 ich plözlich mit meiner ganzen Seele gegenwärtig; aber
Fortsetzung recto.
265 mit Schmerzen fühlt' ich bald, daß ihr Geist nur einen Augenblik
266 mir nahe gewesen war. //
267 Ich ahndete nun allmälig trübe Tage. Es war jezt oft, als
268 warnte mich etwas, als gieng' ich nicht auf rechtem Wege. //
269 Sie war das einzige, woran mein Leben sich erhielt, mein Herz
270 hatte sich nach und nach so gewöhnt, daß auch nicht der Schatte in
272 mir war von einer Hoffnung, die ohne sie bestanden wäre, und
272 sie schien sich doch mit jedem Tage mehr von mir zu entfernen.
$_1$Ich fr
273 $_2$ühlte den sterbenden Frühling meines Herzens. Der milde
274 Himmel, der es umfangen hatte, und genährt, die stille Seelig-
275 keit, die ich gefunden hatte i'm sorglosen Anschaun der Gra-
276 zie und Hoheit dieses seltnen Wesens, verschwand mit je-
$_1$dem Tage merklicher. Mit Todesangst konnt' ich jede Miene
277 $_2$izt
278 und jeden Laut von ihr befragen, ob sie mich verlassen
279 würde; ihr Auge mochte gen Himmel sich wenden, oder zur
280 Erde, ich folgt' ihm, als wollte mir mein Leben entfliehn.
281 Ich muß es nur geradezu sagen, ich war oft ärgerlich über
$_1$da s
282 $_2$alle Gute und Wahre, wovon sie sprach, weil sie mich darü-
283 ber zu vergessen schien. O es ist mir sehr begreiflich gewor-
284 den, wie der Mensch dahin gerathen kann, daß er das beste,
285 was wir haben, das edle freie Leben des Geistes zu morden
286 strebt in dem Wesen, woran sein Herz hängt. Es geht
287 mir durch die Seele, wenn ich mir die guten Kinder denke,
288 die sich das Mein! und Dein! so unbedingt, mit solcher
Entzükung sagen. Des Misverstand ist so leicht. Und
289 [r]
290 weh ihnen, wenn sie sich misverstehn! //
Fortsetzung verso.
291 So lang ich bei ihr war, und ihr begeisterndes Wesen mich empor-
292 hub über alle Armuth der Menschen, vergaß ich oft auch die

Sorgen und Wünsche meines dürftigen Herzens. Aber das dauerte nicht lange. So wie ich zu mir selbst kam, begann auch wieder meine Noth, und je höher und heller ihr Geist über mir leuchtete, um so brennender fühlt' ich meinen Jam-mer. Aber tief in mein Innerstes begrub ich ihn. Es gieng mir, wie den Menschen, denen die Flamme ihre Kammern verzehrt, und die nicht um Hülfe rufen mögen, aus Schaam und Scheue vor andern. Keine Stelle war mir sicher genug, um $_1$mich des $_2$r Klage meines Herzens zu entlasten. Ich erinnere mich nicht eines Worts, das ich über meinen Gram gesprochen hätte. Ich sah auch nicht, was es mir fruchten könnte, irgend ein Wesen um Hülfe anzusprechen; ich hatte ja schon einmal Trost in der Welt gesucht, und war ärmer zu-rükgekommen. //

Ich verzehrte mich in verworrenem gewaltsamem Ringen nach ihr, und mein Wesen mattete sich um so schröklicher ab, je mehr ich meine glü-henden Wünsche verbarg. //

So kam ich eines Tags zu Diotima. Ich war nicht lange da, so fieng $_1$sie an, sie $_2$; es hätte jemand einen Dank von ihr zu fordern, es wär' ihr gestern eingefallen, daß sie ihrer Harfe so ganz vergäße, sie hätte sie hervorgehohlt, ihren Misklang, so gut sie könnte, zu mildern, und sie ganz wohllautend gefunden. //

Der Himmel weis, wie viel ich mir unter dem versprochenen Danke dachte. //

Ich hätte sie gestimmt, rief ich, und wußte mir kaum zu helfen in meiner Freude, ich hätte nichts besseres zu thun gewußt für meine $_1$Freundin, so lange sie aber $_2$verreist gewesen wäre. Auch fiele

Fortsetzung recto.

mir eben ein, daß ich damals einiges für sie abgeschrieben hätte; ich wüßte nicht, wie es gekommen wäre, daß ich nicht eher daran gedacht hätte – ich lief sogleich fort, die Papiere zu hohlen; ich konnte kaum sie finden in meiner freudigen Eile; o einen Dank von dir, herrliches Wesen! rief ich, und seegnete mit Thränen meine Schmer-zenstage, um meiner neuen Hoffnung willen! //

Sie bat mich, wie ich zurük war, ihr das geschriebne vorzulesen, freute sich innig über die goldnen Stellen, und sprach darüber ungewöhnlich heiter und lebendig. Anfangs, so lange noch die süße Erwartung sich in mir regte, stimmt' ich mit allem Feuer des seeligen Herzens in ihre frohen Töne ein, doch wie sie endlich so lange mit dem Danke zögerte, da verstummt ich freilich; es war etwas $_1$in meiner Betrübniß, wovon sich $_2$bisher keine Spur in mir erschie-nen war; ich möchte fast sagen, es sei Bitterkeit gewesen. //

$_1$Mit einer sonderbaren Gelassenheit sa $_2$chied ich, als ich endlich zu gehen genötigt war. Ich hörte kaum darauf, als sie mir noch nachrief, ich danke dir, Hyperion! //

Ich kam nun immer seltner hin; blieb endlich ganz weg. Eine Todtenstille, die ich kaum an mir begreife, war allmälig über mich gekommen. Ich lebte so hin, mit halbem Bewußtseyn, ich suchte nichts mehr, ich half mir fort von einem Tage zum andern so gut ich konnte; ich achtete nichts, war mir selbst nichts mehr, trachtete auch nicht, andern etwas zu seyn. //

$_1$Um diese $_2$Zeit begegnete mir, da ich so in meiner Finsterniß draußen herumirrte, Notara mit seiner Mutter und einigen andern. Er beschwer-te sich über meine Eingezogenheit; ich sagt' ihm, daß ich sein Haus nicht

$_1$hätte mit der bösen Laune plagen mögen, die mit
346 $_2$ch seit einiger Zeit
347 heimgesucht hätte, und wagt' es, zu fragen, wo dann Diotima
348 wäre? – Sie sei zu Hauße, rief die Mutter, die fromme Tochter
Fortsetzung verso.
349 schreibe an ihren Vater. //
350 Es war traurig, wie die unschuldigen Worte mich aus meiner Dumpf-
351 heit wekten. Jezt must du hin! rief es augenbliklich in mir, und
352 Feuer und Schreken wechselten in meinem verwilderten Herzen.
353 Zitternd, gedankenlos gieng ich vorüber an ihrem Fenster – nein!
354 nein! du gehest nicht hinauf, dacht ich, und taumelte fort
355 nach Hauße, und schloß die Thüre ab. Aber wo ich hinsah, war
356 ihr Bild, und alle die freundlichen Worte, die ich einst gehört
357 hatte von ihr, umtönten mich. – Was willst du von mir, rief ich
vor mich hin? was störst du meine Ruhe? – Ich war, wie ein
358 [,]
359 zürnender Geist, den die Stimme des Beschwörers aus seinem Gra-
$_1$be rief
360 $_2$zwang. Verzeih es mir die Gute! ich fluchte der Stun-
361 de, wo ich sie fand, und rast' i'm Geiste gegen das himmlische
362 Geschöpf, daß es mich nur darum in's Leben gewekt hätte, um
363 mich wieder niederzudrüken mit seinem Stolze. Wie eine lange ent-
364 sezliche Wüste lag die Vergangenheit da vor mir, und wütend
365 vertilgt' ich jeden Rest von dem, was einst mein Herz gelabt hatte
366 und erhoben. Ich muß dir danken, dacht' ich, ich bettelte vor
367 deiner Thüre, und du nährtest mich mit Brosamen. Wer will es
368 dir verargen, daß du das Beste für dich behieltst? Was solltest
369 du auch dich an ein Geschöpf verschwenden, das kaum des Rettens
370 werth war? Nein! du hast keine Schuld auf dir. Ich war ja
371 zertrümmert, zertreten von den andern, eh' ich zu dir kam. Da
$_1$war nichts mehr zu verderben, nichts mehr z
$_2$gut zu machen! D
372 $_3$Aber
$_4$–
$_1$es do
373 $_2$ist doch wahrlich auch ein grausames Erbarmen, das We-
374 sen, das der langen Ruhe schon nah ist, mit einer Balsamtrop-
$_1$fe zu weken, daß es zwiefach stirbt! – Ich danke nur
375 $_2$n da-
Fortsetzung recto.
376 für; ich wollte, du hättest dich nie bemüht. Nein! sie hat nicht gut
377 an mir gehandelt. Sie ist, wie alle. Die andern begannen, und sie
378 hat's vollendet – meisterlich! – Ich erschrak endlich doch über
379 meine Lästerungen. Die reinen Melodien ihres Herzens, die sie
$_1$mir oft auf Augenblike mitgetheilt hatte ,
380 $_2$durch Red' und Miene,
381 daß mir's ward, als wandelt' ich wieder i'm verlassenen Para-
382 diese der Kindheit, ihre fromme Scheue, nichts zu entweihen durch
383 übermüthigen Scherz oder Ernst, wenn es nur ferne verwandt war mit
$_1$Schönem und Gutem, ihre abl
384 $_2$sichtlose Güte, ihr Geist mit seinen
385 hohen Idealen, woran ihre stille Liebe so einzig hieng, daß sie
386 nichts suchte, und nichts fürchtete in der Welt, alle die lieben see-
387 lenvollen Abende, die ich zugebracht hatte mit ihr, jeder Reiz ihrer
388 Bewegung, die, wo sie stand und gieng, nur sie – das edle, un-
389 befangne, stille Gemüth – bezeichnete, das alles und mehr,
390 ihr ganzes himmlisches Wesen, gieng wieder auf mir, wie der
391 Boge des Friedens nach Gewittern. – Und dieser Einzigen
$_1$zürnst du ,
392 $_2$? sagt' ich mir; und warum? weil sie nicht ver-

armt ist, wie du, weil sie den Himmel noch i'm Herzen trägt, nicht 393
eines andern Wesens, nicht fremden Reichtums bedarf, um die ver- 394
ödete Stelle auszufüllen, weil sie nicht unterzugehen fürchten 395
kann, wie du, um sich mit dieser Todesangst an ein andres zu hängen; 396
$_1$**ach! gerade das göttlich**e
$_2$**ste an ihr, diese Ruhe, diese himmlische** 397
Genügsamkeit hast du gelästert, die Unschuld hast du um ihr 398
$_1$**Paradies beneidet**.
$_2$**; und mit** solch
$_3$**einem so zerrütteten Ge-** 399
$_1$**schöpfe sollte sie sich befassen?** M
$_2$**muß sie dich nicht fliehen?** 400
$_1$**o war t, ihr guten Geister! warnt sie vor diesem Gefalle-**
$_2$**n** 401
nen! – // 402
Ich hätte nun gerne alle Last des Lebens über mich genommen, um 403
Fortsetzung verso.
$_1$**mein Unrecht gut zu machen. Nun** mehr **es mir nicht mehr um mich zu thun.**
$_2$**war** 404
$_1$**Ich hätte nun keinen Dank begehrt, für die Tugend eines Halbgott**es**!**
$_2$ll 405
$_1$Es wäre mir gewesen
$_2$**Ich wollte nun ganz werden, wie sie, um ihret-** 406
willen! um ihr mit tausendfacher Freude zu vergüten, was ich ihr 407
zu Laide gethan! // 408
Ich wollte mich überhaupt einmal herausarbeiten aus meiner Nich- 409
tigkeit. Ich sah mit Begeisterung hinaus auf mein künftig 410
Leben. Es war mir, als hätte schon izt ein heilig Feuer mich 411
geläutert, und meine Schlaken weggetilgt auf ewig. O Dio- 412
tima! Diotima! rief ich, wenn ich einst vor dir stehe, wie ein 413
neuer Mensch, im Siegsgefühle, wenn es da ist, was ich einst als 414
$_1$**Knabe träumte**,
$_2$**– und es muß kommen, es muß**. –
$_3$**, so wahr ein gött-** 415
lich Wesen des Menschen Brust bewegt! – wenn du dann in deiner 416
reinen Freude mich begrüßest, und denkst, es hätte doch ein guter 417
Funke geschlummert in dem ärmlichen Geschöpfe – dann will ich dir 418
ganz bekennen, wie klein, wie arm ich war, und du wirst nicht 419
$_1$**zürnen, daß der Schmerz** m
$_2$**zum Manne mich schmiedete. //** 420
$_1$S
$_2$Ich
$_3$**Ich glaubte, nun endlich auf dem rechten Wege zu seyn. Ich** 421
war es nicht. Indeß brachte mich doch dieser neue Stoß wieder in's 422
Leben. Ich war doch aus der trägen Resignation heraus, wo man 423
nichts mehr will, und nichts mehr achtet, aus der Todtenruhe, die 424
bei allem Scheine von Weisheit, womit sie von den []Faigen gepre- 425
diget wird, gewis das nichtswürdigste ist, worein der Mensch ge- 426
rathen kan[n]**. Entschuldige sich keiner, ihn habe die Welt gemor-** 427
det! Er selbst ists, der sich mordete! in jedem Falle! – // 428
Absatz durch Einzug der folgenden Zeile.
Nun erst fiel mir Diotimas Vater wieder ein. Ich schrieb 429
ihm: Du hast meiner gedacht, edler Geist! ich denke deiner, jezt, 430
Fortsetzung nicht überliefert.

Emendiert wurden die erkennbaren Textfehler, z. B. *Es rollten* für *Er rollten, Existenx* u.ä.; im Gegensatz zu den wechselnden Formen *kömt, entgegenkömt*, wurden *kan, kanst, Bekanter, Unnenbare*, entsprechend der überwiegenden Schreibweise *nn* emendiert. Anders als in den Texten der Drucke III und VIII wurden fehlende Hiat-Apostrophe nicht ergänzt. Die Apostrophierung *i'm, zu'm, bei'm* u.ä. ist im emendierten Text fortgelassen.

A

Hyperions Jugend.

Erster Theil
herausgegeben von
Friedrich Hölderlin.

Erstes Kapitel.

In den ersten Jahren der Mündigkeit, wenn der Mensch vom glüklichen Instincte sich losgerissen hat, und der Geist seine Herrschaft beginnt, ist er gewöhnlich nicht sehr geneigt, den Grazien zu opfern.

Ich war vester und freier geworden in der Schule des Schiksaals und der Weisen, aber streng ohne Maas, in vollem Sinne tyrannisch gegen die Natur, wiewohl ohne die Schuld meiner Schule. Der gänzliche Unglaube, womit ich alles aufnahm, lies keine Liebe in mir gedeihen. Der reine freie Geist, glaubt' ich, könne sich nie mit den Sinnen und ihrer Welt versöhnen. Ich kämpfte überall mit dem Vernunftlosen, mehr, um mir das Gefühl der Überlegenheit zu erbeuten, als um den regellosen Kräften, die des Menschen Brust bewegen, die schöne Einigkeit mitzutheilen, deren sie fähig sind. Stolz schlug ich die Hülfe aus, womit uns die Natur in jedem Geschäfte des Bildens entgegenkömmt, die Bereitwilligkeit, womit der Stoff dem Geiste sich hingiebt; ich wollte zähmen und zwingen. Ich richtete mit Argwohn und Härte mich und andre.

Für die stillen Melodien des Lebens, für das Häusliche und Kindliche hatt' ich den Sinn beinahe ganz verloren.

Einst hatte Homer mein junges Herz so ganz gewonnen; auch von ihm, und seinen Göttern war ich abgefallen.

Ich reiste, und wünscht' oft ewig fortzureisen.

Da hört' ich einst von einem guten Manne, der seit kurzem ein nahes Landhaus bewohne, und ohne sein Bemühn recht wunderbar sich aller Herzen bemeistert habe, der kleinern, wie der größern, der meisten freilich, weil er fremd und freundlich wäre, doch wären auch einige, die seinen Geist verständen, ahndeten.

Ich gieng hinaus, den Mann zu sprechen. Ich traf ihn in seinem Pappelwalde. Er saß an einer Statue, und ein lieblicher Knabe stand vor ihm. Lächelnd streichelt' er diesem die Loken aus der Stirne, und schien mit Schmerz und Wohlgefallen das holde Wesen zu betrachten, das so ganz frei und traulich dem königlichen Mann' in's Auge sah.

Ich stand von fern und ruhte auf meinem Stabe; doch da er sich umwandte, und sich erhub, und mir entgegentrat, da widerstand ich dem neuen Zauber, der mich umfieng, mit Mühe, daß ich mir den Geist frei erhielt, doch stärkte mich auch wieder die Ruhe und Freundlichkeit des Mannes. –

Und wie ich wohl die Menschen fände auf meinen Wanderungen, fragt' er mich nach einer Weile. Mehr thierisch, als göttlich, versezt' ich hart und strenge, wie ich war. O wenn sie nur erst menschlich wären! erwiedert' er mit Ernst und Liebe. Ich bat ihn, sich darüber zu erklären.

Es ist wahr, begann er nun, das Maas ist gränzenlos, woran der Geist des Menschen die Dinge mißt, und so soll es seyn! wir sollen es rein und heilig bewahren, das Ideal von allem, was erscheint, der Trieb in uns, das Ungebildete nach dem Göttlichen in uns zu bilden, und die widerstrebende Natur dem Geiste, der in uns herrscht, zu unterwerfen, er soll nie auf halbem Wege sich begnügen; doch um so ermüdender ist auch der Kampf, um so mehr ist zu fürchten, daß nicht der blutige Streiter die Götterwaffen im Unmuth von sich werffe, dem Schiksaal sich gefangen gebe, die Vernunft verläugne, und zum Thiere werde, oder auch, erbittert vom Widerstande, verheere, wo er schonen sollte, das friedliche mit dem feindlichen vertilge, die Natur aus roher Kampflust bekämpfe, nicht um des Friedens willen, seine Menschlichkeit verläugne, jedes schuldlose Bedürfnis zerstöre, das mit andern Geistern ihn vereinigte, ach! daß die Welt um ihn zu einer Wüste werde, und er zu Grunde gehe in seiner finstern Einsamkeit.

Ich war betroffen; auch er schien bewegt.

Wir können es nicht verläugnen, fuhr er wieder erheitert fort, wir rechnen selbst im Kampfe mit der Natur auf ihre Willigkeit. Wie sollten wir nicht? Begegnet nicht in allem, was da ist, unsrem Geiste ein freundlicher verwandter Geist? und birgt sich nicht, indeß er die Waffen gegen uns kehrt, ein guter Meister hinter dem Schilde? – Nenn' ihn, wie du willst! Er ist derselbe. – Verborgnen Sinn enthält das Schöne. Deute sein Lächeln dir! Denn so erscheint vor uns der Geist, der unsern Geist nicht einsam läßt. Im Kleinsten offenbart das Gröste sich. Das hohe Urbild aller Einigkeit, es begegnet uns in den friedlichen Bewegungen des Herzens, es stellt sich hier, im Angesichte dieses Kindes dar. – Hörtest du nie die Melodien des Schiksaals rauschen? – Seine Dissonanzen bedeuten dasselbe.

Du denkst wohl, ich spreche jugendlich. Ich weis es ist Bedürfnis, was uns dringt, der ewig wechselnden Natur Verwandtschaft mit dem Unsterblichen in uns zu geben. Doch diß Bedürfniß giebt uns auch das Recht. Es ist die Schranke der Endlichkeit, worauf der Glaube sich gründet; deswegen ist er allgemein, in allem, was sich endlich fühlt.

Ich sagt' ihm, daß es mir sonderbar gienge mit dem, was er gesagt; es sei so fremdartig mit meiner bisherigen Denkart, und doch scheine mir es so natürlich, als wär' es bis jezt mein einziger Gedanke gewesen. So kann ich ja wohl noch mehr wagen, rief er traut und heiter, doch erinnre mich zu rechter Zeit! – Als unser Geist, fuhr er nun lächelnd fort, sich aus dem freien Fluge der Himmlischen verlor, und sich erdwärts neigte vom Aether, als der Überfluß mit der Armuth sich gattete, da ward die Liebe. Das geschah am Tage, da Aphrodite geboren ward. Am Tage, da die schöne Welt für uns begann, begann für uns die Dürftigkeit des Lebens. Wären wir einst mangellos und frei von aller Schranke gewesen, umsonst hätten wir doch nicht die Allgenügsamkeit verloren, das Vorrecht reiner Geister. Wir tauschten das Gefühl des Lebens, das lichte Bewußtseyn für die leidensfreie Ruhe der Götter ein. Denke, wenn es möglich ist, den reinen Geist! Er befaßt sich mit dem Stoffe nicht; drum lebt auch keine Welt für ihn; für ihn geht keine Sonne auf und unter; er ist alles, und darum ist er nichts für sich. Er entbehrt nicht, weil er nicht wünschen kann; er leidet nicht, denn er lebt nicht. – Verzeih mir den Gedanken! er ist auch nur Gedanke und nichts mehr. – Nun fühlen wir die Schranken unsers Wesens, und die gehemmte Kraft sträubt sich ungeduldig gegen ihre Fesseln, und der Geist sehnt sich zum ungetrübten Aether zurük. Doch ist in uns auch wieder etwas, das die Fesseln gerne trägt; denn würde der Geist von keinem Widerstande beschränkt, wir fühlten uns und andre nicht. Sich aber nicht zu fühlen, ist der Tod. Die Armuth der Endlichkeit ist unzertrennlich in uns vereiniget mit dem Überflusse der Göttlichkeit. Wir können den Trieb, uns auszubreiten, zu befreien, nie verläugnen; das wäre thierisch. Doch können wir auch des Triebs, beschränkt zu werden, zu empfangen, nicht stolz uns überheben. Denn es wäre nicht menschlich, und wir tödteten uns selbst. Den Widerstreit der Triebe, deren keiner entbehrlich ist, vereiniget die Liebe, die Tochter des Überflusses und der Armuth. Dem Höchsten und Besten ringt unendlich die Liebe nach, ihr Blik geht aufwärts und das Vollendete ist ihr Ziel, denn ihr Vater, der Überfluß, ist göttlichen Geschlechts. Doch pflükt sie auch die Beere von den Dornen, und sammelt Ähren auf dem Stoppelfelde des Lebens, und wenn ihr ein freundlich Wesen einen Trank am schwülen Tage reicht, verschmähet sie nicht den irrdnen Krug, denn ihre Mutter ist die Dürftigkeit. – Groß und rein und unbezwinglich sei der Geist des Menschen in seinen Forderungen, er beuge nie sich der Naturgewalt! Doch acht' er auch der Hülfe, wenn sie schon vom Sinnenlande kömmt, verkenne nie, was edel ist, im sterblichen Gewande, stimmt hie und da nach ihrer eignen Weise die Natur in seine Töne, so schäm' er sich nicht der freundlichen Gespielin!

Wenn deine Pflicht ein feurig Herz begleitet, verschmähe den rüstigen Gefährten nicht! Wenn dem Geistigen in dir die Phantasie ein Zeichen erschafft, und goldne Wolken den Aether des Gedankenreichs umziehn, bestürme nicht die freudigen Gestalten! Wenn dir als Schönheit entgegenkömmt, was du als Wahrheit in dir trägst, so nehm' es dankbar auf, denn du bedarfst der Hülfe der Natur.

Doch erhalte den Geist dir frei! verliere nie dich selbst! für diesen Verlust entschädiget kein Himmel dich. Vergiß dich nicht im Gefühle der Dürftigkeit! Die Liebe, die den Adel ihres Vaters verläugnet, und immer außer sich ist, wie mannigfaltig irrt sie nicht, und doch wie leicht!

Wie kann sie den Reichtum, den sie tieff im Innersten bewahrt, in sich erkennen? So reich sie ist, so dürftig dünkt sie sich. Sie trägt der Armuth schmerzliches Gefühl, und füllt den Himmel mit ihrem Überfluß an. Mit ihrer eignen Herrlichkeit veredelt sie die Vergangenheit; wie ein Gestirn, durchwandelt sie die Nacht der Zukunft mit ihren Stralen, und ahndet nicht, daß nur von ihr die heilige Dämmerung ausgeht, die ihr entgegenkömmt. In ihr ist nichts, und außer ihr ist alles. Ihre Männlichkeit ist hin. Sie hofft und glaubt nur; und trauert nur, daß sie noch da ist, um ihr Nichts zu fühlen, und möchte lieber in das Heilige verwandelt seyn, das ihr vorschwebt. Aber sie fühlt sich so ferne von ihm; die Fülle des Göttlichen ist zu gränzenlos, um von ihrer Dürftigkeit umfaßt zu werden. Wunderbar! vor ihrer eignen Herrlichkeit erschrikt sie. Laß ihr das Unsichtbare sichtbar werden! es erschein' ihr im Gewande des Frühlings! es lächl' ihr vom Menschenangesichte zu! Wie ist sie nun so seelig! Was so fern ihr war, ist nahe nun, und ihresgleichen, und die Vollendung, die sie an der Zeiten Ende nur dunkel ahndete, ist da. Ihr ganzes Wesen trachtet, das Göttliche, das ihr so nah ist, sich nun recht innig zu vergegenwärtigen, und seiner, als ihres Eigentums, bewußt zu werden. Sie ahndet nicht, daß es verschwinden wird im Augenblike, da sie es umfaßt, daß der unendliche Reichtum zu nichts wird, so wie sie ihn sich zu eigen machen will. In ihrem Schmerze verläßt sie das Geliebte; hängt sich dann oft ohne Wahl an diß und das im Leben, immer hoffend und immer getäuscht; oft kehrt sie auch in ihre Ideenwelt zurük; mit bittrer Reue nimmt sie oft den Reichtum zurük, womit sie sonst die Welt verherrlichte, wird stolz, haßt und verachtet nun; oft tödtet sie der

Schmerz der ersten Täuschung ganz, dann irrt der Mensch ohne Heimath umher, müd und hofnungslos, und scheint ruhig, denn er lebt nicht mehr. Sie sind unendlich, die Verirrungen der Liebe. Doch überall möcht' ich ihr sagen: verstehe das Gefühl der Dürftigkeit, und denke, daß der Adel deines Wesens im Schmerze nur sich offenbaren kann! Kein Handeln, kein Gedanke reicht, so weit du willst. Das ist die Herrlichkeit des Menschen, daß ihm ewig nichts genügt. In deiner Unmacht thut sie dir sich kund. Denke dieser Herrlichkeit! Denn wer nur seiner Unmacht denkt, muß immer mit Angst nach fremder Stüze sich umsehn, und wer sich beredet, er habe nichts zu geben, will immer nur aus fremder Hand empfangen, und wird nie genug haben. Denn würd ihm auch alles gegeben, es müßte doch mangelhaft vor ihm erscheinen. Auf dem schmalen Wege des Empfangens wird auch der Reichtum für uns zur Dürftigkeit. Wer umspannt den Olymp mit seinen Armen? Wer faßt den Ozean in eine Schaale? Und welchem Auge stellte sich ein Gott in unverhüllter Glorie dar? Es ist so unmöglich für uns, das Mangellose ins Bewußtseyn aufzunehmen, als es unmöglich ist, daß wir es hervorbringen. Was blieb' uns auch zum Tagewerk noch übrig, wenn die Natur sich überwunden gäbe, und der Geist den lezten Sieg feierte?

Doch soll es werden das Vollkommene! Es soll! so kündet die geheime Kraft in dir sich an, woraus, vom heißen Strale genährt, dein ewig Wachstum sich entwikelt. Laß deine Blüthe fallen, wenn sie fällt, und deine Zweige dürre werden! Du trägst den Keim zur Unendlichkeit in dir! Erhalt ihn in der Dürftigkeit des Lebens! Dein freier Geist verübe sein Recht unüberwindlich am Widerstande der Natur! Wenn sie uns zum Kampfe fordert, will sie nicht, daß wir um Gnade rufen, sie schüzt die Feigen nicht, sie straft den Schmeichler, wenn er im Hochgefühle seines Adels und seiner Macht der alten Kämpferin begegnen sollte, und wimmernd zu ihr spricht: Du meinst es gut, meine Freundin! Ich gebe mich und meine Waffen dir. Den stöst des Schiksaals eherner Wagen um, der seinen Rossen nicht mit Muth in die Zügel fällt. – Auch will die Natur nicht, daß man vor ihren Stürmen sich in's Gedankenreich flüchte, zufrieden, daß man der Wirklichkeit vergessen könne im stillen Reiche des Möglichen. Ergründe sie, die Tiefen deines Wesens, doch nur, um unüberwindlicher aus ihnen in den Kampf hervorzutreten, wie Achill, da er im Styx sich gebadet. Vollbringe, was du denkst! – Wenn aber die Natur dir freundlich entgegenkömt, im Gewande des Friedens, und lächelnd dir zu deinem Tagewerke die Hände reicht, wenn freudig überrascht, im Sinnenlande dein Geist, wie in einem Spiegel, sein Ebenbild beschaut, die Formen der Natur zum einsamen Gedanken sich schwesterlich gesellen, so freue dich, und liebe, doch vergiß dich nie! Verlaß dein Steuer nicht, wenn eine fröliche Luft in deine Seegel weht! Entehre nicht des Schiksaals gute

Göttin! du machst sie zur Sirene, wenn sie dich mit ihren Melodien in den Schlummer wiegt.

Es ist das beste, frei und froh zu seyn; doch ist es auch das schwerste, lieber Fremdling! – In seinen Höhn den Geist emporzuhalten, im stillen Reiche der Unvergänglichkeit, und heiter doch hinab in's wechselnde Leben der Menschen, auch ins eigne Herz zu bliken, und liebend aufzunehmen, was von ferne dem reinen Geiste gleicht, und menschlich auch dem kleinsten die fröliche Verwandtschaft mit dem, was göttlich ist, zu gönnen! Gewaffnet zu stehn vor den feindlichen Bewegungen der Natur, daß ihre Pfeile stumpf vom unverwundbaren Geschmeide fallen, doch ihre friedlichen Erscheinungen mit friedlichem Gemüthe zu empfangen, den düstern Helm vor ihnen abzunehmen, wie Hector, als er sein Knäblein herzte! Des Lebens Nächte mit dem Rosenlichte der Hofnung und des Glaubens zu beleuchten, doch die Hände nicht müßig fromm zu falten! was wahr und edel ist, aus fesselfreier Seele den Dürftigen mitzutheilen, doch nie der eignen Dürftigkeit zu vergessen, dankbar aufzunehmen, was ein reines Wesen giebt und der brüderlichen Gaabe sich zu freuen! Diß ist das Beste! so lehrte mich – ich ehre sie – die Schule meines Lebens. –

Der seltne Mann erschien vor meinem Innern so sanft und groß. Froh bot ich ihm die Hand, und dankte, und sagt' ihm meinen Irrtum.

Nur zu lange, rief er, irrt' auch ich, und die Geschichte meiner Jugend ist ein Wechsel widersprechender Extreme; ich kenne das, wo wir traurend und verarmt des hohen Eigentums nicht gedenken und alles ferne wähnen, was wir doch in uns finden sollten und das verlorne in der Zukunft suchen und in der Gegenwart, im ganzen Labyrinthe der Welt, in allen Zeiten und ihrem Ende; ich kenn' auch das, wo das feindliche verhärtete Gemüth jede Hülfe verschmäht, jedes Glaubens lacht in seiner Bitterkeit, auch die Empfänglichkeit für unsre Wünsche der guten Natur misgönnt, und lieber seine Kraft an ihrem Widerstande mißt.

Doch auch diesen Verirrungen gönn' ich izt oft einen freundlichen Blik, wenn sie mir erscheinen. Wie sollt' ich sie noch mit Strenge bekämpfen? Sie schlummern friedlich in ihrem Grabe. Wie sollt' ich sie aus meinem Sinne bannen? Sie sind doch alle Kinder der Natur, und wenn sie oft der Mutter Art verläugnen, so ist es, weil ihr Vater, der Geist, vom Geschlechte der Götter ist. Genügsam hält sich ewig in ihrer sichern Gränze die Natur; die Pflanze bleibt der Mutter Erde treu, der Vogel baut im dunkeln Strauche sein Haus, und nimmt die Beere, die er giebt; genügsam ist die Natur, und ihres Lebens Einfalt verliert sich nie, denn sie erhebt sich nie in ihren Forderungen über ihre Armuth. Genügsam ist der mangellose Geist, in seiner ewigen Fülle, und in dem Vollkommenen ist kein Wechsel. Der Mensch ist nie genügsam. Denn er begehrt den Reichtum einer Gottheit, und seine Kost ist Armuth der Natur. – Verdamme nicht, wenn in dem Sinnenlande das niebefriedigte Gemüth von einem zum andern eilt! es hoft unendliches zu finden: durch die Dornen irrt der Bach; er sucht den Vater Ozean. Wenn sein vergessen, des Menschen Geist über seine Gränze sich verliert, ins Labyrinth des Unerkennbaren, und vermessen seiner Endlichkeit sich überhebt, verdamme nicht! Er dürstet nach Vollendung. Es rollten nicht über ihr Gestade die regellosen Ströme, würden sie nicht von den Fluthen des Himmels geschwellt.

Der schöne Knabe, der indeß im Garten sich beschäftigt hatte, kam und bracht' uns Blumen, erzählt' uns auch manches, und wies uns das goldne Feuer über den Gebirgen. Es war schon Abend geworden. Ich nahm die freundliche Herberge mit Dank an. Das Leben ist nicht so reich, daß wir ein reines Wesen, wie der Mann war, den ich gefunden hatte, so schnell verlassen könnten.

Zweites Kapitel.

Noch denk' ich gerne des Morgens, der uns jezt umfieng, und wie sein Zauber uns verjüngte. Doch fand ich nie ein treues Bild für meine goldnen Stunden, um andern zu verkünden, was ich genoß. Die Natur gab ihren Mutterpfennigen ein ungangbares Gepräge, damit wir sie nicht, wie Scheidemünze, verschleudern sollten. Auch mir war sie lange fremd gewesen, diese Ruhe und Regsamkeit, wo alle Kräfte ineinander spielen, wie die stillen Farben am Bogen des Friedens.

Es war ein heiterer blauer Apriltag. Wir sezten uns in den Sonnenschein, auf den Balkon; es säuselten um uns die Zweige und durch die sonntägliche Stille tönte ferner Thürme Geläut und gegenüber das Spiel der Orgel vom Hügel der Kapelle.

Du machtest mich begierig, fieng ich endlich an, auf die Geschichte deines jugendlichen Lebens –

Ich bin auch izt gerade gestimmt, unterbrach er mich freundlich, die wunderbaren unschuldigen Gestalten erscheinen zu lassen, auch die wildern. Du bleibst so lange bei mir, bis ich zu Ende bin. Ich gestehe dir, ich mußte mich lange von ihnen ferne halten, um deß willen, was ich verlor, ich mußte mich hüten vor den Freuden und Schmerzen der Erinnerung, ich war, wie eine kranke Pflanze, die die Sonne nicht ertragen kann.

[Lücke von 16 Manuskriptseiten; Fortsetzung im dritten Kapitel]

B

tum der Heroën, unter den Augen der Miltiade und Aristide, beim Wettgesange der edeln Dichter und im Kampfspiel, wo der Lorbeer winkte! und deine Gespielen – du hättest sie gewis recht lieb gewonnen, die starken bildsamen Jünglinge! ihr hättet euch in eures Herzens Fröhlichkeit eure Geheimnisse vertraut, wie es euch schmerze, noch nichts gethan zu haben, wie ihr oft in der Stille über euch trauertet vor dem Bilde eines Helden, wie ihr nicht lassen könntet von der Liebe zum Lorbeer, und euch oft berauschtet im Gedanken der Unsterblichkeit, ihr hättet euch gefreut, daß es einem ergehe, wie dem andern, und kühn geschworen, des Herzens Triebe Genüge zu thun. – Nun ist es freilich anders, gutes Herz! Du siehest vor dir, wie es ist. Aber laß dich das nicht irren! – Siehe das Licht des Himmels an! Bedarf es fremden Feuers, um zu leuchten und zu wärmen? bedarf es eines Dankes, um wohlzuthun? und wenn sich die Erde mit Dünsten umwölkt, und seine reinen Stralen nicht aufnimmt, in ihr Innres, leuchtet es minder, wie sonst? So sei auch du! Denk' und thue, wie du sollst, und siehe nicht um dich; und wenn der kleinen Menschen kleiner Tadel in deinem sichern Gange dir nachtönt, so denke dir recht lebendig, wie der arme Perser den ungehorsamen Ozean peitschte! – Es ist dein liebster Gedanke, zu werden, wie die Herrlichen, die einst waren. Erhalt ihn! werde nicht muthlos! Gieb dich nie auf halbem Wege zufrieden! Verweile nicht an Armseeligkeiten! Sei still und harre, bis deine Zeit kömmt! Lebe in Gemeinschaft mit deinen Heroën! Du findest ihresgleichen schwerlich so bald unter den Lebendigen. Bewahre dich, junge Seele! Du gehörst einer andern Welt. Befasse dich nicht zuviel mit dieser, bis deine Zeit kommt, und du unter ihr wirkst. Nähre dein Herz mit der Geschichte besserer Tage, suche nichts unter den jezigen! Das wenige, was sie dir geben, ist, wenigstens jezt, nicht für dich. – Denke meiner Worte, Lieber! wenn ich ferne bin. Ich muß dich bald verlassen. Wer weis? es könnten die lezten Worte seyn, die ich dir sagte! Wenn ich sterbe, so sterb' ich mit der Hofnung, daß mein bestes Leben fortdaure in dir und denen, die du einst bildest. Daß sie wieder in andern pflanzen, was in ihnen reifte durch dich. Und was sprech' ich von mir? Stehet ihr wieder auf im Geiste meines Lieblings, ihr Herrlichen, die ihr schlaft unter den Trümmern des gefallenen Griechenlands! verjüngt euch wieder in ihm, ihr alten Tugenden von Athen und Sparta! o kehret wieder, goldne Tage, Tage der Wahrheit und der Schönheit, kehret wieder in ihm! – Er sah, daß ich zu tief erschüttert war, um noch zu hören, auch ihm mochte zu viel sich aufdringen, um es der jungen Seele mitzutheilen. Er umschlang mich schweigend, innigst bewegt, ich Glüklicher! in seinen Armen barg ich meine heftigen Seufzer und meine Thränen.

Wir fuhren zurük nach Tina, und, wie ich ihn des andern Tags besuchen wollte, war er fort.

Viertes Kapitel.

Ich trauerte lang um meinen Freund. Im Innersten betrübt dacht' ich oft, wenn ich an seinem Hauße vorübergieng, wie er vormals dagestanden wäre am Fenster, und mir entgegengenikt hätte, wenn ich die Straße heraufgekommen wäre, und wenn die Thüre offen stand, sah ich wehmüthig hinein in den dunkeln Vorsaal, und hörte seine Stimme wieder, wie er mir die Treppe herunter nachrief: schlaf wohl, lieber Junge! wenn das Volk versammelt war, und von ungefähr die Farbe seines Mantels mir erschien, erschrak ich, als wär' er da, und wenn ich einen Schiffer hörte, wie er von seiner Fahrt sprach, und von fremden Menschen, die er gesehn, glaubt' ich immer, es müßt' ihm auch der Herrliche, den ich liebte, bekannt seyn; oft, wenn ich draußen herumgieng, weilte mein Blik am Horizont; dort wär' er wohl hinausgefahren, dacht' ich, und meine Thränen rannen in's Meer. Der kleinste Laut, den ich von ihm im Herzen bewahrte, war mir heilig, wie der lezte Wille eines Verstorbenen. Ich folgte ihm fast zu treu. Ich verschloß mich, so sehr ich nur konnte vor den Menschen. Neben den Geistern des Altertums fand nur er in meiner Seele Plaz. Mein Herz gehörte denen, die ferne waren. Wo ich gieng und stand, geleiteten mich die ehrwürdigen Gestalten. Wie Flammen, verloren sich in meinem Sinne die Thaten aller Zeiten, die ich kannte, ineinander. Nur Ein großer Sieg waren für mich die hundertfältigen Siege der Olympiaden. Was durch Jahrhunderte getrennt war, versammelte sich vor meinem jugendlichen Geiste. Ich vergaß mich so ganz über all' der Größe, die mich umgab.

So war ich allmälig herangewachsen. Ich fieng jezt an, mich über mich selbst zu befragen. Ich kehrt' izt oft von den Halbgöttern, denen mein Herz gehörte, auf mich zurük; ich maß, und erschrak über mein Nichts. Mein ganzes Wesen raffte sich auf, dem tödtlichen Schmerze zu entgehen, der im Gefühle meines Mangels lag. Ich wollt' im härtesten Kampfe mir einen Werth erringen. Aber wo sollt' ich? – Ach! ich hätte gerne eine Stunde aus eines großen Mannes Leben mit Blut erkauft. Traurend sah ich izt oft in meinen Plutarch, und bittre Thränen rannen mir auf's Blatt. Oft wenn über mir die Gestirne aufgiengen, nannt' ich ihre Nahmen, die Nahmen der Heroën, die einst auf Erden lebten – erbarmt euch meiner, ihr Göttlichen, rief ich, laßt mich vergessen, was ihr wart, oder tödtet mich mit eurer Herrlichkeit, ihr seeligen Jünglinge! –

Ich suchte endlich Trost unter den Menschen. Was ich mir selbst nicht geben konnte, dacht' ich unter andern zu finden. Man hatte mir schon oft gesagt, es würde mir gut seyn, wenn ich nicht so sehr einsam lebte. Man würde so leicht exzentrisch in seinen Meinungen bei gänzlicher Zurükgezogenheit. In der Gesellschaft lerne man die Fülle des Guten friedlich unter sich theilen, man lerne, aus sich nicht Alles zu machen, aus andern auch nicht, und sich zu begnügen mit dem, was jedem beschieden sei, man lerne Geduld, und das wäre Gewinns genug. Aber ich war damals so gar nicht gestimmt, etwas Verständiges der Art auf mich wirken zu lassen. Ich trat mit ganz andrem Sinne unter die Menschen.

Es ist sonderbar, wie ein jugendlich Gemüth oft in die Kinderspiele des Lebens so viel Gehalt legt. Es war mir unbegreiflich, wie die Menschen so befriedigt zurükkommen könnten von ihren kleinen Festen, wenn nicht seltne Dinge dabei zu finden wären. Wenn ich mir dachte, daß ich dort wohl auch so fröhlich werden könnte, wie sie, wie unendlich viel mußt' ich erwarten!

Auch versprach mir jedes ehrliche Gesicht so viel. Ich habe manchen vergöttert, im ersten Augenblike, der sich recht sehr begnügte mit seiner Menschlichkeit. Mit Bedauren denk' ich daran, wie ich izt oft mit all' meiner Liebe trachtete, ein herzlich Lächeln zu erbeuten, wie ich oft in einem Worte meine ganze Seele gab, und einen wizigen Spruch dafür zurükbekam, wie bei einem andern ein wenig Gutmüthigkeit mich so innig freute, und wie ich mich verstanden glaubte von ihm, bis auch er mittheilte, was ihm am Herzen lag, und ich dann Dinge hörte, woran ich so gar keinen Werth finden konnte, wie ich dastand und huldigte vor prächtigen Sentenzen – ach! wie ich oft glaubte, das Unnennbare zu finden, das mein werden sollte, dafür, daß ich mich selbst an das Geliebte verlor! – Das arme Wesen dachte, zwei Menschen könnten sich Alles seyn, dacht' oft wirklich den heiligen Tausch getroffen zu haben, wo einer des andern Gott seyn sollte, und machte nun freilich Forderungen, worüber der andre sich wunderte. Er wollte ja nur Kurzweil, nichts so Ernstes!

Einem jungen Manne, Gorgonda Notara nannt' er sich, war ich immer gut geblieben. Ich hatte so oft umsonst gehoft, ein Wesen zu finden, wo ich sagen könnte, nun bin ich zufrieden auf ewig! hatte so oft mit Schmerzen mich losgerissen, wo mein Herz so schnell und innig sich angehängt hatte, ich hatte mich durch Dornen gewunden, und sie hatten mit jedem Schritte mich vestgehalten, um mich ihren Stachel fühlen zu lassen, ich hatte so oft mich hingedrängt, wo es besser gewesen wäre, auszuweichen, ich war nun froh, doch etwas an ihm zu haben, und wenn ich mich entfernen wollte in meiner Ungenügsamkeit, zog er mich immer wieder an sich. Er war etwas vielseitig, und das kam mir zu Statten; gab mir freilich auch oft ein Mistrauen gegen ihn. Er wußte jedem Dinge einen Werth zu geben; er war äußerst duldsam gegen mich, das that mir wohl, aber er war es auch gegen andre, die meine Gegentheile waren, und das war mir unbegreiflich. Er bestritt mich oft gerade in meinen liebsten Überzeugungen, aber mit Freundlichkeit und Bedacht, – ich verglich uns, wenn wir so zusammen stritten, oft mit den jungen Lämmern, die sich scherzend einander an die Stirne stießen als wollten sie sich so das Gefühl ihres Daseyns in sich weken – und, wie es schien, mehr um das Gespräch zu beleben, mehr zum Versuche, was wohl aus dem Für und Wider sich ergeben möchte, als in strengem Ernste, und indeß er wider mich sprach, schien er doch auch seine Freude zu haben an dem sonderbaren Geschöpfe, das so ungelenksam und unersättlich wäre in seinen Forderungen, und doch so leicht und oft gerade dem Kleinsten sich hingäbe; ich hätte in meinem Leben noch keinen Menschen gesehen, meinte er, ich wandelte von je her unter Geistererscheinungen und es wäre nur Schade, daß diese verschwänden, so bald ich näher käme, aber man müßt' ihm doch gut seyn, dem wunderlichen Phantasten! –

Einst saßen wir mit andern zusammen; es war ein alter Bekannter von einer Fahrt zurükgekommen, und wir feierten das fröhliche Wiedersehn. Alle waren inniger, wie sonst; ich glühte, und sprach ungewöhnlich viel. Ich fühlte wirklich zum erstenmale die Freude jugendlicher Verbrüderung ganz. O man lebt doch nicht umsonst, ihr Lieben! rief ich in meines Herzens Trunkenheit, und strekte die Hand aus über dem Tische, und jeder bot die seinige dar. – Öfne geschwinde die Fenster, rief ich einem, der gegen mir über saß, nach einer Weile zu. Was hast du, Hyperion? fragt' ein andrer. Dort gehn die Dioskuren am Meer herauf, rief ich freudig. Zufällig sah ich einen Augenblik darauf in den Spiegel, und glaubte drinn ein zweideutig Lächeln an Notara zu bemerken. Betroffen blikt' ich um mich, und es war mir, als fänden sich auch auf andern Gesichtern solche Spuren. Das war mir ein Dolch in's Herz!

Ich glaubte mein Innerstes verunehrt, meine beste Freude verlacht, von meinem lezten Freunde mein Herz verspottet. Ich sprang auf, und eilte fort. – Alle die traurigen Täuschungen, die ich von je her erfahren, jede Miene, jeder Laut, der mein Herz zurükgestoßen hatte, seit ich unter die Menschen gekommen war mit meinen Hofnungen, jeder unfreundliche Scherz, womit man sich an meinen kleinen Unaufmerksamkeiten gerächt, jede Misdeutung, womit man meine unbefangenen innigen Äußerungen lächerlich gemacht, jede Falschheit, womit man, wie mir izt schien, meine Liebe und meinen Glauben nachgeäfft hatte, alles, was ich längst verziehen hatte und vergessen, gesellte sich nun zu den unverhofften Entdekungen, die ich eben gemacht, – ich dachte mir einen um den andern aus dem Cirkel, den ich verlassen hatte, wie er mir wohl seine bittern Bemerkungen nachschiken werde; der rauhe Seemann stand lebendig vor mir mit seinem Aerger und gegenüber Notara mit seinen hämischen Entschuldigungen. Izt kam ich an dem Hauße vorüber, wo der edle Fremdling gewohnt hatte. Du hattest Recht, guter Mann! dacht' ich, o du hattes Recht! Ich sollte mich nicht zu viel befassen mit dieser Welt, sagtest du. Ach! daß ich dir nicht folgte, mein Schuzgeist! Nun bist du gerächt.

Man belächelt oft den Menschen, und findet es ungereimt, wenn oft von einer kleinen Wunde sein Innerstes erkrankt, und nur sehr schwer genest. Man würde besser thun, wenn man theilnehmend das Übel zu ergründen suchte. Man würde dann finden, daß auch dem schwächsten Feinde der Sieg sehr leicht wird, wenn ihm ingeheim ein Stärkerer vorarbeitete, und unsre stärksten Feinde sind wir selbst.

Das arme Wesen wollte sich nun zurükflüchten in sich selbst, und hatte doch längst sein Selbst verloren. Ich hatte mich gewöhnt, Ruh' und Freude aus fremder Hand zu erwarten, und war nun dürftiger geworden, als zuvor. Ich war, wie ein Bettler, den der Reiche von seiner Thüre sties, und der nun heimkehrt in seine Hütte, sich da zu trösten, und nur um so bittrer sein Elend fühlt zwischen den ärmlichen Wänden. Je mehr ich über mir brütete in meiner Einsamkeit, um so öder ward es in mir. Es ist wirklich ein Schmerz ohne gleichen, ein fortdaurendes Gefühl der Zernichtung, wenn das Daseyn so ganz seine Bedeutung verloren hat. Eine unbeschreibliche Muthlosigkeit drükte mich. Ich wagt' oft das Auge nicht aufzuschlagen vor den Menschen. Ich hatte Stunden, wo ich das Lachen eines Kindes fürchtete. Dabey war ich sehr still und geduldig, hatt' oft einen wunderbaren Aberglauben an die Heilkraft mancher Dinge; oft konnt' ich ingeheim von einem kleinen erkauften Besiztum, von einer Kahnfahrt, von einem Thale, das mir ein Berg verbarg, Trost erwarten. Mit dem Muthe schwanden auch sichtbar meine Kräfte. Ich glaubte wirklich unterzugehn.

Ich hatte Mühe, die Trümmer ehmals gedachter Gedanken zusammenzulesen, der rege Geist war entschlummert; ich fühlte, wie sein himmlisch Licht, das mir kaum erst aufgegangen war, sich allmälig verdunkelte. – Freilich, wenn es einmal, wie mir däuchte, den lezten Rest meiner verlornen Existenz galt, wenn mein Stolz sich regte, dann war ich lauter Wirksamkeit, und die Allmacht eines Verzweifelten war in mir, oder wenn sie von einem Tropfen der Freude getränkt war, die welke dürftige Natur, dann drang ich mit Gewalt unter die Menschen, sprach, wie ein Begeisterter, und fühlte wohl manchmal auch die Thräne der Seeligen im Auge, oder wenn einmal wieder ein Gedanke oder das Bild eines Helden in die Nacht meiner Seele strahlte, dann staunt' ich und freute mich, als kehrte ein Gott ein in dem verarmten Gebiete, dann war mir, als sollte sich eine Welt bilden in mir; aber je heftiger die schlummernden Kräfte sich aufgeraft hatten, um so müder sanken sie hin; versuche nur nichts mehr, sagt' ich mir dann, es ist doch aus mit dir!

Wohl dem, der das Gefühl seines Mangels versteht! wer in ihm den Beruf zu unendlichem Fortschritt erkennt, zu unsterblicher Wirksamkeit, wer im Schmerze der Erniedrigung den kleinen Trost verachten kann, unter den Kleinen groß zu seyn, ohne an sich zu verzweifeln, und den Glauben an die Götterkraft des Geistes aufzugeben, wer sie überstanden hat, diese Feuerprobe des Herzens, wenn es überall eine Leere findet, und das wenige, was es geben kann, verschmäht fühlt! – Wohl manches jugendliche Gemüth trauert, wie ich einst trauerte, im Gefühle menschlicher Armuth, und je treflicher die Natur, desto größer die Gefahr, daß es verschmachte im Lande der Dürftigkeit. Mir ist er heilig dieser Schmerz, so wahr mich's freuet, wenn mir ein freundlich Auge begegnet! Aber sagen möcht' ich der Seele, die mir ihn klagte, daß sie nur darum ihr Paradies verloren hätte, damit sie ein Paradies erschaffe, doch werde diß mit nichten am siebenten Tage vollendet seyn, denn der Ruhetag der Geister würd' ihr Tod seyn, sagen würd' ich ihr, daß sie, um ihres Adels willen nicht einzig fremder Hülfe vertrauen soll, die treuste Pflege müsse den zu Grunde richten, der müßig von ihr allein sein Heil erwarte; in brüderlichem Zusammenwirken bestehe das Beste, doch sei es auch herrlich, allein zu stehn, und sich hindurchzuarbeiten durch die Nacht, wenn es an Kampfgenossen gebreche.

Mich hatte nun der Frühling überrascht in meiner Finsterniß. Ich hatt' ihn wohl zuweilen von ferne gefühlt, wenn die todten Zweige sich regten, und ein lindes Wehen meine Wange berührte. Das junge Grün hatte mich oft wunderbar belebt auf Augenblike, und manchmal, wann das freundliche Morgenlicht mich wekte, hatte die Ahndung, daß es wohl noch besser werden könnte, mein hülflos Herz erfreut. Aber das war vorübergegangen, wie der Schatten einer Geliebten.

Ich hatte mich häuslicher Geschäffte wegen einige Wochen in einem andern Theile der Insel aufgehalten, und kehrte nun zurük nach San-nicolo.

Er war izt da in meinen Hainen, der holde Frühling, in aller Fülle der Jugend.

Mir war, als sollt' ich doch auch wieder fröhlich werden. Ich öffnete meine Fenster, und kleidete mich, wie zu einem Feste. Auch für mich sollt' er wiederkehren, der himmlische Fremdling! Was hoft dann der Arme? möchten die Todten auferstehn? dacht' ich bei mir selbst. Aber mein Herz lies sich nicht abweisen. Es gieng mir, wie den Kindern, die so gerne Zutraun fassen zu einem heiter farbigen Kleide. Mit jedem Blike wuchs in mir der Glaube an bessere Tage vor dem fröhlichen Bilde der Natur.

Ich sah, wie alles hinausströmte auf's freundliche Meer von Tina, und sein Gestade. Ich gieng auch hinaus.

Alles verjüngte und begeisterte der süße zauberische Frühling. Fast jedes Gesicht war herzlicher, lebendiger; überall wurde gutmüthiger gescherzt, und die sonst mit fremdem Gruße vorübergegangen waren, boten sich izt die Hände.

Das fröhliche Volk bestieg die Boote, steuerte hinaus in's Meer und jauchzte von ferne der holden Insel zu, kehrte dann zurük in die Platanenwälder, zu seinen zephyrlichen Tänzen, lagerte sich unter Zelten zum lieblichen Mahle, und pries und freute sich hoch, daß keiner sich verirrt hätte in den Labyrinthen des Ronnecatanzes.

Aber mein Herz suchte mehr, als das. Das konnte nicht vom Tode retten.

Ich gieng fort, und streifte herum auf einsamen Hügeln, sah oft hinunter nach der fröhlichen Welt, und dachte, warum ich dann darben müßte, wo alles so seelig wäre. Doch wollt' ich keinem seine Freude misgönnen, und hoffte, auch meiner warte vieleicht noch eine gute Stunde. So kehrt' ich zurük.

An Notaras Hauße, wo ich vorüberkam, saß seine Mutter, deren Liebling ich war, und um sie ein Cirkel edler Mädchen, die Seide spannen, und kindliche Liedchen sangen. Da kömt der Menschenfeind, rief die Mutter mir zu. Ich trat näher, und dankt' ihr für den freundlichen Gruß. Du bist gestraft, daß du so lange wegbliebst, fuhr sie lächelnd fort, etwas lieberes hat indeß in meinem Hauße Plaz genommen. Man kann dich nun entbehren, du Stolzer!

Ich sah mich um. Da stand sie vor mir, die Herrliche, wie eine Priesterin der Liebe, heilig und hold! – ach! über dem Lächeln voll Ruh und himmlischer Duldsamkeit thronte mit eines Gottes Majestät ihr großes begeistertes Auge, und wie Wölkchen um's Morgenlicht, wallt' im Frühlingswinde der dunkle Schleier um ihre Stirne.

Ich kann es nicht anders nennen, es war Gefühl der Vollendung, was sie mir gab in diesem Augenblike; war doch die Nacht und Armuth meines Lebens, die ganze dürftige Sterblichkeit, mit allem, was sie giebt und nimmt, so dahin, als wäre sie nie gewesen! Oft trauert' ich, daß wir nur dann erst wissen, von diesen Momenten der Befreiung, wann sie vorüber sind. Sie wägen Aeonen unsers Pflanzenlebens auf, sprach ich oft bei mir selbst, wenn ich ihr Andenken feierte, diese nahmenlosen Begeisterungen, wo das irrdische Leben todt und die Zeit nicht mehr ist, und der entfesselte Geist zum Gotte wird.

Jahre giengen vorüber, Meere trennten mich von ihr, tausendfältig verwandelte sich vor mir die Gestalt der Welt, aber ihr Bild verlies mich nie. Oft, wenn ich am heißen Mittag, ermattet von meinen Wanderungen, unter fremdem Himmel ruhte, erschien sie mir, wie in dem trunknen Momente, da ich sie fand, ich preßt' es an mein glühendes Herz, das süße Phantom, ich hörte ihre Stimme, das Lispeln ihrer Harfe; wie ein friedlich Arkadien, wo in ewigstiller Luft die Blüthe sich wiegt, wo ohne Zwang die Frucht der Ernte und die süße Traube gedeiht, wo keine Furcht das sichre Land umzäunt, wo man von nichts weis, als von dem ewigen Frühling der Erde, und dem wolkenlosen Himmel und seiner Sonne, und seinen heiligen Gestirnen, so stand es offen vor mir, das Heiligtum ihres Herzens und Geistes.

Und später, unter den Bitterkeiten und Mühen des Lebens, bey stürmischer Fahrt, am Schlachttag, unter nahmenlosem Unmuth, wo er mir auf ewig verschwunden schien, der gute Geist, den ich sonst so gerne ahndete, in allem, was lebt, wo ich kalt und stolz mir sagte: hilf dir selber, es ist kein Gott! ach! da trat oft ihr Schatten vor mich, wie ein Engel des Friedens, und besänftigte mein verwildertes Herz mit seiner himmlischen Weisheit.

Jezt ehr' ich als Wahrheit, was mir einst dunkel in ihrem Bilde sich offenbarte. Das Ideal meines ewigen Daseyns, ich hab' es damals geahndet, als sie vor mir stand in ihrer Grazie und Hoheit, und darum kehr' ich auch so gerne zurük, zu dieser seeligen Stunde, zu dir, Diotima, himmlisches Wesen!

Fünftes Kapitel.

Der Abend jenes Tages meiner Tage ist mir mit allem, was ich noch gewahr ward in meiner Trunkenheit, unvergeßlich. Mir war er das schönste, was der Frühling der Erde geben kann, und der Himmel und sein Licht. Wie eine Glorie der Heiligen, umfloß sie das Abendroth, und die zarten goldnen Wölkchen im Aether lächelten herunter, wie himmlische Genien, die sich freuten über ihrer Schwester auf Erden, wie sie unter uns wandelte in aller Herrlichkeit der Geister, und doch so gut und freundlich war gegen alles, was um sie war.

Alles drängte an sie. Allen schien sich ein Theil ihres Wesens mitzutheilen. Ein freundlicher Ernst, ein zärteres Aufmerken, eine innigere Traulichkeit war unter alle gekommen, und sie wußten nicht, wie ihnen geschah.

Mit Begeisterung erzählte mir die Mutter, indeß die andern um Diotima beschäfftigt waren, wie ihr das liebe Mädchen Freude mache mit ihrem stillen nachdenklichen Wesen, und ihrer steten Zufriedenheit, wie sie sich scheue vor allem, was einem menschlichen Herzen wehe thun könne, vor allem, was nicht schön und schiklich wäre; auch sehe man es sogleich, wenn etwas durch ihre Hände gegangen wäre, man könne gewis nicht sagen, ihr Herz hänge an kleinen Dingen, und doch wär' es immer, als wäre sie mit ihrer ganzen Seele an der Sache gewesen; ein Gartenbeet gewinne ein ganz andres Ansehn, wenn sie es ordne; es wär' ihr auch so leicht nicht abzulernen; das Eigentliche, was einem an den Gewändern gefiele, die sie geschnitten, und den Kränzen, die sie gewunden hätte; – ihr Element seien aber die alten Dichter und Weisen, hierin seie sie ein eignes Wesen, sie sei zwar sehr geheim damit, aber man hätte doch schon bemerkt, daß sie im Herzen das Andenken großer Menschen im alten Griechenlande ungefähr ebenso feire, wie die andern frommen Gemüther das Fest der Panagia, und anderer Seeligen; auch sonst sei etwas – sie müßte nur sagen – Übermenschliches an ihr. Hättest du sie gestern gesehn, sezte sie hinzu, es wäre dir wohl so sonderbar zu Muth gewesen, wie mir. Es hatte kaum getagt, als ich hinuntergieng in den Garten. Da sah ich, ohne daß sie mich bemerken konnte, das liebe Mädchen in dem heimlichen Pläzchen unter den Platanen, wie sie dastand mit ausgebreiteten Armen, und emporrief: Dir opfr' ich mein Herz, ewige Schönheit! – Ich werden den Anblik im Leben nicht vergessen.

Sie komme von den Ufern des Pactols, fuhr die Mutter nach einer Weile fort, aus einem einsamen Thale des Tmolus, wohin ihr Vater, ein Verwandter der Notara, aus Verdruß über sein Volk sich von Smyrna zurükgezogen hätte, und ihre Mutter, ehmals die Krone von Jonien, seie seit einem Jahre todt.

Der junge Notara trat izt auch noch zu uns, grüßte mich freundlich, und fragte, ob ich immer noch zürne, er wisse nicht einmal seine Schuld genau, die Mutter lies ihn aber nicht weiterreden, zog ihn auf die Seite, und flüsterte ihm, herzlich zu mir herüberlächelnd, einige Worte zu, daß ich fast etwas freudiges vermuthen mußte. – Ich bat Notara, mir zu verzeih-

[Lücke von vmtl. zwei Manuskriptseiten]

C

Staunen. Mein Geist verzehrte sich über der frohen Mühe, den ganzen Reichtum zu fassen, der vor ihm sich aufthat. – Es fiel mir lange nicht ein, ein Wort zu sprechen, und, da es mir einfiel, lies es meine Verwirrung nicht zu.

Man sprach endlich auch von so manchen Wundern griechischer Freundschaft, von Achill und Patroklus, von der Cohorte der Thebaner, von der Phalanx der Sparter, von Dion und Plato, von all' den Liebenden und Geliebten, die auf und untergiengen in der Welt, unzertrennlich, wie die brüderlichen Gestirne.

Da wacht' ich auf. Solche Herrlichkeit zernichtet uns Arme! rief ich; freilich waren es goldne Tage, wo man die Waffen tauschte und sich liebte bis zum Tode, wo man unsterbliche Kinder zeugte in der Begeisterung der Liebe, Thaten und Gesänge und ewige Gedanken, ach! wo der Aegyptische Priester dem Solon noch vorwarf, ihr Griechen seid allzeit Jünglinge! wir sind nun doch Greise bei all' unsrem leichten Sinne! – Es ist alles so anders geworden. Man lebt bequem, und hat daran genug. Der Mensch bedarf des Menschen nicht mehr; er braucht nur Hände und Arme, zu seinem Dienste.

So spricht mein Vater auch, versezte Diotima, und ihr Auge verweilte ernster an mir.

Nun kann ichs ihm nicht länger vorenthalten! rief die Mutter; spricht dein Vater auch so, Diotima? Ich glaub' es wohl. Wißt ihr auch, ihr guten Kinder, daß ihr aus einer Quelle geschöpft habt? Der fremde Mann, Hyperion, mit dem ich so oft dich lustwandeln sah, und dich an so manches Steinchen stoßen, weil du kein Auge von ihm wandtest, dem du so oft nachweintest am Meere draußen, als er fort war, wie du mir selbst gestandst, der ist Diotimas Vater.

Tausend Herzensgrüße von ihm! rief Diotima freudig – ich hab' auch etwas mitgebracht; die böse Mutter hätt' es wohl eher sagen können, sezte sie lächelnd hinzu, und eilte hinein in's Haus.

O ihr Lieben! rief ich außer mir vor Freude, und faßte die Hände Notaras und seiner Mutter. Nun seh' ich erst, wie herzlich gut du dem Manne bist, versezte die Mutter. Ja wohl bin ich ihm herzlich gut, erwiedert' ich etwas betroffen, denn ich fühlte wohl, daß meine Freude nicht ihm allein galt.

Izt kam Diotima zurük, und brachte mir zwei goldne Münzen. Auf einer stand Minerva mit der Aegide, und warf die Lanze, und eine Palme sproßte zu ihren Füßen; die andre mit dem Apollonskopfe gab mir Diotima mit dem Zusaze, ich möchte dabei an Delos und den Cynthus denken.

Sie erzählte mir noch viel von ihrem Vater und wie er oft von mir gesprochen habe; wir sprachen auch noch manches im Allgemeinen.

Wie ich sie da verstand! und wie sie das freute! wie ein zufällig Wörtchen von ihr eine Welt von Gedanken in mir hervorrief! sie war wirklich ein Triumph des jugendlichen Geistes, die stille Vereinigung unsers Denkens und Dichtens, und ich erfuhr zum erstenmale ganz, wie die Freude begeistern kann.

Kinder! es wird spät! fiel endlich die Mutter ein, und Hyperion kann uns immer Dank sagen für diesen Abend. Leer ist er nicht ausgegangen.

Sie giengen hinein. Ich stürzte fort in rasender Freude, schalt und lachte über den Kleinmuth meines Herzens in den vergangnen Tagen, und der stolze Knabe konnte gar nicht begreifen, wie es möglich gewesen wäre, so ein ärmlich Wesen zu seyn.

Wunderbar war mir's zu Muth, als ich in mein Zimmer trat. Es war mir alles so fremd geworden. Jedes Geräthe schien mir etwas trauriges an sich zu haben und ich war doch so seelig. Auch ihr mußtet es entgelten, ihr Armen! sagt' ich vor mich hin in meines Herzens Trunkenheit, als ich vor die offnen Fenster trat, und meine verwilderten und halbverwelkten Blumen sah, nahm das Wassergefäß und begoß sie lächelnd. Ich brachte die Nacht unter dem Fenster zu. Es waren zauberische Stunden. Aus goldnen Träumen, wo an ein Wörtchen von ihr meine ganze Seele sich hieng, um es hundertfach zu deuten, und über ihrem Bilde mir jedes Daseyn schwand, wekte mich das Wehen der Nachtluft um meine glühende Wange; die stille Natur schien mir das Fest meines Herzens mitzufeiern; die Sterne blikten freundlicher durch die Zweige; lieblicher duftete der Othem der Blüthen. Ich schlummert endlich stehend ein, süßberauscht, wie von holden Melodien eingewiegt. –

Bald spielte, wie eines Freundes warme Hand, das kommende Tageslicht um meine Stirne, und ich lächelt' empor. Es war ein seeliger Morgengruß, den izt mein Herz dem Himmel und der schönen Erde brachte. Himmel und Erde schienen mir neugeboren, wie ich es war.

Ich gieng hinaus zu meinen alten Lieblingspläzen. Die längstvergangnen Stunden, die Stunden des Erwachens, wo der Knabe dasaß in dunklem Sehnen, und nicht wußte, was es war, als die Fittige der jungen Seele sich regten, wo zum erstenmale tieferathmend die Brust sich hob, und das Auge nun nicht mehr so gerne verweilte an dem, was nahe war, und lieber nach der blauen geheimnißvollen Ferne sich richtete, die ahndungsvollen Stunden des Erwachens dämmerten wieder auf in mir. Damals, dacht' ich, weissagtest du dir diesen Frühling! o damals sahst du hinaus in die beßre Welt, die dich izt umgiebt!

Ich dünkte mir nun so reich und stark. Mein Innerstes war so befriedigt. Es gab für mich in der Welt nichts feindliches mehr. Meine Insel hatt' ich nun auch recht lieb gewonnen. Mit innigem Wohlgefallen sah ich hinab auf ihre grünen Ufer, wo die Wellchen unschädlich um die Myrthengebüsche spielten, und wie das friedliche San-nicolo mit seinen Blüthenwäldern aus dem Morgendufte sein röthlich Haupt erhub, und die Fenster an Notaras Hauße glühten, und der Rauch aufstieg von seinem Heerde; bald sah ich, wie die Thüre sich öffnete, die in den Garten führte, und Diotima die Marmortreppen hinuntergieng; ich erkannte sie an der hohen schlanken Gestalt, und dem purpurnen Oberkleide, das um den weißen Leibrok flog. Wie mein Auge an diesen Farben sich waidete! Es ist nichts, was sich nicht in der Nähe eines solchen Geschöpfs beseelte, für einen Sinn, wie der meinige war. Nach einer Weile

[Lücke von vmtl. zwei Manuskriptseiten]

D

Notara begleitete sie und die Mutter war im Hauße beschäfftiget. Diotima gieng allein umher unter den Blumen. Es schien ihr etwas widerfahren zu seyn. Der Schmerz auf ihren Lippen gieng mir durch die Seele, so mild er schien. Wir giengen eine Weile schweigend auf und nieder.

Mich verfolgt ein bittrer Gedanke, rief sie endlich, ich wag' es kaum, ihn zu sagen, und kann doch von ihm nicht ablassen. Schon manchmal hat er sich mir aufgedrungen, auch heute wieder. Ist es dann wahr – je mehr Menschen, je weniger Freude? – O wie oft ich das fühlen mußte! rief ich, wie oft – es ist unbegreiflich, wie man des Zusammenlaufens nicht müde wird! – Als wüßtest du nicht, erwiederte Diotima, daß der bunteste Wechsel diesen Menschen das Beste dünkt, und diesen finden sie doch untereinander – ihr bunter uneiniger Wechsel, fuhr ich fort, der ist gerade die wahre Gestalt des Übels; ich mag es nicht nachempfinden, wie er mich oft verwirrte, und verzerrte, wie in dem Kriege, den man unter der Larve des Friedens führt, wo man immer das, woran das eigne Herz hängt, vor fremden Pfeilen sichern, wo man so ängstlich jede unschuldige Blöße verhüllen muß, wo der andere bei aller Ruh' und Freundlichkeit, die er zeigt, doch mistrauisch jede Bewegung belauert, ob sie nicht für Feindesanfall gelte, wie in diesem kleinen schlechten Kriege die Kräfte so heillos zu Grunde gehn; nein! es ist eine unerhörte Ungereimtheit! sie bieten allem auf, um zusammenzuseyn, und dann, wann sie zusammen sind, strengen sie mit aller erdenklichen Mühe sich an, um einsam zu seyn im eigentlichen Sinne, sie öffnen die Thüre und verschließen ihr Herz – dem Himmel sei Dank, daß ich los bin!

Das betrübt mich eben, daß es räthlicher scheint, für sich zu leben, fuhr Diotima fort; ich trage ein Bild der Geselligkeit in der Seele; guter Gott! wie viel schöner ists nach diesem Bilde, zusammen zu seyn, als einsam! Wenn man nur solcher Dinge sich freute, denk' ich oft, nur solcher, die jedem Menschenherzen lieb und teuer sind, wenn das Heilige, das in allen ist, sich mittheilte durch Rede und Bild und Gesang, wenn in Einer Wahrheit sich alle Gemüther vereinigten, in Einer Schönheit sich alle wiedererkennten, ach! wenn man so Hand in Hand hinaneilte in die Arme des Unendlichen –

O Diotima, rief ich, wenn ich wüßte, wo sie wäre, diese göttliche Gemeinde, noch heute wollt' ich den Wanderstab ergreifen, mit Adlerseile wollt' ich mich flüchten in die Heimath unsers Herzens!

Oft leb' ich unter ihr im Geiste, fuhr Diotima fort, und mir ist, als wär' ich ferne in einer andern Welt, und ich entbehre der gegenwärtigen so leicht; – wir singen andre Lieder, wir feiern neue Feste, die Feste der Heiligen in allen Zeiten und Orten, der Heroen des Morgen- und Abendlands; da wählt jedes einen aus, der seinem Herzen, seinem Leben am nächsten ist, und nennt ihn, und der herrliche Todte tritt mitten unter uns in der Glorie seiner Thaten, auch wer, geschäftig am stillen Heerde, mit reinem Sinne das seine that, wird nie von uns vergessen, und Kronen blühn für jede Tugend; und wenn auf unsern Wiesen die goldne Blume glänzt, in seiner bläulichen Blüthe das Aehrenfeld uns umrauscht, und am heißen Berge die Traube schwillt, dann freun wir uns der lieben Erde, daß sie noch immer ihr friedlich schönes Leben lebt, und die sie bauen, singen von ihr, wie von einer freundlichen Gespielin; auch sie lieben wir alle, die Ewigjugendliche, die Mutter des Frühlings, willkommen, herrliche Schwester! rufen wir aus der Fülle unsers Herzens, wenn sie herauf kömmt zu unsern Freuden, die Geliebte, die Sonne des Himmels; doch ists nicht möglich, ihrer allein zu denken! Der Aether, der uns umfängt, ist er nicht das Ebenbild unsers Geistes, der reine, unsterbliche? und der Geist des Wassers, wenn er unsern Jünglingen in der heiligen Wooge begegnet, spielt er nicht die Melodie ihres Herzens? Er ist ja wohl eines Festes werth, der seelige Friede mit allem, was da ist! – Den Einen, dem wir huldigen, nennen wir nicht; ob er gleich uns nah ist, wie wir uns selbst sind, wir sprechen ihn nicht aus. Ihn feiert kein Tag; kein Tempel ist ihm angemessen; der Einklang unserer Geister, und ihr unendlich Wachstum feiert ihn allein.

Es ist mir unmöglich, die Begeisterung des heiligen Mädchens nachzusprechen. O schone dich, Diotima, schone dich und mich, rief ich endlich, da sie mit so gränzenloser Liebe sich in ihre bessere Welt verlor, wer will es aushalten, nach solchen Stunden, in der Armseeligkeit, in die man zurükmuß? Aber du bist glüklich, du fühlst die Gegenwart nur selten, hast sie nie gefühlt, wie ich es mußte – Ach! sie sind doch Menschen, fuhr Diotima fort, die Armen, die sich vor uns müde ringen, und abkümmern, ohne daß sie wissen worüber? weil ihnen das Eine, was noth ist, nicht erscheint, da möchte man so gerne helfen – Wie gerne, rief ich, möcht' ich es ihnen gönnen, daß sie lebten, wie du! –

Guter Hyperion! unterbrach sie mich mit ihrer stillen Herzlichkeit, und ihr großes Auge glänzte von freundlichen Thränen. Mir gieng ein Himmel auf in diesen Worten. Es war mir ohnediß schon lange eine Quaal gewesen, so ruhig vor ihr zu bleiben. O Schwester meines Herzens! rief ich, mir hast du den Frieden gegeben! erhalt ihn mir, um dieser Stunde willen! ich lebe dein Leben durch dich – o deinen Himmel, Diotima, fuhr ich fort, da sie mich unterbrechen wollte, ich hab' ihn umsonst gesucht auf dem dürren Felde des Lebens, ich war so lange ohne Heimath; ach! es war die Nacht vor dem erfreulichen Tage; ich seh' es nun, wir sterben nur, um neu zu leben, ich war hingewelkt vor der Zeit, nun kömmt mir ein ewiger Frühling, ich fühl es, hier ist unsterbliche Jugend, hier, wo du bist! – Stille, stille, jugendlicher Geist! rief Diotima.

Ich war, indeß sie es sprach, selbst über mich erschroken. Es schwebte mir noch manches warme Wort auf der Zunge; ich verschwieg es, aber bei jedem ward ich bestürzter. Ich war stille, aber ich fühlte nur um so brennender, wie ich an ihr hieng. Sonst war ich ruhiger von ihr gegangen als heute. Ich wollte noch an demselben Abend zurük, aus mancherlei Gründen, die ich mir einredete, aber ich hatte kaum drei Schritte gewagt, so verwies ich es mir. Mit quälender Ungedult erwartet' ich den andern Tag. Tausend Dinge wollt' ich ihr sagen. Ich stand im Geiste vor ihr, faßte ihre Hände zum erstenmale, und drükte sie so mit Zittern an meine Stirne. Wenn Diotima nicht wäre, dacht' ich, und es war mir, als fühlt' ich Zernichtung.

Ich erschrak über diese Heftigkeit; ich hielt mir die schönen Tage vor, wo ich freier und stiller um Diotima lebte, ich suchte, ihre zarten Melodien in mein Herz zurükzurufen, aber die Unruhe blieb, und ich ward nur um so verwirrter, je mehr ich mein unbändiges Herz mit Vorstellungen plagte. – Es war mir unerklärlich, daß ich gerade heute so seyn sollte.

Ich wußte mir nicht zu helfen, wie ich des andern Tages vor sie trat. Sie schien mir so fremd, so unbekümmert um mich. Sie war auch meist abwesend mit der Mutter, bei häuslichen Geschäfften. Sie wollten mit Diotima die Insel ein wenig durchwandern, sagte mir die Mutter, es würde dem lieben Mädchen doch Freude machen, das schöne Land zu sehn, und so hätte sie jezt noch manches zu besorgen, weil sie einige Tage ausbleiben würden.

Es war gut, daß sie meine Antwort nicht abwartete, und wieder hinauseilte. So schnell hätt' ich ihr nichts darauf zu sagen gewußt.

Und morgen schon wird die Reise vor sich gehn? fragt' ich die Mutter, als sie wieder hereintrat, wohl auch sehr frühe? Vor Tagesanbruch! versezte sie; wir wollen möglichst in der Kühle reisen. – Die Seeluft mildert zwar die Hize ziemlich, erwiedert' ich, doch ist der Morgen freilich lieblicher. Und wann werdet ihr zurükkommen?

In sechs Tagen würden die Ältesten gewählt, versezte sie, da möchte sie doch wieder in San-nicolo seyn. Es wäre schön, wenn ich entgegenkäme.

Wie doch das unerfahrne Herz so klug ist, wenn es liebt! Beredtsamkeit war sicher meine Tugend nie gewesen, und heut' am wenigsten. Jezt, da Diotima wieder gegenwärtig war, konnt ich gar kein Ende finden in meinen Schilderungen von dem Wege, den sie zu machen gedachte. In meinem Leben mahlt' ich nie lebendiger. Nicht eine der lieblichen und großen Stellen lies ich unbemerkt, die sie unterweges finden würde. Alles erfreuliche, was ihr begegnen konnte, sucht' ich an mich anzuknüpfen. Bei jedem Reize der herrlichen Insel sollte Diotima mein gedenken. –

Ich hatte keine Ruhe die Nacht über. Die Sterne leuchteten noch am Himmel, als ich hinausgieng. Ich lagerte mich unter dunkeln Platanen an einem Hügel, der nicht sehr ferne von der Straße lag. Mancherlei bewegte sich mir in der Seele. Auch meine trüben Tage, ehe ich Diotima gefunden hatte, erschienen mir wieder. Der Mensch kann manches tragen, dacht' ich. Die Freude gehet über ihm auf und unter. Aber er wandert doch auch in der Nacht seinen Weg so hin. Ist er nur einmal vertraut damit geworden, so wird ihm auch das Unerträgliche leidlich. Nur muß er nicht zurüksehn, auf das, was er verlor. Ein Tropfe aus der Schaale der Vergessenheit, das ist alles, was er bedarf!

Ich hatte einige Tage zuvor einen alten Schiffer gesprochen, der im Gefechte mit den Korsaren den rechten Arm verloren hatte, auch sonst zur Fahrt zu schwach geworden war. Der hatte mir erzählt, wie er anfangs jedesmal hinausgegangen sei an den Hafen, wenn ein Schiff ausgelauffen sei, oder wiedergekommen, wie er sich immer da der alten Zeiten erinnert habe, wo ihm der Vater noch seinen Seegen mitgegeben hätte auf die Fahrt, und wie er dann mit klopfendem Herzen hinausgewandert wäre aufs herrliche Meer, wie ihm ein frischer Trunk vom Brunnen das Herz erfreuet hätte bei einer Landung, oder der blaue Himmel nach einer stürmischen Nacht, und dann bei glüklicher Rükkunft der Grus seines Alten – das wär ihm immer eingefallen, wenn er draußen am Hafen hätte Schiffe gehn und kommen gesehn, und ihm hätte oft vor Sehnsucht das Herz geblutet, und er hätte oft geweint in seinen alten Tagen, wie ein Kind, wenn er wieder in seine Hütte geschlichen wäre mit seinem Einen Arme, aber seitdem ihn seine Füße nicht mehr tragen wollten, und er nicht mehr ans Meer hinaus käme, und nicht mehr so oft seiner Jugend gedächte, trag' er sein Schiksaal geduldiger. So ist der Mensch, dacht' ich, ist nur erst die Freude recht ferne, so hält er dem Kummer stille, und hilft sich, so gut er kann.

Der erwachende Morgen wekte mich aus meinen Gedanken. Es schien mir sonderbar, daß ich darauf gekommen war.

Jezt sah ich unten auf der Straße die lieben Reisenden herankommen. Ich raffte schnell mich auf und wollte hinab. Aber ich dachte, es möchte doch wohl auffallen, und so blieb ich. Ich hörte, wie sie sangen. Siehst du, wie entbehrlich du bei ihrer Freude bist, sagt' ich mir, und mir war es doch, als könnt' ich eher die Luft, die ich athmete, vermissen, als Diotima. Nun war mir der Gesang allmälig verhallt, auch die dunkeln Gestalten, die mein Auge, so lang es konnte, verschlang, waren verschwunden. Ich lauschte noch eine Weile und blikte da hinaus, wo ich sie verloren hatte; aber ich hörte nur das tropfende Wasser in den Rizen des Hügels; kein menschliches Geschöpf zeigte sich in der ganzen Streke, wohin ich sah. Lebe wohl, Diotima! Herrliche! Gute! rief ich endlich und kehrte nach Hauße.

Ich geleitete sie im Geiste; ich belauschte ihr Auge, wie es hinaussah in die schöne Welt; jezt ist sie wohl in dem Thale, dacht' ich, wo die lieblichen Gruppen von Ulmen und Pappeln stehn, wovon du ihr sagtest; da denkt sie vieleicht, du hättest nicht uneben geweissagt, und sagt den andern, sie möchte dir wohl gönnen, daß du auch da wärst, und deine Freude hättest. – Aber entbehren kann sie dich doch gar leicht! du sahst es ja! Das dacht' ich auch, doch zürnt' ich mir dabei, und schlug mir's aus dem Sinne, weil es klein und eigennüzig wäre, daß ich wünschen könnte, sie sollte nicht fröhlich seyn, wann ich gerade mich nicht freuen könnte.

Mit meiner ganzen Liebe hieng ich an der Stunde, wo ich sie wiedersehen sollte. Es war ein fröhliches Gewebe von Hoffnungen, womit ich das Herz mir schwaigte, und war ich damit zu Ende, so löst' ich's wieder auf, es lieblicher zu erneuern.

Mit süßem Zauber wehten mir, wie Boten der Holdin, die Lüfte des Himmels vom Thal entgegen, wo ich ihrer wartete. Blüthenfloken umtanzten mich, und Nachtigallen schlugen unter den Rosen am Wege. Sonst war es stille ringsumher; ich konnte jeden Laut vernehmen, der von ferne kam.

Izt wanderte mir ein freundlicher Pilger vorüber. Ob er nicht auf seinem Wege Reisenden begegnet wäre, fragt ich ihn. Er hätte Reisende gesehn in einem Haine, erwiederte der Pilger, sie hätten dort sich vor dem Mittagsstrale unter die Ulmen geflüchtet; ein holdes Mädchen hätte Nahmen in die Bäume geschnitten. Ich wünscht' ihm herzlich für seine frohen Worte frohe Wandertage und eilte fort. Jezt, wo das Thal sich öffnete, sah ich hinaus; da kamen sie!

Diotima warf den Schleier zurük, und nikt' und lächelte mir entgegen, und ich flog hinan. Da bot sie traulich mir die Hand; ich mußt' ihr geschwind erzählen, wie ich jeden Tag indeß gelebt; ich sagt ihr, daß ich früh am Tage, wo sie abgereist, den Hügel bei San-nicolo besucht, und sie von da gesehen hätt' und gehört, daß ich indeß ihre Harfe gestimmt, und den Gesang gelernt, den sie am Abend, da ich sie zum erstenmale begrüßte, gesungen hätte, daß ich oft nach ihren liebsten Blumen in Notaras Garten gesehn, und ihrer gepflegt; auch hätt' ich aus dem seltnen Buche, das ein Fremder mir geliehn, die Blätter für sie abgeschrieben, die am meisten sie vergnügten – so warst du ja recht fleißig, sagte Diotima, fuhr dann fort, wie sie meinen Sinn geahndet hätte in jeder Stelle der Insel, die ich ihr beschrieben, wie man so ganz zusammentreffen könne in einem Urteil, einer Freude, gerade da, wo die andern so selten einig wären; man hätt' auch einmal von Delos gesprochen, da hätte sie den Knaben Hyperion vor sich gesehn, wie er mit ihrem Vater so fromm umhergegangen wäre unter den heiligen Ruinen, wie er staunend oben auf dem Cynthus gestanden, und schweigend mit dem Auge nur gefragt; sie hätte dann so herzlich gewünscht, daß sie damals auch mit uns umhergewandert wäre; sie wäre zwar ein unverständig Kind gewesen, doch hätte sie gewiß auch etwas geahndet, weil der Vater so ernst gewesen wäre, und der kleine Gespiele – so und anders dacht ich mir Diotimas Empfang, und war seelig in meinen kindischen Träumen.

Sechstes Kapitel.

Es wäre gut, wenn die Hoffnung etwas seltner wäre im Gemüthe des Menschen. Er waffnete sich dann zu rechter Zeit gegen die Zukunft.

Der Abend war nun wirklich da, wo ich sie wiedersehen sollte. Ich war auch kaum hinausgegangen, so ward ich die Reisenden in einiger Entfernung gewahr. Diotima grüßte mich auch freundlich, aber die Diotima, von der ich geträumt hatte, war sie doch nicht. Ihr reiner immerthätiger Geist äußerte sich gegen mich, wie zuvor; aber es ward mir schwerer, als sonst, auf sie zu merken; ich war zerstreut, und hört' oft Augenblike lang kein Wort von allem, was sie sprach, und wenn ich lauschte, so war es, weil das arme Wesen trachtete, für seine sterblichen Wünsche ein erfreulich Wörtchen zu erhaschen. Oft, wenn sie während ihrer Rede meinen Nahmen nannte, war ich plözlich mit meiner ganzen Seele gegenwärtig; aber mit Schmerzen fühlt' ich bald, daß ihr Geist nur einen Augenblik mir nahe gewesen war.

Ich ahndete nun allmälig trübe Tage. Es war jezt oft, als warnte mich etwas, als gieng' ich nicht auf rechtem Wege.

Sie war das einzige, woran mein Leben sich erhielt, mein Herz hatte sich nach und nach so gewöhnt, daß auch nicht der Schatte in mir war von einer Hoffnung, die ohne sie bestanden wäre, und sie schien sich doch mit jedem Tage mehr von mir zu entfernen. Ich fühlte den sterbenden Frühling meines Herzens. Der milde Himmel, der es umfangen hatte, und genährt, die stille Seeligkeit, die ich gefunden hatte im sorglosen Anschaun der Grazie und Hoheit dieses seltnen Wesens, verschwand mit jedem Tage merklicher. Mit Todesangst konnt' ich izt jede Miene und jeden Laut von ihr befragen, ob sie mich verlassen würde; ihr Auge mochte gen Himmel sich wenden, oder zur Erde, ich folgt' ihm, als wollte mir mein Leben entfliehn. Ich muß es nur geradezu sagen, ich war oft ärgerlich über alles Gute und Wahre, wovon sie sprach, weil sie mich darüber zu vergessen schien. O es ist mir sehr begreiflich geworden, wie der Mensch dahin gerathen kann, daß er das beste, was wir haben, das edle freie Leben des Geistes zu morden strebt in dem Wesen, woran sein Herz hängt. Es geht mir durch die Seele, wenn ich mir die guten Kinder denke, die sich das Mein! und Dein! so unbedingt, mit solcher Entzükung sagen. Der Misverstand ist so leicht. Und weh ihnen, wenn sie sich misverstehn!

So lang ich bei ihr war, und ihr begeisterndes Wesen mich emporhub über alle Armuth der Menschen, vergaß ich oft auch die Sorgen und Wünsche meines dürftigen Herzens. Aber das dauerte nicht lange. So wie ich zu mir selbst kam, begann auch wieder meine Noth, und je höher und heller ihr Geist über mir leuchtete, um so brennender fühlt' ich meinen Jammer. Aber tief in mein Innerstes begrub ich ihn. Es gieng mir, wie den Menschen, denen die Flamme ihre Kammern verzehrt, und die nicht um Hülfe rufen mögen, aus Schaam und Scheue vor andern. Keine Stelle war mir sicher genug, um mich der Klage meines Herzens zu entlasten. Ich erinnere mich nicht eines Worts, das ich über meinen Gram gesprochen hätte. Ich sah auch nicht, was es mir fruchten könnte, irgend ein Wesen um Hülfe anzusprechen; ich hatte ja schon einmal Trost in der Welt gesucht, und war ärmer zurükgekommen.

Ich verzehrte mich in verworrenem gewaltsamem Ringen nach ihr, und mein Wesen mattete sich um so schröklicher ab, je mehr ich meine glühenden Wünsche verbarg.

So kam ich eines Tags zu Diotima. Ich war nicht lange da, so fieng sie an; es hätte jemand einen Dank von ihr zu fordern, es wär' ihr gestern eingefallen, daß sie ihrer Harfe so ganz vergäße, sie hätte sie hervorgehohlt, ihren Misklang, so gut sie könnte, zu mildern, und sie ganz wohllautend gefunden.

Der Himmel weis, wie viel ich mir unter dem versprochenen Danke dachte.

Ich hätte sie gestimmt, rief ich, und wußte mir kaum zu helfen in meiner Freude, ich hätte nichts besseres zu thun gewußt für meine Freundin, so lange sie verreist gewesen wäre. Auch fiele mir eben ein, daß ich damals einiges für sie abgeschrieben hätte; ich wüßte nicht, wie es gekommen wäre, daß ich nicht eher daran gedacht hätte – ich lief sogleich fort, die Papiere zu hohlen; ich konnte kaum sie finden in meiner freudigen Eile; o einen Dank von dir, herrliches Wesen! rief ich, und seegnete mit Thränen meine Schmerzenstage, um meiner neuen Hoffnung willen!

Sie bat mich, wie ich zurük war, ihr das geschriebne vorzulesen, freute sich innig über die goldnen Stellen, und sprach darüber ungewöhnlich heiter und lebendig. Anfangs, so lange noch die süße Erwartung sich in mir regte, stimmt' ich mit allem Feuer des seeligen Herzens in ihre frohen Töne ein, doch wie sie endlich so lange mit dem Danke zögerte, da verstummt ich freilich; es war etwas in meiner Betrübniß, wovon bisher keine Spur in mir erschienen war; ich möchte fast sagen, es sei Bitterkeit gewesen.

Mit einer sonderbaren Gelassenheit schied ich, als ich endlich zu gehen genötigt war. Ich hörte kaum darauf, als sie mir noch nachrief, ich danke dir, Hyperion!

Ich kam nun immer seltner hin; blieb endlich ganz weg. Eine Todtenstille, die ich kaum an mir begreife, war allmälig über mich gekommen. Ich lebte so hin, mit halbem Bewußtseyn, ich suchte nichts mehr, ich half mir fort von einem Tage zum andern so gut ich konnte; ich achtete nichts, war mir selbst nichts mehr, trachtete auch nicht, andern etwas zu seyn.

Um diese Zeit begegnete mir, da ich so in meiner Finsterniß draußen herumirrte, Notara mit seiner Mutter und einigen andern. Er beschwerte sich über meine Eingezogenheit; ich sagt' ihm, daß ich sein Haus nicht hätte mit der bösen Laune plagen mögen, die mich seit einiger Zeit heimgesucht hätte, und wagt' es zu fragen, wo dann Diotima wäre? – Sie sei zu Hauße, rief die Mutter, die fromme Tochter schreibe an ihren Vater.

Es war traurig, wie die unschuldigen Worte mich aus meiner Dumpfheit wekten. Jezt must du hin! rief es augenbliklich in mir, und Feuer und Schreken wechselten in meinem verwilderten Herzen. Zitternd, gedankenlos gieng ich vorüber an ihrem Fenster – nein! nein! du gehest nicht hinauf, dacht ich und taumelte fort nach Hauße, und schloß die Thüre ab. Aber wo ich hinsah, war ihr Bild, und alle die freundlichen Worte, die ich einst gehört hatte von ihr, umtönten mich. – Was willst du von mir, rief ich vor mich hin, was störst du meine Ruhe? – Ich war, wie ein zürnender Geist, den die Stimme des Beschwörers aus seinem Grabe zwang. Verzeih es mir die Gute! ich fluchte der Stunde, wo ich sie fand, und rast' im Geiste gegen das himmlische Geschöpf, daß es mich nur darum in's Leben gewekt hätte, um mich wieder niederzudrüken mit seinem Stolze. Wie eine lange entsezliche Wüste lag die Vergangenheit da vor mir, und wütend vertilgt' ich jeden Rest von dem, was einst mein Herz gelabt hatte und erhoben. Ich muß dir danken, dacht' ich, ich bettelte vor deiner Thüre, und du nährtest mich mit Brosamen. Wer will es dir verargen, daß du das Beste für dich behieltst? Was solltest du auch dich an ein Geschöpf verschwenden, das kaum des Rettens werth war? Nein! du hast keine Schuld auf dir. Ich war ja zertrümmert, zertreten von den andern, eh' ich zu dir kam. Da war nichts mehr zu verderben, nichts mehr gut zu machen! – Aber es ist doch wahrlich auch ein grausames Erbarmen, das Wesen, das der langen Ruhe schon nah ist, mit einer Balsamtropfe zu weken, daß es zwiefach stirbt! – Ich danke nun dafür; ich wollte, du hättest dich nie bemüht. Nein! sie hat nicht gut an mir gehandelt. Sie ist, wie alle. Die andern begannen, und sie hat's vollendet – meisterlich! – Ich erschrak endlich doch über meine Lästerungen. Die reinen Melodien ihres Herzens, die sie mir oft auf Augenblike mitgetheilt hatte durch Red' und Miene, daß mir's ward, als wandelt' ich wieder im verlassenen Paradiese der Kindheit, ihre fromme Scheue, nichts zu entweihen durch übermüthigen Scherz oder Ernst, wenn es nur ferne verwandt war mit Schönem und Gutem, ihre absichtlose Güte, ihr Geist mit seinen hohen Idealen, woran ihre stille Liebe so einzig hieng, daß sie nichts suchte, und nichts fürchtete in der Welt, alle die lieben seelenvollen Abende, die ich zugebracht hatte mit ihr, jeder Reiz ihrer Bewegung, die, wo sie stand und gieng, nur sie – das edle, unbefangne, stille Gemüth – bezeichnete, das alles und mehr, ihr ganzes himmlisches Wesen, gieng wieder auf mir, wie der Boge des Friedens nach Gewittern. – Und dieser Einzigen zürnst du? sagt' ich mir; und warum? weil sie nicht verarmt ist, wie du, weil sie den Himmel noch im Herzen trägt, nicht eines andern Wesens, nicht fremden Reichtums bedarf, um die verödete Stelle auszufüllen, weil sie nicht unterzugehen fürchten kann, wie du, um sich mit dieser Todesangst an ein andres zu hängen; ach! gerade das göttlichste an ihr, diese Ruhe, diese himmlische Genügsamkeit hast du gelästert, die Unschuld hast du um ihr Paradies beneidet; und mit einem so zerrütteten Geschöpfe sollte sie sich befassen? muß sie dich nicht fliehen? o warnt, ihr guten Geister! warnt sie vor diesem Gefallenen! –

Ich hätte nun gerne alle Last des Lebens über mich genommen, um mein Unrecht gut zu machen. Nun war es mir nicht mehr um mich zu thun. Ich hätte nun keinen Dank begehrt, für die Tugend eines Halbgotts! Ich wollte nun ganz werden, wie sie, um ihretwillen! um ihr mit tausendfacher Freude zu vergüten, was ich ihr zu Laide gethan!

Ich wollte mich überhaupt einmal herausarbeiten aus meiner Nichtigkeit. Ich sah mit Begeisterung hinaus auf mein künftig Leben. Es war mir, als hätte schon izt ein heilig Feuer mich geläutert, und meine Schlaken weggetilgt auf ewig. O Diotima! Diotima! rief ich, wenn ich einst vor dir stehe, wie ein neuer Mensch, im Siegsgefühle, wenn es da ist, was ich einst als Knabe träumte – und es muß kommen, es muß, so wahr ein göttlich Wesen des Menschen Brust bewegt! – wenn du dann in deiner reinen Freude mich begrüßest, und denkst, es hätte doch ein guter Funke geschlummert in dem ärmlichen Geschöpfe – dann will ich dir ganz bekennen, wie klein, wie arm ich war, und du wirst nicht zürnen, daß der Schmerz zum Manne mich schmiedete.

Ich glaubte, nun endlich auf dem rechten Wege zu seyn. Ich war es nicht. Indeß brachte mich doch dieser neue Stoß wieder in's Leben. Ich war doch aus der trägen Resignation heraus, wo man nichts mehr will, und nichts mehr achtet, aus der Todtenruhe, die bei allem Scheine von Weisheit, womit sie von den Faigen geprediget wird, gewis das nichtswürdigste ist, worein der Mensch gerathen kann. Entschuldige sich keiner, ihn habe die Welt gemordet! Er selbst ists, der sich mordete! in jedem Falle! –

Nun erst fiel mir Diotimas Vater wieder ein. Ich schrieb ihm: Du hast meiner gedacht, edler Geist! ich denke deiner, jezt,

[Fortsetzung nicht überliefert]

VI
Segmente einer vorletzten Fassung

Die vier Segmente einer Fassung, in der Hölderlin wieder zur Briefform der ersten drei Stufen zurückkehrt, sind vermutlich im Herbst 1795 in Nürtingen entstanden. Dies folgt fast zwingend aus der Mitwirkung des Bruders, von dessen Hand das Segment VI*B* überliefert ist. Sowohl seine als auch Hölderlins Reinschrift ist mit Lagenziffern versehen, aus denen sich der frühere Umfang und das Ausmaß der Lücken errechnen läßt: zwischen der *Vorrede* bis zum Doppelblatt des Bruders fehlen 98 Seiten; bis zur unvollständigen 18. Lage hätte das immer noch unvollständige Konvolut schon 144 Druckseiten umfaßt. Ein Vergleich mit dem Inhalt der gekürzten Druckfassung zeigt, daß damit die von Schiller angekündigten *12 Bogen* des ersten Teils (20) weit überschritten waren. Überdies scheint Hölderlin das doppelte Honorar – 100 Gulden je Band – erwartet zu haben. Das offenkundig gewordene Mißverständnis hierüber dürfte Cotta zur Verzögerung des Drucks bewogen haben. Der Zusammenhang zwischen Gocks Reinschrift und den von Hölderlin geschriebenen Segmenten ergibt sich aus der Kongruenz zur Druckfassung. Auch dort folgt auf das Zerwürfnis mit Alabanda (hier noch Adamas) die Abreise aus Smyrna, Mißmut auf Tina und im Frühling die Begegnung mit Diotima. Aufgegeben wurde das Gespräch mit dem Diener (*C*:43f.), das deutlich genug auf den Smyrner Vorfall anspielt, sowie die aus V übernommene Abkehr von Notaras Gesellschaft. Dieser Eklat ist nicht als bloße Verdoppelung der *Adamas*-Szene zu lesen; die Vereinsamung des Helden wird vielmehr mit phänomenologischer Vollständigkeit nachgezeichnet. Bei Adamas/Alabanda und seinem Bund war es ein usurpatorischer, bei Notara und seinesgleichen ein inferiorer Anspruch, der Hyperion abstieß. Hölderlin ist also, nach seiner Ankunft in Nürtingen zur anfänglichen Konzeption des Romans zurückgekehrt. Die *Vorrede* verteidigt das Stilprinzip der kühneren Anordnung von Stoff und Idee gegen das triviale Muster des *Berichterstatters*. Das Konvolut muß noch vor Hölderlins Abreise aus Nürtingen an den Verlag gegangen sein, denn schon am 11. Februar erkundigt er sich bei seinem Bruder nach dem Roman (28). Doch erst im Mai erfährt der Dichter, daß er das Ganze zu kürzen, womöglich in einen Band zusammenzudrängen habe. Auf Hölderlins zustimmender Antwort (29) ist auch der weitere Postgang vermerkt: *Hoelderlin 15. Mai 1796/ 19. – 28. Nürtingen.* Demnach wurde die zurückerbetene Druckvorlage nicht direkt nach Frankfurt expediert. Wichtig ist diese Feststellung, weil Hölderlin das veränderte Manuskript in *einigen Wochen* zurückschicken wollte. Ein Vorhaben, das der Krieg verhinderte. Schon am 10. Juli floh Susette Gontard mit den Kindern und ihren Erziehern aus dem bedrohten Frankfurt nach Kassel.

VI
Segmente einer vorletzten Fassung; Reinschrift.
A
Vorrede.

Vorrede.

Eine Zeile Zwischenraum.

Von früher Jugend an lebt' ich lieber, als sonstwo, auf den
Küsten von Jonien und Attika und den schönen Inseln
des Archipelagus, und es gehörte unter meine liebsten
Träume, einmal wirklich dahin zu wandern, zu'm heiligen
Grabe der jugendlichen Menschheit. //
Griechenland war meine erste Liebe und ich weiß nicht,
ob ich sagen soll, es werde meine lezte seyn. //
Dieser Liebe dank' ich nun auch diß kleine Eigenthum und
es war mein geworden, geraume Zeit, ehe ich wußte, daß
andre sich auf ähnliche Art, wie es scheint, und glüklicher,
als ich, bereichert hatten. //
Ich hoffte, daß es mir doch vielleicht Einen Freund gewinnen
könnte und so beschloß ich, es mitzutheilen. //
Ich wünschte um alles nicht, daß es originell wäre. Origi-
nalität ist uns ja Neuheit; und mir ist nichts lieber, als
was so alt ist, wie die Welt. //
Mir ist Originalität Innigkeit, Tiefe des Herzens und
des Geistes. Aber davon scheint man jezt gerade, wenig-
Über jezt ein getilgter Ansatz: izt oder Umstellung durch Ziffern?
stens in der Kunst, sehr wenig wissen zu wollen; und
wenn nicht andere siegen, so wird es neuester Geschmak
Fortsetzung verso.
werden, von der Natur zu sprechen, wie ein[e] **spröde Schöne**
von den Männern, und seinen Stoff zu behandeln, wie
ein geschworner Berichterstatter; wo mann **dann a'm Ende**
[ ]
recht gut weiß, daß ein Haase über den Weg lief und
kein anderes Thier, aber hiemit sich auch begnügen muß.
Es wäre übrigens grober Misverstand, wenn man dächte,
ich spreche hier von den treflichen Menschen, die uns das schöne
Detail der Natur mit so unverken[n]**barer Liebe vergegen-**
wärtigen. — //
Um auf meine Briefe zurükzukommen, so bitt' ich, diesen
ersten Theil für nichts weiter, als für nothwendige
Prämisse anzusehn, und sich mit guter Hoffnung zu trösten,
wenn man z. B. über den Mangel an äußerer Handlung
$_{1}$undeutbarer Ansatz
$_{2}$**gähnen und auch das Wenige, was von dieser Seite v**e
$_{4}$**g** (verdeutlichend) $_{3}$**ieleicht**
befriedigen könnte, planlos, unnatürlich finden möchte.
Was vereinzelt gefallen kann, kann nicht wohl als Ganzes
gefallen und umgekehrt. — //
Auch wird man manches Unverständliche, Halbwahre,
Falsche in diesen Briefen finden. Man wird vieleicht
sich ärgern an diesem Hyperion, an seinen Widersprü-
chen, seinen Verirrungen, an seiner Stärke, wie an seiner
Schwachheit, an seinem Zorn, wie an seiner Liebe. Aber
Fortsetzung recto.
$_{1}$**es muß ja Aergerni**s
$_{2}$**ß kommen. — //**
Wir durchlaufen alle eine exzentrische Bahn, und es
ist kein anderer Weg möglich von der Kindheit zur
Vollendung. //

Die seelige Einigkeit, das Seyn, i'm einzigen Sinne
des Worts, ist für uns verloren und wir mußten es
$_1$vi
$_2$**erlieren, wenn wir es erstreben, erringen sollten.**
Wir reißen uns los vom friedlichen Εν και
Παν **der Welt, um es herzustellen, durch uns Selbst.**
Wir sind zerfallen mit der Natur, und was einst, wie
man glauben kann, Eins war, widerstreitet sich jezt,
und Herrschaft und Knechtschaft wechselt auf beiden
$_1$**Seiten. Oft ist uns, als wäre die Welt** a **lles und**
$_2$**A**
wir Nichts, oft aber auch, als wären wir Alles und
die Welt nichts. Auch Hyperion theilte sich unter diese
beiden Extreme. //
$_1$**Jenen ewigen Widerstreit zwischen** und
$_2$**unserem Selbst**
und der Welt zu endigen, den Frieden alles Friedens,
der höher ist, denn alle Vernunft, den wiederzubringen,
uns mit der Natur zu vereinigen zu Einem unendlichen
Ganzen, das ist das Ziel all' unseres Strebens, wir
mögen uns darüber verstehen oder nicht. //
Aber weder unser Wissen noch unser Handeln gelangt
Fortsetzung verso.
$_1$**in irgend einer Periode des Daseyns dahin, wo alle**s
$_2$**r**
$_1$**Widerstreit aufhört, wo** a
$_2$**Alles Eins ist; die bestimmte**
Linie vereiniget sich mit der unbestimmten nur in unend-
licher Annäherung. //
Wir hätten auch keine Ahndung von jenem unendlichen
$_1$**Frieden**s
$_2$**, von jenem Seyn, i m einzigen Sinne des Worts,**
wir strebten gar nicht, die Natur mit uns zu vereinigen,
wir dächten und wir handelten nicht, es wäre über-
$_1$**haupt gar nichts, (für uns)** ,
$_2$**wir wären selbst nichts,**
$_1$**(für uns) wenn nicht dennoch jene**s
$_2$**unendliche Vereinigung,**
jenes Seyn, i'm einzigen Sinne des Worts vorhanden wäre.
Es ist vorhanden – als Schönheit; es wartet, um mit
Hyperion zu reden, ein neues Reich auf uns, wo die Schön-
heit Königin ist. – //
Ich glaube, wir werden a'm Ende alle sagen: heiliger
$_1$**Plato**!
$_2$**, vergieb!** wir haben **schwer an dir gesündigt.**
$_3$**man hat**
Zwei Zeilen Zwischenraum.
Der Herausgeber.

B

Zerwürfnis mit Adamas (später Alabanda); Rückkehr von Smyrna nach Tina. Abschrift von Karl Gock (Zeilenzählung des emendierten Segments).

Varianten: 4 $_1$**Koth**! $_2$**?** 6 $_1$**getrieben**, $_2$**.** 14 $_1$j $_2$**bin ja** 26 $_1$**kam**. $_2$ StA Var. 4,14,26 *fehlen*
Emendationen bei: 1 *weist Liebe* 9 *ihn –* 22 *Tina!* 26 *Schiffer* 45 *segelfertig.*

C

Mißmut auf Tina; Umgang mit Notara; Enttäuschung. Beginn auf der ersten Seite von Lage 16.
$_1$**sezte** er schnell **hinzu, und wurde über und über roth.** //
$_2$**sie gutmüthig**

Ich war sicher, daß das Kind keiner Seele wehe thun wollte, und doch gieng das Wort mir durch die Seele wie ein Schwerd. Aber ich zwang mich wieder und gab dann auch ein Gleichniß, das zum Lachen war. – //

Ich fühlte mich abgemattet, wie ich mich schlafen legte, schlief auch bald. Aber des andern Tages mußt' ich büßen, was ich an mir gesündiget hatte. //

Lieber! bewahre dich dein guter Geist vor solchen Tagen! Hast du nie einen Unglüklichen geseh'n, dem die Flamme sein Haus verwüstete, wie er dastand vor seinem Aschenhauffen und hinsah, als betrachtete er etwas, wo er doch nichts betrachtete? So brütet' ich jezt über mir selber, so sah' ich den Tod meines Herzens an. //

Es giebt ein Vergessen alles Daseyns, ein Verstummen unsers Wesens, wo uns ist, als hätten wir alles gefunden; es giebt aber auch ein Verstummen, ein Vergessen
$_1$des Daseyns, wo uns ist, als hätten wir alles verloren.
$_2$,
eine Nacht unserer Seele, wo kein Schimmer eines Sterns, wo nicht einmal ein faules Holz uns leuchtet. //

Der Ajax des Sophokles lag vor mir aufgeschlagen. Zu-
$_1$fällig sah' ich hinein.
$_2$, traf auf die Stelle, wo der Heroë Abschied nimmt von den Strömen und Grotten und Hainen
$_1$am Meere,
$_2$– ihr habt mich lange behalten, sagt er, nun aber, nun athm' ich nimmer Lebensothem unter euch! Ihr

Fortsetzung verso.

nachbarlichen Wasser des Skamanders, die ihr so freundlich die Argiver empfiengt, ihr werdet nimmer mich sehen! – Hier lieg' ich ruhmlos! //

Ich schauderte; eine Thräne fühlt' ich wohl auch i'm Auge; aber sie vertroknete schnell, wie eine Tropfe auf glühendem Eisen. //

Mein guter Diener trat herein; treuherzig sah' er eine Weile mich an; ihr habt ein übel Gemüth in Smyrna gehohlt, rief er endlich bewegt. //

Meinst du, das komme von Smyrna? fragt' ich. //

„Ja, das mein' ich. Weiß Gott, was euch alles widerfahren seyn mag! Freilich denk' ich auch manchmal, ihr könntet wohl die Sachen etwas leichter nehmen.[“] //

$_1$Das „leicht nehmen“ war nun laider! meine Antipathie.
$_2$,
besonders ließ ich mir's nicht gerne zumuthen und so sucht'
$_1$ich, so sanft, wie möglich, ihn von dieser Stelle weg rüken.
$_2$zu

Wie geht denn dir's? fragt' ich. Gut, rief er, mir ist so wohl, wie einem Vogel in der Luft, seit ich wieder
$_1$hier bin. Hattest du d
$_2$unser Heimweh? fragt' ich. [//]

Einzug am Beginn der wörtlichen Rede.

$_1$„Das könnt' ich eben nicht sagen. Ich grämte mich nicht.
$_2$,
wie ich weg war, aber doch gefällt mir's besser, daß ich da bin. Ein dummes Leben war's doch immer da drüben. Die Leute thun, als gehörten sie gar nicht zusammen. Hier

Fortsetzung recto.

hab' ich meinen Vater und meinen Bruder –“ Wie lebten sie, seit du weg warst? „Wie es eben kömmt! Die Hungers-

51 noth hat freilich auch den Tinioten wehe gethan.“ //
1Das glaub ich! - ,, Und seht, lieber Herr! fuhr er fort,
2rief ich;
52 [.]
1das war s’
53 2’ nicht allein, daß man wenig hatte, sondern das
54 war’s, daß kein Seegen in dem war, was man noch hatte.
55 Wie meinst du das? fragt’ ich. //
56 Lieber Gott! rief er, da ißt man eben mit Bekümmerniß und
57 Sorge, da hat man keinen Glauben mehr an Gottes Gaabe,
58 und da sättigt nichts, gar nichts und wenn sonst alles genug
59 dran hatte. //
60 Er sah, daß ich betroffen war. //
61 Drum ist auch, fuhr er fort, mein einfältig Gebet:
62 lieber Gott! erhalt’ mich gutes Muths! In der Kirche
63 komm’ ich selten dazu; denn da betet man andre Dinge und
64 gelehrter; aber wenn’s zuweilen herbe Tage giebt und es
65 will mir werden, als gäb’ es nicht auch gute, und wenn ich ein
1se
66 2cheel Gesicht machen will zu’m Waizen, wie zu’m Unkraut,
67 und den Brunnen gar einschlagen, weil er nicht immer Wasser
1giebt,
68 2 – seht! da bet’ ich’s, und da hab’ ich schon oft er-
1fahren, wie viel einem das Wenige werden kan
69 2kann, das
70 man mit Wohlgefallen annimmt, wie es einen stärkt und
71 einem das Herz dabei aufgeht – o lieber Herr! sagt, was
Fortsetzung verso.
72 ihr wollt! das Leben ist doch schön. //
1Geh, guter Stephani! rief ich, geh,
73 2! ich kann dir jezt nicht
74 antworten. Er gieng. Der Mensch hatte mich weh-
75 müthig gemacht. Ach! es war so leicht, mich zu entwaff-
1nen, mit der Welt mich auszusöhnen. Mein h
76 2Herz hatte
77 sich selbst genug gesträubt gegen den gewaltsamen Zu-
1stand, den ich ihm aufgedrungen hatte. Wer warst du denn?
78 2,
1sagt’ ich mir, wo siegtest du denn, daß
79 2| | sagt’ ich mir,
80 daß du so viel erwarten, wo siegtest du denn, daß du
81 so stolz nach Beute fragen durftest? Wer hat, dem wird
82 gegeben, und wer nichts in sich ist, der helfe sich mit Weni-
83 gem. O mein Bellarmin! was thut der Mensch nicht, um
84 lieben zu können? um lieben zu können, sezte mein Herz
85 sich selbst herunter, um an den Brosamen mich zu freu’n,
1sagt’ ich mir, daß man den Kindern des Haussses nicht das
86 2||
87 Brod nehme und gebe es den Knechten! O laß mich weinen!
1denn hier darf ich’s. Dahin hatten mich die Menschen gebracht,
88 2| |
1gebracht, das hatt’ ich ihnen zu danken, daß ich endlich beredete,
89 2mich
1ich sei
2y, wei
3ie sie, um vorlieb mit ihnen zu s
90 4nehmen, daß ich
91 mir nahm, was ich ihnen nicht zusezen, daß ich mich nieder-
92 drükte, weil ich sie nicht erheben konnte! Sage mir nicht,

$_1$ich spreche stolz! Ich sage wenig , wenn ich sage: ich war
$_2$genug
besser, wie sie! //

Fortsetzung recto.

$_1$Und so nahm denn einmal vorlieb, war nun wirklich gesellig,
$_2$ich
lau, ohne Sinn und Seele, wie sie, legte oft fast einen
Werth darein, so zu seyn; wie sollt' ich nicht? es hatte
mich ja Überwindung, Aufopferung gekostet! //
Meine Plane gab ich allmählig auch auf. Du verkanntest
deine Bestimmung, sagt' ich mir, die sonderbaren Zufälle
$_1$deines
$_2$r frühern Jahre trieben dich aus deinem Kreise heraus,
und es ist Zeit, daß du in deine Gränzen zurüktritst! //
Wollt' ich zuweilen auffahren, als wär' es Mishandlung, die
ich an mir verübte, so schlug ich mich gewöhnlich mit der Frage
nieder, was bist du denn, um mehr zu fordern? Trauert'
$_1$ich über das, was mich beschäfftigte, so sagt' ich mir, daß
$_2$jezt
ich ja dazu kaum taugte und wirklich benahm ich mich dabei
sehr schwerfällig. Oft konnt' es freilich kommen, daß mich
$_1$mitten unter den Fröhlichen ein Weh überfiel.
$_2$, daß ich
forteilte und mich verbarg, wo ich doch nicht zu erröthen brauch-
te, ach! da, wo das Seufzen, wo die Thräne der entwür-
$_1$digten Natur nur die friedlichen Bäume des Walds,
$_2$und
$_1$die stillen Pflanze zu Zeugen hatte; aber gerade darüber
$_2$n
demüthigte ich mich nur um so mehr, daran schämte ich mich am
$_1$meisten. Des
$_2$er
$_3$Der Tod des Lebens, den ihr „gesezt seyn"
$_1$nennt, der war mein edles Ideal geworden; denn sagt' ich
$_2$,
$_1$äußerst weise, wo viele Kräfte
$_2$ein Wesen, das sich leicht

Fortsetzung verso.

bewegt, kann leicht zu'r Unzeit, leicht über die gemeßne
$_1$Gränze sich bewegen, und wo viele Krät
$_2$fte sind, da giebts
leicht Anarchie, da ist die Ordnung wenigstens ein selten
Beispiel; deswegen ist es besser, wenn der Mensch nur
$_1$eine kleine Dose Willen,
$_2$und noch weniger Empfänglichkeit
$_1$besizt, – ach! nur
$_2$und daran dacht' ich nimmer, daß nur der
Friede des Lebendigen, die Einigkeit der ungeschwächten
$_1$Kräfte Ordnung, Gottes Ordnung ist,
$_2$, und daß die
heilige Flamme des Altars kein fressend Feuer ist –
o Bellarmin! dein Freund war tief gesunken! – Freilich
wacht' ich oft auf und schalt mich einen Mörder, einen Ra-
senden, der sich selbst verstümmle, aber das nahm ich dann für
böse Laune, nannt' es oft ein fieberhaft, unzeitig Gäh-
ren und mistraute mir nur um so mehr. //
Seit kurzem war der Sohn meines Pflegevaters aus Paros
herübergekommen, wo er noch nicht lange etablirt war. Er
war einige Jahre älter, als ich, hatte die Welt gesehn und

$_1$**Erfahrungen gemacht**,
$_2$; et
$_3$**er war etwas vielseitig, behan-
delte alles mit Schonung, wußte jedem Dinge einen Werth
zu geben, gegen mich besonders war er äußerst duldsam**
$_1$**und gefällig,** auch
$_2$**ich nahm auch etwas mehr, als gewöhnli-
ches Interesse an ihm, und wir hießen uns bald Freunde.
Ich hatte doch etwas an ihm, und wollt' ich mich ja ein**
Fortsetzung recto.
**wenig entfernen, in einem Anfall von Ungenügsamkeit, so
zog er mich immer wieder an sich. Ich lebte wirklich halb
wieder auf in der Gegenwart dieses Menschen, ich sagt'
ihm auch oft, er verwöhne, verzärtle mich, man überhebe**
$_1$**sich so gerne seiner Schwachheit**; n **icht**
$_2$**. N , daß er mich gerade
gehalten hätte, wie die wunderlichen Kranken und zu allem
ja! gesagt; dazu war seine Gefälligkeit nicht schüler-
mäßig genug, dazu war ich ihm doch wohl auch zu gut; er
tadelte mich, aber sein Tadel berührte die Saite kaum; er
widersezte sich mir, aber nur, um mich gegen mich selbst zu ver-
theidigen; er war oft etwas karg mit sich, aber nur, um
sich gewinnen, verschlossen, aber nur, um sich aufschließen
zu lassen und wenn ich ihm das vorhielt, so konnt' er mir
sagen; es könne niemand für sich selber, er sey eben
so gemacht, und möchte nicht anders seyn, denn darinn bestehe
der ganze Reiz des Lebens, daß man zusammen Verstekens
spiele. – Er bestritt mich oft gerade in meinen entschie-
densten Überzeugungen, aber mit Freundlichkeit und Bedacht,**
$_1$**und wie es schien, mehr** d
$_2$**um das Gespräch zu beleben, mehr
zum Versuche, was wohl aus dem Für und Wider sich erge-
ben möchte, als in strengem Ernste, und ich verglich uns ein-
mal in einer heitern Stunde mit den jungen Lämmern, die
sich scherzend einander an die Stirne stießen, vieleicht um
ineinander das Lebensgefühl zu weken. Er hingegen**
Fortsetzung verso.
**konnte mir darüber sagen, es wäre recht gut, wenn meines-
gleichen zuweilen einen fänden, der ihnen ein wenig wehe
thue, der sie i'm kleinen Kriege übe, denn wir möchten immer
gerne nur großen Krieg, wo Himmel und Hölle aneinander,
oder einen Frieden, der wie der Friede der Umarmung**
$_1$ver
$_2$**wäre, gänzliche Vereinigung oder gänzliche Scheidung,
und das Hälftige sey doch eben einmal das, wofür wir
Menschenkinder da wären. Sezt ich ihm entgegen, daß
er sich in mir irre, daß er für Karakter nehme, was doch
nur ein Überrest zufälliger Verirrung wäre, so lacht' er**
$_1$**herzlich und sagte: daran könn' ich gerade** mich
$_2$**erkennen,
daß ich einer von denen wäre, die den kleinen Krieg nicht
leiden könnten, daß ich lieber mein Eigenstes verläugne,**
$_1$**um mich andern gleich zu sezen,** d
$_2$**als daß ich etwas Wider-**
$_1$**wärtiges ert**a
$_2$**rage, an dem doch nicht die ganze Kraft**
$_1$**sich messen kön[n]te! O ihr seyd sonderbare Geschöpfe** r
$_2$,
$_3$**! rief**

er, verzärtelt, wie die kranken Kinder und heroisch, wie 181
die Riesen; Nadelstiche kön[n]ten euch zu'r Desperation brin- 182
gen und einer Megäre gegenüber wäre vieleicht euch wohl. 183
$_1$Ihr Ver
$_2$habt Vernunft, aber keinen Verstand, Muth, aber kei- 184
ne Geduld; doch könnt' ihr lernen, was ihr nicht habt, aber
[ ] 185
ihr lernt sehr ungern, wenn ich nicht irre, und das kommt da- 186
her, weil euch zu wohl ist, bei dem, was sich nicht lernt. [//] 187
Fortsetzung auf der ersten Seite der 17. Lage.
$_1$Im Allgemeinen verstand ihr das, aber anwenden konnt'
$_2$ich 188
ich es nicht wohl. // 189
Nach und nach wagt' ich mich wieder heraus aus der Gefan- 190
genschaft, der Unterdrükung, in der ich mich erhalten hatte, 191
aber eine geheime Scheue, etwas Ängstiges, das mir zuvor 192
ganz fremd gewesen war, konnt' ich mir nicht verbergen. 193
Ach! einst hielt ich mein Herz so offen und unbesorgt der 194
$_1$Welt entgegen! – Auch war es nie so leiz
$_2$cht verwundbar 195
$_1$gewesen, aber auch nie so seelig! //
$_2$wie jezt[,] 196
$_1$O es war ein himmlisch Ahnden, womit ich den kommenden
$_2$jezt 197
$_1$Frühling entgegengieng! []wie fernher in schweigender
$_2$wieder grüßte 198
Luft, wenn alles schläft, das Saitenspiel der Geliebten, 199
$_1$so umfiengen mir seine s
$_2$leisen Laute die Brust, so ver- 200a
nahm ich seine Grüße, wie von Elysium herüber, so fühlt' 201a
$_1$ich ihn von ferne
$_2$seine Zukunft, wenn die todten Zweige 202a
Umstellung durch Ziffern 1-9:
so umfiengen mir seine leisen Laute die Brust, so ver-
$_2$| | meine $_1$wie von
$_3$mir die 200
nahm ich seine Grüße, wie von Elysium herüber, so fühlt'
$_1$Elysium herüber, so vernahm ich seine Grüße,
$_2$| | $_3$| | 201
ich seine Zukunft, wenn die todten Zweige
[ ] 202
sich regten und ein lindes Wehen meine Wange berührte – [//] 203
Leichte Einrückung der folgenden Zeile.
$_1$O Himmel meines Joniens! so war ich nie an dir gehangem,
$_2$gen, 204
aber so ähnlich war dir auch nie mein Herz gewesen, wie 205
jezt, in seinen heitern zärtlichen Spielen! // 206
Aber auch diß gieng vorüber. // 207
Einst saß ich mit dem Freunde von Paros und mit einigen 208
andern zusammen. Es war ein alter Bekannter von einer langen 209
Fahrt zurükgekommen, und wir feierten das fröhliche Wieder- 210
Fortsetzung verso.
sehn. Alle waren inniger, wie sonst, auch ich wurde warm 211
$_1$und sprach ungewöhnlich f
$_2$viel. Die Freude jugendlicher Ver- 212
brüderung füllte mich so ganz. O man lebt doch nicht um- 213
sonst, ihr Lieben! rief ich in meines Herzens Trunkenheit 214
und strekte die Hand aus über dem Tische und jeder bot 215

$_1$**die seinige dar. Wir erinnerten uns an** mang
$_2$che
$_3$**manche liebe**
Zwischenraum nach dar.
kindische Geschichte, und wie wir unsere frühern Jahre
$_1$und
$_2$**unter Streit und Freundschaft genossen hätten,** und
$_3$**wie**
$_1$**man sich ändern** sich
$_2$**kön[n]e und doch immer noch die alte An-**
hänglichkeit aneinander behalte. – Die Freundschaft sei
ein wunderbar Geschenk der Natur – man könne wohl ihr
Leben in Begriffen aufbewahren und von ihren Pflichten spre-
chen, aber ihr Eigenstes lasse sich doch nicht machen, sondern
müsse sich geben, sei ein Kind des guten Schiksaals, ge-
diegen Gold und nicht erarbeitet – so sprachen wir lange
fort; schwiegen endlich; es war ein erfreulich Schweigen;
öffne geschwinde die Fenster, rief ich einem, der gegen mir
über saß, jezt zu; was hast du, Hyperion? fragt'
$_1$**ein andrer. Dort gehn die Dioskuren am Meer' herauf**!
$_2$!!
$_3$**!**
rief ich freudig. Zufällig sah' ich einen Augenblik drauf
in den Spiegel; ich glaubte drinn ein zweideutig Lächeln
an Notara zu bemerken. Betroffen blikt' ich um mich
und es war mir, als fänden sich auch auf andern Gesich-
Fortsetzung recto.
tern solche Spuren. Das war mir ein Dolch in's Herz. Ich
glaubte mein Heiligstes verunehrt, meine beste Freude ver-
lacht, von meinem lezten Freunde mein Innerstes verspottet.
Ich sprang auf und eilte fort. //
Wunderst du dich, mein Bellarmin! daß ich eine ungewisse
$_1$**Miene so tief empfand? Was wirst du denken, wenn dir**
$_2$**ich**
sage, daß es nicht nur eine böse Stunde war, ein vorüber-
gehender Unmuth, eine Erschütterung, die meinetwegen
oft gesund seyn kann – wollte Gott! es wäre dabei
geblieben! – Aber sieh! es war auch nicht diese Miene
allein. All' die Täuschungen, die mir das Herz zerris-
sen, all' die Schlechtigkeiten, die mich empört, seit ich un-
ter die Menschen getreten war mit meinen Hoffnungen,
$_1$**alle Be**d
$_2$**laid**un
$_3$**ig**e
$_4$**ungen meiner Liebe, ach! jede elende**
$_5$**r**
Scherz, womit man sich an meinen kleinen Unaufmerk-
samkeiten gerächt, jede gemeine Misdeutung, womit
$_1$**man**n
$_2$**meine unbefangenen innigen Äußerungen lächerlich**
gemacht, jede Falschheit, womit man mein Verlangen, mein
$_1$**Vertrauen nachgeäfft hatte** ,
$_2$**– alle die knechtischen Tüke,**
womit man sich schadlos hält für seine Demuth, alle die
bäurischen Anmaßungen, womit man der anspruchlosen
friedlichen Seele sich aufdringt, aller Schmuz der
Gesellschaft, alles, was ich verziehen hatte und nicht ver-
Fortsetzung verso.
ziehen – sieh! das alles brach, wie eine Diebsbande,

Und warum begegnet [er] **in solcher frommen**
$_1$**Demuth,** so
$_2$**so voll lieben Aberglaubens mir?**
warum, o Leben! war der Götterjüngling
Fortsetzung recto.
$_1$so **voll Sehnens und Trauerns? warum** senkt' ↓
$_3$**anfangs** $_2$**hatt' er sein**
↑$_1$er sein **Haupt**, da er noch
$_2$| |[ ] $_3$zer
$_4$uerst
$_5$**gesenkt? warum**
$_1$**blüth' in Wehmuth i m**
$_2$**h der liebende Mund und**
die Wange? //
$_1$**Darum, weil sein Genius zu rei**f **zu seelig,**
$_2$**ch**[,]
um allein zu bleiben, und die Welt zu arm
$_1$**war, ihn zu fassen. – O es war ein** theu
$_2$| |
$_1$**liebes Bild von Größe und Leiden** geb
$_2$webt!
$_3$**gewebt** ! | |
Aber nun ists anders! Mit dem Leiden ists
aus! Es hat zu thun gefunden. Er ist
[r]
$_1$**der Kranke nicht mehr.** – Und ich? i **ch**
$_2$| |[I]
$_1$habe
$_2$**war voll Seufzens, da ich anfieng,**
dir zu schreiben, mein Geliebter! Jezt bin
ich lauter Triumph! So spricht man
$_1$froh sich über dir. L
$_2$Leb wohl.
$_3$**über dir sich froh.**
$_4$**Und**
Umstellung durch Ziffern; dabei 2 und 3 versehentlich vertauscht.
siehe! so solls auch bleiben. Lebe .
[ ]
wohl. //
Fortsetzung verso.

Hyperion an Diotima. 2,*XIV*

Leerzeile und Federproben
$_1$**Ich hatte noch immer nicht mit Alabanda ge-**
$_2$**von dir**
$_1$**sprochen. Mein Stolz verwehrte mirs.** Mir ↓
$_2$**Ich**
↑$_1$dünkt **auf Erden** nicht
$_2$**weiß keine mühsamere Ver-**
$_1$**läugnung,** keine größere Demuth **, als die Ge-** ↓
$_2$**nichts** demü
$_3$**, was mich so demüthigen könnte**
↑$_1$**liebte zu beschreiben.** Mirs u
$_2$ists unmöglich,
$_3$| |
Und doch will es der andre, wenn man einmal
$_1$**ihm verräth man**,
$_2$**liebe, und** steht
$_3$**doch fordert**
er ein Bild, und steht so unerträglich fro-

$_{1}$**stig da,** und **fragt,** s
$_{2}$aus
$_{3}$| | kurz,
63 $_{4}$**und** **und läßt man**
$_{1}$**di**
$_{2}$**ann sich ihm zu lieb herab, zu reden –**
64 $_{3}$**, o wie**
65 **tausendfach in jedem Worte wird der Liebende**
66 **mißverstanden.** //
$_{1}$**Ich möcht**e
67 $_{2}$**' es an den Himmel schreiben, als**
$_{1}$das Ge
$_{2}$**erste Gesez** der Welt und des Lebens:
68 $_{3}$**des Lebens** **s** **:** | |
69 **Das Heilige muß Geheimniß seyn, und wer**
70 **es offenbaret, er tödtet es.** //
71 **Aber mein Alabanda** [und] **ich sind doch zu innig eins**
$_{1}$**und** dein Brief voll Seele und Liebe, Diotio
72 $_{2}$**[ ]**| |
$_{1}$**du hattest mi**ch
$_{2}$**r** **das Herz zu hoch geschwellt,**
73 $_{3}$**auch**
$_{1}$**du Himmlische mit** **einem**
74 $_{2}$**d** **Briefe voll Seele und**
75 **Liebe – ich muste hin, ich must' ihn endlich zeigen,**

Das Mittelstück des von VIII 2,*XIV* noch abweichenden Briefentwurfs, vmtl. ein Quartblatt, ist nicht überliefert.

H

2,[*XIVf.*]

$_{1}$**Ach! immer sichtbarer entferntest du dich** aus
1 $_{2}$| |
$_{1}$unsern
2 $_{2}$**aus allem Gegenwärtigen, die**
3 **lezten Tage, da ich um dich war. Thue das nicht**
4 **meiner Liebe! Es giebt ja noch des Wohlge-**
$_{1}$**fälligen so manches** auf
$_{2}$um dich
5 $_{3}$**auf der Erde.**
$_{1}$**Sorge** fü
6 $_{2}$**wenigstens für deine Blumen, und**
7 **die schönen Thiere, die du sonst im Hauße**
$_{1}$**nährtest. Seze dich** **zuweilen** **an den Brunnen,** ↓
$_{2}$**jezt, weils** Frühling wird
8 $_{3}$**wärmer wird[,]** **auch wieder**
9 ↑**der unter dem Ahorn steht oder unter die alten**
10 **Kastanien bei der Kapelle, ich weiß, du**
$_{1}$**ha**st **diese Pläze**
$_{2}$**ttest** **sonst** |
$_{3}$**sehr** s
11 $_{4}$**lieb, und versäumst**
$_{1}$**sie jezt wohl ziemlich. Wenn du wolltest** zu
12 $_{2}$**auch die**
$_{1}$**Wo**de
13 $_{2}$**che einigemale ans Meer herausgehn – du**
14 **steigst nicht gerne Berge, sonst wollt' ich dir auch**
15 **rathen, auf unsern wohlbekannten Gipfeln die**
16 **Sonne zuweilen kommen zu sehn.** //

Nachträglich wird hinter 13 herausgehn ein Punkt gesetzt und der Nachsatz von – du an eingeklammert. Im konstituierten Text erscheint die frühere Textgestalt.

$_1$Ich weiß, |
$_2$du lä
$_3$achst darüber ein wenig, aber 17a
Umstellung durch Ziffern 1-3:
Ich weiß, du lachst ein wenig darüber, aber 17
Mglw.: . . .du läch[el]st . . . 17*a*
du thust es dennoch. // 18
Alabanda ist jezt manchmal in Gedanken 19
$_1$**über dich.** Ich möchte so etw
$_2$**Nur begreifen möcht'**
$_3$[;] **sagt er**[,] 20
$_1$**ich eine solche Natur**.
$_2$**, aber ich finde, daß ich** 21
zu viel vom Menschenverstande gehalten. Das 22a
Dürftige, das Kranke begreif[t] man leichter. 23a
Tilgung des letzten Satzes:
zu viel vom Menschenverstande gehalten. Das
| | 22
$_1$und weil
$_2$**Die Kinder** schieben **alles zum Mun-**
$_3$führen
$_4$| |
$_5$**führen** 23
Fortsetzung verso.
de hinein, wir alles zum Verstande, und 24
ich fange an, zu glauben, daß eines so 25
$_1$**naiv ist, als das** das
$_2$**andre.** O i
$_3$Ich glaube
$_4$' ↓
$_5$| | 26
↑$_1$es nach und nach, das,
$_2$was d**u** **mir einmal** ↓
$_3$| | [D] **sagtest** 27
↑$_1$sagtest
$_2$**, Hyperion: es sei Entwürdigung,** 28
vor irgend einem Menschen zu sagen, man 29
hab' ihn ganz begriffen, hab' ihn weg. // 30
Und wenn das wahr ist, fährt er fort, 31
$_1$**wenn mein Verstand kaum** auf die Schwelle
$_2$**in die Vorhalle** 32
$_1$**des Lebens** d
$_2$**gehört, wie ma**nn **er dann in den**
[g] 33
innern Tempel sich wagen? Wenn jeder Knabe 34
$_1$**für mich unergründlich ist, wie mag ich** eine
$_2$**diese** 35
Diotima verstehn.
[?] // 36

Hyperion an Diotima. 2,*XV*

$_1$**Der murrende Vulk**e
$_2$**an bricht los. In Coron** 37
$_1$**werden die Türken belagert und** in
$_3$**und Mod**e**n** $_2$**wir rüken**
[o] 38
mit unserm Bergvolk gegen den Pelopones 39
$_1$**hinauf.**
Fortsetzung mit spitzer Feder und dunklerer Tinte.
$_2$Mir wachsen
$_3$**Ich kenne mich kaum noch,** 40

41 **seit meine Seele einmal eine Arbeit gefunden.**
Fortsetzung recto.
$_{1}$**Ich hab**e **nun zum erstenmal in meinem Leben**
42 $_{2}$**' auch**
43 **eine Tagesordnung.** //
$_{1}$**Mit de**m
44 $_{2}$**r Sonne beginn ich. Indeß die Spiele des**
45a Morgenroths sie verkünden, geh' ich heraus, und
$_{1}$g
$_{2}$grüße die tausend wachen Augen, die Löwen-
46a $_{3}$lebendigen
47a heerde
Unterstreichungen von Indeß und Morgenroths. Neuansatz in 45a:
Morgenroths sie verkünden, geh' ich heraus, und
$_{1}$**inaus wo** meine ↓
45 $_{2}$**mein Kriegsvolk**
grüße die tausend lebendigen Augen, die Löwen-
↑$_{1}$| | ↓
46b $_{2}$| |
↑heerde
46 | | **im Schatten des Walds liegt, und grüße**
$_{1}$**die tausend lebendigen Augen**.
$_{2}$, wie
47 $_{3}$**die jezt vor mir**
48 **mit wilder Freundlichkeit sich aufthun. Ein erwa-**
$_{1}$chendes Heer! Ich habe kein Gleichniß dafür so
49a $_{2}$[,] die
$_{1}$Waffen alle, wie ein ehern Halmenfeld,
50a $_{2}$das ↑ e
$_{1}$auf Einmal, wie aus der Erde gewachsen !
51a $_{2}$gesprungen
$_{1}$die schnellen Gestalten der Männer, aus ihren
52a $_{2}$und die Gestalten alle $_{3}$die
$_{1}$Mänteln , sich winden, So gar nicht feierliches,
53a [ ] $_{2}$[.] Es ist so
54a und
Nach Streichung von 49a Ich bis 54a wird der Satzbeginn unterpunktet:
chendes Heer! Ich habe kein Gleichniß dafür, die
| |
49b Ich habe kein Gleichniß dafür
Der ganze Passus wird eingeklammert; Fortsetzung im Anschluß an 49b Heer!:
49 chendes Heer!
$_{1}$Die Gestalten alle, die aus den
50b $_{2}$furchtbaren $_{3}$ihren
51b Mänteln sich winden, das Gemurmel und Ge-
Teilweise Streichung und Unterpunktung von 50b,51b, dann Neuansatz:
Die furchtbaren Gestalten alle , die aus ihren
| | | |
50 $_{2}$**Gestalten alle wie Habichte aus dem Nest**
Mänteln sich winden , das Gemurmel und Ge-
$_{1}$voll | |
51 $_{2}$| |
$_{1}$**lächter, das** R
$_{2}$**Knattern der Flamme,** die
52 $_{3}$| |
$_{1}$das
53 $_{2}$**wo die Speise kocht, die ganze häusliche**
$_{1}$Thätigke
54 $_{2}$**Geschäftigkeit und dabei die Feld-**

Die Streichung in Feld- vmtl. bei einer späteren Durchsicht; im Druck: Kriegsmusik.

musik und das Wiehern der Rosse und
$_1$die Waffen alle, wie ein ehern Halmenfeld
$_2$tausend $_3$| |
auf Einmal aus der Erde gewachsen! – //

Spätere Unterstreichungen in 56 und 57; vgl. 44,45a (57/3:4,7):

Dann ruf' ich den Theil, den ich zunächst befehlige, zu-
sammen, und wenn ich dann von dem was künftig
$_1$ist und jezt geschen n muß, ein Lebenswort
$_2$h
$_3$e
zu ihnen spreche, und diese rauhen Stirnen
breiten mälig sich, und das Jugendroth

Fortsetzung verso.

$_1$umfließt die Wangen, wenn ich ,
$_2$sie, au
$_3$wie
$_1$auf Woogen, vom Staunen vo
$_2$zu der Freude
und von der Freude zum Entschlusse führe,
und die heilige Menschennatur aus ihnen
$_1$mir dämmert und glänzt, o Bellarmin! was
$_2$sichtbarer u[nd] sichtbarer [Diotima]
gäb' ich hin, um diese Morgenröthe vest-
$_1$zuhalten?
$_2$! Das kannst du übrigens mir glauben,
$_1$daß eine solche Augenbl-
$_2$lust ,
$_3$ein solcher Blik
$_4$so | |[ ]| |
$_1$auf menschlich Leben ,
$_2$und
$_3$Wachstum all
$_4$über
alle Augenwaide geht, die Meer und Erd'
$_1$und Himmel uns gewährt!
$_2$. //
$_1$Drauf üb' ich sie um
$_2$in Waffen bis um Mittag.
$_1$Alabanda hat seit S
$_2$unsern Studien in Ss yrna
[m]
$_1$viel gethan
$_2$dacht, hat besonders t
$_4$über die Kriegskunst than $_3$die Verthei-
lungen und die Bewegungen der Heersmacht,
$_1$in Beziehung
$_2$so weit nach dem
$_4$sie $_3$r Form der
$_1$Gegend, und
$_2$nach den Kräften und den Stellungen
$_3$| |
$_4$nach
$_1$des Feind[s] sich richten, auf sehr
$_2$einfache Maxi-
$_3$in | |
$_1$wenige Regeln zurük
$_2$zusammengefaßt, und ↓
$_3$kräftige

↑$_{1}$**so ists** mir **leicht geworden,** das Vergeß-
82 $_{2}$**meinem Verstande** | |
$_{1}$ne einzuhohlen,
$_{2}$**die Stoff zu meistern.** //
83 $_{3}$**sen**
$_{1}$Ich suche meine Leute
84 $_{2}$**Und es ist wirklich schön, Diotima, ist ern-**
85 **ster nur und majestätischer, als der Tanz,**
Fortsetzung recto.
$_{1}$**wenn ale**
$_{2}$**le** **Kräfte so zu Einer Kraft sich bilden,**
86 $_{3}$**' die furchtbaren**
$_{1}$**die,** sich
87 $_{2}$**immerhin dieselbe, alle Formen annimmt,**
88 **und in der Blizesschnelle, womit sie wirkt,**
89 **doch immer still und richtig bleibt.** //
$_{1}$**Das ächte Große, das in dieser Kunst sich**
$_{2}$Übrigens!
90 $_{3}$| |
$_{1}$**zeigt, ist freilich** **erst sichtbar, wenn es**
91 $_{2}$**dann**
92a gilt! Die Märsche, wo der Feldherr und sein
$_{1}$Heer allgegenwärtig , die zehenfältigen
93a $_{2}$wird
$_{1}$Anf
$_{2}$griffe, worunter sich Ein E
94a $_{3}$entscheidend
Überarbeitung von 92a-94a:
gilt! Die Märsche, wo der Feldherr und sein
92b allgewärtige[n] | |
Heer allgegenwärtig wird, die zehenfältigen
$_{1}$| | $_{2}$vesten A
93b $_{3}$| |
94b Angriffe, worunter sich Ein entscheidend
Einklammerung von 92b-94b und Fortsetzung des Entwurfs nach Absatz hinter gilt!
92 gilt! //
$_{1}$**Des Nachmittags versammeln wir uns** **meist** in einem ↓
93 $_{2}$**dann** **im Innern des Walds**
↑ $_{1}$Zelte, die Russ
$_{2}$**eine**
$_{3}$**ige** **sachverständige** ↓
94 $_{4}$**mit** [ ] **n** [n]
↑$_{1}$**brave**[n] **Russen, die wir bei uns haben,** und ↓
95 $_{2}$| |
↑$_{1}$Alabanda und ich, **und gehn zu Rathe über**
96 $_{2}$| |
$_{1}$**alle F**a**lle, die** sich
[ä] $_{2}$**uns treffen können**.
97 $_{3}$**, und**
$_{1}$**so** ver
$_{2}$**wird** **Geist mit dem Kriege täglich**
98 $_{3}$**mein**
$_{1}$**vertrauter. O es** **wunderbar, Diotima!**
99 $_{2}$**ist**
100 **es kann sich mancher leichter darein finden,**
$_{1}$**eine Heersmacht**,
101 $_{2}$**, als ein Zimmer anzuordnen.**
102 **Ich spreche dir viel von meiner neuen Arbeit,**
103 **aber so ists mit allem Neuen.** //

$_1$**Des** Alabanda
$_2$**Abends reit'** i**n**
$_3$**ch meist mit** 104
$_1$**Alabanda** über die Hügel **in die** Wälder ↓
$_2$**am Meeresufer umher** **Eichenschatten hinein,** 105
↑hinein, **oder hinaus in die reizenden Fernen**, ↓
[ ] [] 106
↑ $_1$**und wenn wir dann zurük sind, und die freund-**
$_2$**der Berge**[,] 107
$_1$**liche Kühle, und das Mondlicht**,
$_2$unser spärlich Mahl ↓
$_3$| | 108
↑$_1$und **unsern Becher würzt,**
$_2$| | **und unsre Feigen,** 109
Fortsetzung verso.
$_1$**wenn wir so, oft, ohne** **Wort, uns gegen-**
$_2$**ein** 110
$_1$**über sizen und uns anlächen**
$_2$**In über den** 111
$_1$**ers**
$_2$**nsten Dingen, die wir** in
$_3$**brüten, und** 112
$_1$einer so mit Ruhe auf dem A
$_2$andern mit dem 113a
Auge spielt und weilt, so mit stillem 114a
$_1$Wohlgefallen, und wir
$_2$im
$_3$n unsre
$_4$erem neuem
[n] 115a
$_1$Element uns ansehn,
$_2$einander uns ins Auge 116a
fassen 117a
Tilgung von 113a-117a und Fortsetzung mit anderer Feder.
, und **Alabanda mir von de**n **und**
[ ] [m] 113
$_1$**jenem spricht, den die Langeweile des J**ä
$_2$**ahr-** 114
$_1$j **undert** , **peinig**e
[h] [s] $_2$**t, und so mancher wunderbaren,** 115
$_1$**krummen Bahn**,
$_2$, **die sich das Leben bricht,** weil ↓
$_2$| | 116
↑ $_1$sein gr an
$_2$der Gr
$_3$ang gehemmt,
$_4$sei,
$_5$seitdem $_6$er $_7$ist, wie oft 117a
$_1$sein Strom der
$_2$n Berg hinauf will, seit 118a
$_1$sein eben Beet verschütt,
$_2$ist. – 119a
Nach der Streichung von ist in 117a wird der sich anschließende Entwurf eingeklammert; Fortsetzung vmtl. nach dem Gedankenstrich in 119a$_2$:
seitdem sein gerader Gang gehemmt ist , wie oft
$_1$| |
[–]$_2$| | 117
$_1$**dann fällt mir** unter solchen Gesprächen
$_2$| | 118

$_1$**oft** auch **Adamas ein, mit seinen Reisen,**
119 $_2$**mein**
$_1$mit **seine**r wunderbaren
$_2$| | m **eignen** W
$_3$Zug ins
120 [r] $_4$**Sehn-**
121 **sucht in das innre Asien hinein, auch mit**
$_1$**seiner An**g
$_2$**dacht**,
$_3$**gegen Kinder**,
122 $_4$**— das sind**
$_1$**lauter Palliative, guter A**t
123 $_2$**lter! möcht'**
$_1$**ich dann ihm rufen, komm! und baue** unsre
124 $_2$**deine**
$_1$**Welt** mit **uns! denn unsre Welt ist auch**
125 $_2$**!** | |
126 **die deine.** //
127 **Auch die deine, Diotima! denn sie ist die**
128 **Kopie von dir.** //
Fortsetzung recto.

2, *XVI*$_1$ **Hyperion an Diotima.**
$_1$V
$_2$**Navarin ist unser, und wi**e
129 $_2$**r liegen jezt**
$_1$**vor Misistra. Es geht gut, nur gehts** mir
130 $_2$**uns allen**
$_1$**zu langsam. Unsere** Völk
$_2$**Leu**s
131 $_3$**te sind, wie**
$_1$**angezündete**r Schwefel,
$_2$n **Kienwald**[,] **seit es zum Gefecht**
132 [r]
$_1$**gekommen ist.** |
$_2$**Und ich — o** Himmel **! seit**
133 $_3$**Mädchen meiner Seele**
$_1$**ich die Fahne, die ich eine**m Türken aus ↓
134 $_2$**r Albanischen**
↑$_1$den
$_2$Horde mit eignen Händen entriß, mit
$_3$diesen
135a $_4$eignen
$_1$eignen Händen auf die Stelle des alten
136a $_2$an einem eine
$_1$Sparta pflanzte, und mitten unter erbeuteten
137a $_2$aufhieng
138a Waffen, auf der Stelle der
Fortsetzung mit Blei; zuvor Überarbeitung von 135a-138a:
Horde mit eignen Händen entriß, mit
135 | | [ ]
eignen Händen an einem Steine des alten
136 | |
Sparta aufhieng, und mitten unter erbeuteten
137 | | **den**
Waffen, auf der Stelle der
$_1$selb
$_2$dieser
$_3$[ ] den Manen
138 $_4$| |

$_1$**unsre alte Schande und** tho
$_2$l
$_3$**die leeren Trä-** 139
$_1$**nen, die ich** ehmals **ge**m
$_2$**weint, den Manen**
$_3$**sonst** 140
des Lykurg und des Leonidas abbat, 141
$_1$**seitdem bin ich ein anderer gewor**f
$_2$**den!** // 142
$_1$Heiliger Schutt des
$_2$**O** Lak
$_3$cedämons **heili-**
$_4$Spartas
$_5$| |
[Lacedämons] 143
ger Schutt! rief ich, so bist du endlich gerettet, 144
$_1$**und forthin**,
$_2$**brauchen dich unreine**n
$_3$**Hände** 145
$_1$**nicht mehr!** Und wenn der G
$_2$Boden,
$_3$**Deine Schmach** 146
ist von dir genommen, Leiche von Sparta – 147
$_1$**Ha!** Edle **Diotima! ein Zoll der alten Mauern**
$_2$**mein**[e] 148
den ich izt erobre, ist mir mehr, als hun[dert an-] 149
dre Städte unsers kindischen Europa **!**
$_2$**Jahrhunderts** 150

Die Konjektur bei 149/150 hun-/dre (mglw. statt *hundert*) schon durch Friedrich Beißner; in früheren Ausgaben: *sonst drei.* Fortsetzung verso.

$_1$**Am Eurotas stehet mein Ze**t
$_2$**lt,** und
$_3$| | 151
$_1$wo
$_2$und sein
$_3$**und wenn ich oft** um **Mitternacht**
$_4$**nach** 152
$_1$**erwache, rauscht** er **mir verständlicher**
$_2$**der alte Flußgott** 153
$_1$**vorüber, und** lachend **nehm' ich die Blume**[n]
$_2$**freundlich** 154
des Ufern**, und streue sie ihm hin und sage:**
[s] 155
$_1$**Nimm das Zeichen** als
$_2$**du Vergeßner! bal**s
[d] 156
soll's werden, wie es einst war. // 157
Hyperion an Diotima. 2,*XVIII*$_1$

Überschrift vmtl. mit l. 158 nachgetragen; erster Ansatz:

$_1$In die Gegenden von N
$_2$Elis und Nemea 158a
streif ich manch 159a

Zweiter Ansatz:

Ich streife jezt von einigen Reutern be- 158b

Dritter Ansatz:

Wir liegen noch vor Misistra. 158
Ich kann es nicht lassen, 159
$_1$ich nehme
$_2$**ich muß zuweilen vorwärts** 160

161 **mit einigen Reutern, wir haben uns schon**
$_1$**bis in die Gegenden von Elis und**
162 $_2$**wirklich**
$_1$**Nemea** **durchge**stohlen . **Alabanda** giebt ↓
163 $_2$**durch die Sultansknechte** **wunden** $_3$| |
↑$_1$mir
$_2$**schmählt** **freilich, wenn ich wieder da**
164 $_3$**dann**
165 **bin, und es ihm, in meiner Herzensfreude,**
$_1$**verrathe, aber** ich
$_2$es schmählt es nur
[r]
$_3$| |**de**n
166 $_4$**s**
167 **Tags darauf thut er dasselbe. Es**
$_1$**ist** auch [keine] Gefahr **, wenn** man **die Gegend**
168 $_2$**kein so großes Wagstük** $_3$**einer**
169 **kennt.** //
$_1$|
$_2$**Es** **auch überhaupt mein Wille nicht, so**
170 $_3$**war**
$_1$schrittchenweise zu gehn.
171 $_2$| |**vorzurüken,**
172 **wie der Bauer im Schach. Mein Vor-**
Fortsetzung recto.
$_1$**schlag** ,
$_2$**war, die vesten Pläze** , die sich
173 $_3$[ ] **zu umgehen**[,]
$_1$**wo sich nicht vermuthen lasse, daß sie** sich
174 $_2$| |
$_1$**auf der Stelle sich geben, und Schlag** und S
175 $_2$**auf**
$_1$**Schla**f
$_2$**g** ,
$_3$**na**g
176 $_4$**ch allen Seiten hin, des Sultans**
$_1$**Horden** wegd
$_2$zu
177 $_3$**zu werfen, bis wir,**
$_1$**mit jedem Schritte** ,
$_2$**durch** die
178 $_3$**Landbewohner**
$_1$verstärkt, die Kü
$_2$ringh
179a $_3$sherum die Küsten
180a des Pelopones und den Korinthischen Isth-
$_1$mus besezt, und unsre Türken
$_2$die Türki- ↓
181a $_3$en
Umstellung durch die Ziffern 1 und 2:
verstärkt, ringsumher die Küsten
179 **den Korinthischen Isth-**
des Pelopones und den Korinthischen Isth-
180 **mus und ringsherum die Küsten**
mus besezt, und die Türken
181 **des Pelopones**
↑$_1$schen
$_2$**auf ihre Schiffe, oder** **Macedonien**
182 $_3$**nach**

$_1$**hinaus getrieben hätten**,
$_2$; mir
$_3$**t den vesten** 183
Pläzen hätte sichs dann bald entschieden, 184
und wir hätten eine Stellung gewonnen, 185
$_1$wo wir
$_2$uns gewiß kein Sultan d
$_3$| | **allem Kriege** 186
ein Ende gemacht; aber die Russen wollen 187
sich auf unser Landvolk nicht verlassen und 188
$_1$**so ha**ben
$_2$**tten sie natürlich Recht, den sichrern Weg** 189
$_1$z
$_2$**uns anzurathen, und weil auch Alabanda** 190
sich auf ihre Seite neigte, gab ich nach. // 191
Hätt ich freilich damals gefürchtet, was ich 192
jezt befürchte, so wär ich schlechterdings auf 193
meinem Plane bestanden. Es macht mich schlaf- 194
Fortsetzung verso.
$_1$**los, wenn ich** dar
$_2$**mir es denke, daß vieleicht** 195
$_1$**der lange Stillstand** aus unsern Kriegern ↓
$_2$**und der Mangel** 196
↑$_1$Mord
$_2$einen
$_3$**der daraus entspringt, aus** 197
$_1$**unsr**en
$_2$**ern Truppen eine Bande machen könnte.** 198
Sie sind schon wütend genug, daß die 199
Besazung in Misistra sich so lange hält, 200
$_1$**und daß die** griechischen Bewo
$_2$**Griechen** 201
$_1$die
[ ]$_2$**in der Stadt nichts thun, um uns hinein-** 202
202_1 in der Hs nicht gestr.
zuhelfen. // 203
Ich habe dißmal wohl dir Langeweile,
[] 204
gemacht, du liebe! Lebe wohl. 205
$_1$He
yperion an Alaban
$_3$Diotima. 2,*XIX*$_1$

Fortsetzung mit Tinte.
$_1$Es ist geschen
$_2$hn, Diotima! die Wolfsnatur ↓ 206a
Während des Berichts faßt Hölderlin den Entschluß, den Brief nicht an Diotima, sondern an Notara zu richten; der Beginn wird dementsprechend geändert:
Hyperion an Diotima.
Notara. 2,*XIX*$_2$

$_1$Ich
$_2$**Ich schreibe dir, mein Notara. Ich kann** 206
an Diotima nicht schreiben. [//] 207
Es ist geschehn, Diotima! die Wolfsnatur
| | 208
↑$_1$**hat** **sich gütlich gethan. D**er Instinkt sei
$_3$**einmal wieder** $_2$**hat**↓
$_4$**ie** Bestialität
$_5$Wolfs
$_6$**Bestialität** 209

↑$_1$seine **Spiele getrieben, und mit meinen**
210 $_2$**ihre**
211 **Projecten ists aus.** //
$_1$**Ich sollte still seyn**,
212 $_2$**; ich sollte mich schä-**
$_1$**men; warum hab' ich mich mit diesem** G
213 $_2$**zotti-**
$_1$**gen Geschlechte befaßt**,
214 $_2$**: es geschieht mir**
$_1$**recht**.
$_2$; **warum** bin **ich** unter **die Bären** **um**
215 $_3$**hab** **mich an** **gemacht,**
Fortsetzung recto.
$_1$**sie, wie Menschen,** tr
216 $_2$**anzen zu lehren!** //
$_1$O **guter Wille! laß dich** **ins Irrhaus bringen!**
217 $_2$**Nun,** **immerhin**
$_1$laß dich, wie einen närrischen, Schmuk
218a [ ]$_2$Zierrath
219a an die Thüre und Wände schlagen,
Tilgung von218a und neuer Ansatz in 219a:
an die Thüre und Wände schlagen,
$_1$**laß dich** , stolze **Weis-**
218 $_2$**liebe**
$_1$**heit, oder wo man sonst** **einen närrischen Zierrath**
219 $_2$**noch**
$_1$anbringt!
220 $_2$**braucht!** //
$_1$Frage nur
221a $_2$bei mir nicht mehr nach Schönem
222a und Wahrem, nach meinen Perlen frage nicht mehr
$_1$ich habe sie vor die Schweine geworfen. Es [ist] mir ↓
223a $_2$[,]| |
↑$_1$alles verächtlich
224a $_2$ich bin mir selbst verächtlich,
$_1$ich möchte den Schott
225a $_2$Spott
221a-225a durch Klammern getilgt.
$_1$**O ich möchte mich selbst mi**ch
221 $_2$**t Ruthen züchtigen, daß**
222 **ich so dumm war!** //
$_1$**Aber nein! das** ni
223 $_2$**war auch nicht vorauszusehn!**
$_1$**Man kann auf Mancherlei gefaßt seyn, kann** die F
224 $_2$| |
$_1$**die Feigheit**,
$_2$**die stolze Bettelei, und das**
225 $_3$**all** **u**[nd] **all**
$_1$**Tükische**r
[t] $_2$**Schmeicheln, und den Meineid,** all die
226 $_2$**kann die ganze**
227 **Pöbelhaftigkeit des jezigen Jahrhunderts so**
$_1$**natürlich finden, wie Reegenwetter, aber** **ist**
228 $_2$**das**
$_1$**schwerlich irgend einem Menschen ein**f
229 $_2$**gefallen,**
230 **solch einen Schandtag möglich zu denken, wie der gestrige**
231 **war.** //
$_1$**Nachdem wir sechs Tage vor Misistra gelegen,** er- ↓

$_2$**kapitulirte** 232
↑$_1$gab **die Besazung** sich
$_2$| | | | 233
$_3$**endlich. Die Thore wurden**
geöffnet, und ich und Alabanda führten 234
$_1$**einen kleinen Theil des Heers in die Stadt**,
$_2$. 235
Fortsetzung verso.
Wir brauchten alle Vorsicht, ließen die Thore 236
$_1$**hinter uns spr**r
$_2$**erren, zogen auf den öffentlichen Plaz** 237
$_1$**mit unsern Leuten, und riefen dahin** die Bürge
$_2$**die** G
$_3$**griechischen Einwohner** 238
Mglw. ist das überlagerte dahin aufgegeben:
mit unsern Leuten, und riefen die griechischen Einwohner 238*a*
$_1$**zusammen**,
$_2$, um
$_3$sagten ihnen, welch' ein Herz
$_4$. | |
$_5$**Sie faßten bald** z
$_6$**Zutrauen zu** 239
$_1$uns. Die guten Kinder! Sie
$_2$den Meisten ↓ 243 240a
Vmtl. nach der Streichung in 248 wird am linken Rand nachgetragen:
uns. Die guten Kinder!
sie summten um mich herum, 240
wie Bienen um den Honig, da ich ihnen sagte, was 241
den Meisten
aus ihnen werden könnte, u[nd] 242
↑**flossen helle Thränen vom Gesichte, da von** 243
$_1$**einer bessern Zeit die Rede** r
$_2$**war. Ich bat** 244
$_1$**sie**,
$_2$**dann, die** kleine **Mannschafft**[,] **die wir**
$_3$**wenige** 245
$_1$**ihnen brächten**[,] **freundlich aufzunehmen.** Es
$_2$| | 246
Sie brauchten Exerzitienmeister, sezt' ich 247
$_1$**hinzu,** und ich dächte,
$_2$**u**[nd] **die Waffenübungen seien** 248
fürs Volk, **so nothwendig, wie die Ge-**
[ ] 249
weihe den Hirschen. In demselben Au- 250
$_1$**genblike** hörten
$_2$man ein
$_3$verworrenes
$_4$**brach aus den benach**t
$_5$**barten** 251
$_1$**Gassen** ein
$_2$Geschrei von heulenden
$_3$| | 252
$_1$**ein Gelärme von Feuerröhren und** kra- ↓
$_2$**schmettern-** 253
↑$_1$chenden **Thüren und** **Geschrei von heulenden Wei-**
$_2$**den** ↑ $_3$**ein** 254
Später wird in 247 brauchten Exerzitienmeister und in 253,254 schmettern-/den Thüren unterstr.
$_1$**bern u**[nd] **Kindern, und** t
$_2$**Töne, wie von Wüten-** 255

$_1$**den**[,] **brüllten dazwischen und** stürzte
256 $_2$**wie ich**
$_1$**mich umsah, stürzt**e
$_2$**' ein** todten
257 $_3$**leichenblasser**
$_1$**Haufe** **gegen mich, u**m
$_2$**um den andern** $_3$**nd schrie um Hülfe**,
258 $_4$;
$_1$unsre Leute
259 $_2$**die Truppen wären zu den Thoren**
260 **hereingebrochen, und plünderten, und machten**
hereingebrochen nachträglich zusammengefügt; Fortsetzung recto.
$_1$**alles nieder, was sich wi**e
$_2$**dersezte.** Was, rief ich,
261 $_2$| |//
$_1$Ich hätte mir mögen das Herz ausreißen,
$_2$Kein Wort kam über mein[e] Lippen,
262a $_3$**Ich schwieg, ich überdachte, was zu thun war,**
$_1$**aber** der **Grimm** und
263a $_2$| | [ ] **der Verzweiflung kochte**
264a **in mir, und ich hätte mir mögen das Herz**
$_1$**ausreißen**, wenn
$_2$**und** ich
265a $_3$**möcht' es** noch! [//]
266a **Ich will sie züchtigen, rief Alabanda.**
Neuansatz im Anschluß an 262a:
Ich schwieg, ich überdachte, was zu thun war,
262 []
aber Grimm der Verzweiflung kochte
| |
in mir, und ich hätte mir mögen das Herz
$_1$**O** Diotima!
263 $_2$**Notara!**
264 ausreißen, und möcht' es noch!
Ich will sie züchtigen, rief Alabanda.
$_1$Ich weiß nicht schröklichers
265 $_2$**Alabanda** ↓
$_1$**war schröklich**, wenn er ergrimmte. Ich will ↓
$_2$in seinem Grimme
266 $_3$. | |$_4$| |
↑$_1$sie – rief er
267 $_2$**Komm, rief er mir mit seiner**
$_1$**Wetterstimme,** **ich will sie** – die B
268 $_2$**komm,** **treffen** **u**[nd] **es war**
$_1$**als leuchtete der Bliz** sie an, so stan- ↓
269 $_2$| |
↑$_1$den unsre
$_2$die, die um [uns] waren,
$_3$**die** Truppen ↓
270 $_4$| |
↑$_1$die wi
271 $_2$**Leute, die wir bei uns hatten, an,**
$_1$so waren ergriffen von
$_2$sie
272 $_3$**so waren Alabandas**
$_1$**Augen** **vor ihnen aufgegangen. Ich benüzte den**
273 $_2$**im Grimme**
$_1$**Augenblik**, ich ermahnte sie
274 $_2$**schwört, rief**

$_1$**ich, daß ihr ruhig bleiben wollt ! wir**
$_2$**und treu** 275
$_1$schwörens, riefen sie; n
$_2$drauf trug' ich den ↓
$_3$| | 276a
↑$_1$besten unter ihnen auf, die Ber
$_2$wählt' ich einige ↓
$_3$**befahl** n 277a
↑$_1$von den
$_2$der Bürger, in die 278a
Überarbeitung unter Rückgriff auf 276a$_2$ und 277a$_1$:
schwörens, riefen sie; drauf trug' ich den
rief [ie] 276
besten unter ihnen auf , die Ber
$_1$**hervor**
$_2$und mit dem
$_3$und ↓
$_4$[ ] 277
↑$_1$b
$_2$**ihr sollt an·meiner und an Alabandas** 278
Stelle, sorgen, sagt ich ihnen, daß auf 279
Fortsetzung verso.
diesem Plaze das nötige geschieht, und eini- 280
gen der Bürger befahl ich, in die Gassen 281
$_1$**zu laufen, und sehen, wie es gehe, und hie-**
$_2$**zu** 282
her unsern Leuten , schnelle Nachricht einzubrin-
[] 283
gen, andre nahm ich mit mir, um durch sie 284
$_1$**von hie aus Nachricht zu bekommen,** an einen
$_2$| | 285
$_1$ein andern
$_2$**andere nahm , Alabanda mit**
[ ] 286
$_1$**sich und so** eilten **wir nach zwei ver-**
$_2$**sprengten** 287
schiednen Gegenden der Stadt hin, wo 288
$_1$der Lärm
$_2$**es** ä
$_3$**am ärgsten tobte. Die Be-** 289
$_1$**stien bemerkten** mich nicht,
$_2$**meine Ankunft nicht,** 290
so waren sie begriffen in der Arbeit. 291
$_1$**Den** Ersten**, der mir aufsties** ,
$_2$**e** $_3$**– er hielt** 292
$_1$**einen** jungen **schönen Buben bei der Kehle**
$_2$**rüstigen** 293
$_1$**mit der einen Hand, und mi**d
$_2$**t der andern** 294
zükt er ihm den Dolch aufs Herz – den faßt' 295
$_1$**ich** ich
$_2$bei
$_3$vom Pferde herab **bei**m **Haare**
$_4$| | $_5$**den** [n] 296
und schleudert' ihn rüklings auf den Boden, 297
$_1$daß mein Roß mit seinen Hufen auf ihn ↓
$_2$edles $_4$zurükb
$_3$zorniges $_5$sprang u[nd] 298a
↑trat. 299a

Neuansatz in 298a:
daß mein zorniges Roß zurüksprang und mit seinen Hufen auf ihn
298 [ ] | |
trat.
$_1$**macht' einen Sprung zurük und** wieder ↓
299 $_2$| |
↑$_1$vort
$_2$wärts,
$_3$**auf ihn zu, und stampfte mit** ↓
300 $_4$**zer**
↑$_1$**den Hufen** auf ihn.
$_2$den brüllenden
301 $_3$**das Thier.** [//]
Fortsetzung recto.
$_1$**Haltet ein, ihr Hunde! rief ich, inde**m **ich mitten**
302 $_2$**ß**
Hunde vmtl. später unterstr.
unter sie stürzten **, schlachtet mich erst, wenn ihr**
303 [ ]
304 **Muth habt, mich, mich reißt vom Roß, und**
$_1$**mordet und bestehlt mich,** oder
305 $_2$**denn, so lang**
$_1$**ich lebe,** schlag**' ich so und** m
306 $_2$**mach** $_3$**so, ein Stük**
$_1$**ums andere, euch nieder.** Ich hatte **wirklich** ↓
307 $_2$**Das war die rechte Art, ich hatt' auch**
wirklich unterstr.; mglw.:
307*a* ums andere, euch nieder. Das war die rechte Art, ich hatt' auch
↑ $_1$**einige getroffen** ,
$_2$**und es wirkte.** D
$_3$**Sie stan-** ↓
308 $_4$**mit dem Schwerdt**
309 ↑**den da, wie eingewurzelt, und sahn mit**
$_1$**stieren Augen mi**t
$_2$**ch an**.
$_3$**, und einige wollten** ↓
310 $_4$**sogar**
↑ $_1$**auf die Knie** sich lassen
311 $_2$**sich bemühn. Hinaus! rief**
312 **ich, zum Thore sollt ihr erst hinaus, das Übrige**
313 **wird folgen.**
Der Entwurf bricht hier ab und wird weiter vorn neu aufgenommen (vgl. Titelnotiz VII).

I

2,*XVI*$_2$

Hyperion an Diotima.

$_1$**Ich möchte dich sehen, große Seele,** ich möchte da
1 $_2$| | **dein**
$_1$**schönes Frolokken, deine** d
$_2$**Thränen, deine** /
$_3$theilnehmend $_5$t
$_4$| | $_6$**deine theilnehmenden,**
2 $_2$ / **schönen**
$_1$**dankbaren Th**a
$_2$**ränen – ach!** mein He
$_3$den
$_4$an
3 $_5$**sehen möcht'**
4 **ich dich und deine lieben Hände nehmen, und**
$_1$**an d**as
5 $_2$**iß Herz sie drüken, dem die Freude nun**

bald vieleicht zu groß ist – bald! in einer Woche
vieleicht! Diotima! in einer Woche vieleicht
$_1$**ist** dieser alte heilige Pelopones befreit. ↓
$_2$**er** er edle
$_3$**befreit**[,] **der alte edle heilige Pelopones.** //
8_3 durch Ziffern 1-5.
↑Eine Allmacht ein Meer von Licht und Leben
Neuer Ansatz nach Einklammerung von 9a:
$_1$**O was** ist **dieser Traum von Knechtschaft,** ↓
$_2$**ist Noth und Armuth, was ist**
↑**womit die g**o**ttliche Seele sich quält.**
[ö]
$_1$**Ich spüre das** d
$_2$**künftige Leben, wie Morgenluft,**
ich kann vor Hofnung nimmer bleiben, und ruhn. ↓
13 später eingefügt; vgl. $8_{2\cdot3}$ und 9_2:
$_1$**Dann** will i
$_2$**laß mich seyn, wie ein Kind!**
↑**O dann, du Theure! lehre mich fromm seyn!**
Dann lehre mein überwallend Herz ein Gebet!
Ich sollte wohl stiller seyn; ich sollte schwei-
gen, denn was hab' ich gethan? und hätt' [ich]
Das fehlende ich ist durch einen Bleistiftstrich angemerkt.
etwas gethan, wovon man sprechen möchte, wie
viel ist dennoch übrig? //
$_1$**Aber** umsonst!
$_2$**was kann ich dafür, daß mein**
$_1$**Gedanke schneller ist, als die Zeit? – Ich wollte** $↓_1$
$_2$frei- $↓_3$
$_3$**so** **gern**
$_4$**he zlich**
$_5$**r**
↑ $_1$lieber**, es wäre umgekeh**t
$_2$**rt, und die Zeit und** ↓
↑$_3$lich
$_4$| |
↑$_1$**die That überfl öge den Gedanken und der**
$_2$ei
$_3$**fl**
$_1$**Sieg**slauf deiner Krieger, Diotima, **übereilte**
$_2$**geflügelte** | |
die Hoffnung selbst. //
Fortsetzung verso.
Mein Alabanda blüht, wie ein Bräutigam.
Aus jedem seiner Blike lacht die kommende Welt
mich an, und daran still' ich noch so ziemlich
meine Ungedult. //
$_1$**Diotima! ich möchte** **nicht** **die schönste Lebens-**
$_2$**dieses werdende Glük** **um**
$_1$**zeit des alte**s
$_2$**n Griechenland**e**s** **tauschen**!
$_3$| | **ver** $_4$**, und**
der kleinste unsrer Siege ist mir lieber, als
$_1$**Marathon** **und Platea**,
$_2$denn
$_3$oder ist das ge- ↓
$_4$**u**[nd] **Thermo**[py]**lä** .| |
↑$_1$genesende Leben
$_2$**Ists nicht wahr? Ist nicht**

$_1$**dem Herzen das genesende Leben mehr** noch
35 $_2$| |
$_1$**werth, als das reine , das** no
$_3$Leben $_2$**die Krankheit noch**
36 $_4$| |
nicht kennt! Erst wenn , die Jugend hin ist, weiß
37a [ ]
38a man sie zu schäzen; darum ist die zweite, die
39a wiederkehrende Jugend dreifach seelig dreifach
40a schön. //
41a Die

Überarbeitung von 37a-41a:
nicht kennt! Erst wenn die Jugend hin ist, weiß
37 **der Mai dahin**
man sie zu schäzen; darum ist die zweite, die
[ihn] $_1$**darum bist** [du] **dreifach seelig** bist du
38 $_2$**mir** ↓
wiederkehrende Jugend dreifach seelig dreifach
$_1$du W der ↑ der Griechen
39 $_2$**in deiner Wiederkehr, o Frühling der Griechen.** //
schön.
| |
Die
40b Am

Der Schluß des Entwurfs wird vmtl. bei Herstellung der Druckfassung durch ein Kreuz getilgt. Das letzte Wort stellt den Anschluß an den Bleientwurf *H*, 151-157: Am Eurotas... her.

J

Fortsetzung auf einem Doppelblatt, das vmtl. ursprünglich als Briefpapier dienen sollte (vgl. die Titelnotiz VII). Die Anrede Mein Theurer! (die auch als Notiz zu diesem Diotima-Brief gelesen werden kann) wird vor Entwurfsbeginn getilgt.

2,[*XVII*] [Diotima an Hyperion.]

Erster Ansatz:
$_1$Ich kenne dich kaum noch, Hyperion!
$_2$Du ergreiff
1a $_2$st mich gewaltig, mit allem, was du
$_1$mir schreibst, mein Hyperion.
2a $_2$, und ich gestehe dir,
$_1$mir schaudert oft mitten in aller Liebe d
$_2$zu,
3a $_3$dir,

Vorfügung eines neuen Satzes und Überarbeitung von 1a-3a:
$_1$Ich
$_2$**Ich habe die Briefe** a
1 $_3$**erhalten, die** [du] **unterwegens mir schriebst**[.]
2 Du ergreifst mich gewaltig, mit allem, was du
mir schreibst, mein Hyperion, und ich gestehe dir,
3 $_1$**da sagst** ↑ $_2$| |
mir schaudert oft mitten in aller Liebe zu dir,
4 $_1$| | $_2$**meiner** $_3$| |
5 **schaudert mich oft, den sanften Jüngling, der zu meinen**
$_1$**Füßen geweint, in dieses** rächerische **Wesen ver-** ↓
6 $_2$**rüstige**
7 ↑**wandelt zu sehn.** //
8 **Wirst du denn nicht die Liebe verlernen?** //
$_1$**Aber wandle nur zu! Ich folge dir.** Wenn du ↓
9 $_2$**Ich glaube,** [w]
↑$_1$**mich hassen könntest,** siehe! so **würd'** auch /
$_2$aus Liebe
$_3$**ich würd' auch sogar dir nachempfinden**[,] $_5$[e]| |
10 $_4$**da** $_1$ / **mir Mühe** ↓

↑$_1$**geben, dich zu hassen und so bl**e
$_2$**ieben unsre Seele**[n] **sich** 11
$_1$**gleich u**[nd] das **ist kein** kindisch**übertrieben Wort, Hy-** ↓
$_2$es $_4$**eitel** ↑
$_3$**das** 12
↑perion. Ihr Männer begreift das nicht, 13a
Fortsetzung in sperrig verstörtem Duktus; zuvor die nachträglichen Überarbeitungen in 6-12.
perion. Ihr Männer begreift das nicht,
$_1$| | freilich
$_2$| |//
$_1$**Ich bin auch** jezt 13
$_2$**selbst** ein **ander**
$_3$**ganz** **s, wie sonst. Mir man-** 14
gelt der heitre Blik in die Welt, und die freie Lust 15
$_1$**an** an **allem Lebendige**m
[ ] $_2$**n.** D
$_3$**Nur das Feld der Sterne** 16
$_1$**zieht mein Auge noch an. Dagegen denk' ich um so**lche
$_2$| | 17
$_1$**lieber an die großen Geister der Vorwelt**,
$_2$**, und wie** 18
$_1$**sie geendet haben auf Erden**. D**ie hohen Spartanischen Frauen**
$_2$**u**[nd] [d] 19
Fortsetzung verso.
haben mein Herz gewonnen. Dabei vergeß ich nicht die 20
$_1$**neuen Kämpfer, die** kra
$_2$**rüstigen, deren Stunde ge-** 21
$_1$**kommen ist,** **und** ich
$_2$**unter ihnen** seh' ich
$_4$**ich sehe sie nahn** $_3$weht
$_5$**stralt** 22
$_1$das Auge und
$_2$**das lieblichglühende Gesicht Hype-** 23
$_1$**rions** g
$_2$**durch, und denkst du? ich fürchte den** 24
Ausgang. Liebster! manchmal wills mich über- 25
fallen; aber meine größern Gedanken , **halten**[,]
[] 26
wie Flammen, den Frost ab. // 27
Lebe wohl! Vollende, wie es der Geist dir 28
gebeut, und laß den Krieg zu lange nicht dauern 29
$_1$**um des Friedens willen**.
$_2$**, Hyperion, um des schönen** 30
$_1$**neuen goldnen Friedens willen**, wo **, wie du sagtest,**
$_2$kön
$_3$[wo] 31
$_1$die Geseze des Lebens, die nothwendigen **Bedingungen**
$_2$r Natur $_3$die heiligen
$_4$ehernen
$_5$unumstösliche[n] 32a
$_1$des
$_2$einst unser Rechtsbuch
$_3$des Lebens, die reinen ewig[-]
$_4$heiligen 33a
33a$_4$ irrtümlich vor statt nach die eingefügt.
$_1$festen einst in unser Rechtb
$_2$sbuch eingeschrieben 34a
32a-34a durch Klammern getilgt.
$_1$W

32 $_2$einst in unser Rechtsbuch eingeschrieben werden die
33 Geseze der Natur, die ewigfesten ehernen Bedingunge[n]
$_1$des Lebens, u[nd] wo das Leben das Leben
34 $_2$selbst, wo
35 sie, die göttliche Natur, die in [kein] Buch geschrieben wer[den]
36 kann, im Herzen der Gemeinde seyn wird.
37 Lebe wohl. //
Fortsetzung recto.

2,[*XVIII*$_2$] [Hyperion an Diotima.]
38 Du hättest mich besänftigen sollen, meine Dio[-]
$_1$tima, hättest sagen sollen, mich
39 $_2$ich möchte mich
40 ja nicht übereilen, möchte dem Schiksaal nach
$_1$und nach den Sieg abnöthigen, wie man kargen
$_2$| |
41 $_3$man
42 Schuldnern ein Stük ums andre aus der Hand
43 bringt. O Mädchen! stille zu stehn, ist schlimmer,
44 wie alles. Mir troknet das Blut in den Adern, so
$_1$s
$_2$dürst' ich hinaus, hinaus
$_3$ans Ens
$_4$de
. $_5$hinaus ins Freie ↓
45 $_6$| |
↑$_1$wo die Kraft ihr Spiel hat,
$_2$zu vollenden , und muß
46 $_3$weiterzukommen
47 hier müßig stehn, und belagern, belagern, den einen
Tag wie den andern. Unsere Volk will stürmen,
48 [ ]
$_1$d
$_2$aber das erhizt
$_3$| | wurde die auf[ge]regten Gemüther zum
[das] $_4$ü $_5$ungeduldigen
49 $_6$[aufgeregten]
$_1$Rausch und wehe dan[n] unsern Hoffnungen, wenn das wilde
50 $_2$erhizen
Wesen aufgährt und die Zucht und die Liebe ver- ↓
51 [z]
↑$_1$g
52 $_2$reißt. //
$_1$Ich weiß nicht,
$_2$—
53 $_3$, es kann nur einige Tage noch dauern,
54 so muß Misistra sich ergeben, aber ich wollte wir
55a wären weiter, ständen im Schlachtfeld und hätten
56a nichts mit den Städten zu thun. Im Lager hier ists
Der Nachsatz wird mglw. erst später gestr.:
wären weiter, ständen im Schlachtfeld und hätten
55 .| |
nichts mit den Städten zu thun. Im Lager hier ists
56 | |
$_1$mir, wie in gewitterhafter Luft, ehe der Bliz ↓
$_2$sich
57 $_3$[.]| |
↑$_1$einschlägt.
58 $_2$Ich bin ungeduldig; auch meine Leute
Fortsetzung verso.

gefallen mir nicht. Es ist ein furchtbarer Muth- 59
will unter ihnen. // 60
$_1$**Aber ich bin nicht klug**. Ich thue
$_2$Es ist
$_3$**, daß** 61
ich so viel aus meiner Laune mache. Und das 62
alte Lazedämon ists ja doch wohl , **werth,**
[ ] 63
$_1$**daß man** m
$_2$**ein wenig Sorge leidet, eh'** es erobert ↓
$_3$**man** 64
↑$_1$wird.
$_2$**es hat.** 65
Eine Zeile Zwischenraum.

Hyperion an Diotima. 2,*XIX*$_3$
Es ist aus, Diotima; unsre Leute haben 66
$_1$geplündert und gemordet, unschuldige Griechen,
$_2$unsre 67a
Brüder, die Griechen in Misistra, die Unschuldigen 68a
$_1$sind erschlagen oder ih
$_2$irren sie hülflos herum, – 69a
u[nd] ihre todte Jammermiene schreit um Rache 70a
zum Himmel und alle die 71a
Überarbeitung von 67a-71a und Fortsetzung:
geplündert und gemordet, unsre
$_1$[,] **zerstört**[,] **ohne Unterschied** und ach
$_2$**auch** 67
Brüder, die Griechen in Misistra, /
$_1$**guten** **von ihnen** sind / die Unschuldigen
$_2$**erschlagen sind sie**[,] [,] 68
sind erschlagen oder irren sie hülflos herum, –
[ ] | | 69
und ihre todte Jammermiene schreit um Rache
$_1$ruft
$_2$reiß
$_3$ruf[t] zur 70b
zum Himmel und alle die
den die Erde wider 71b
die Barbaren an deren S[p]ize ich stehe. 72a
Nicht wahr, das giebt ein gutes Vorutheil, 73a
$_1$für unsere Sache?
$_2$! 74a
Umstellung von 70b-71b durch Ziffern 1-3; Tilgung der rhetorischen Frage durch Klammern:
und ihre todte Jammermiene ruft zur Rache
den Himmel 70
den Himmel und die Erde wider
und die Erde zur Rache ↑ 71
die Barbaren an deren Spize ich stehe.
$_1$bin
$_2$**war** 72
Nun kann ich hingehn und von 73
$_1$meiner guten Sache predigen. Nun, nun fliegen 74b
$_1$die Herzen mir zu! um
$_2$O
$_3$und es braucht ein 75a
Wort nur, so sind alle nach unsrem Sinne 76a
verwandelt. 77a
Überarbeitung und Kürzung von 74b-77a:
meiner guten Sache predigen. Nun, nun fliegen
O ↑ 74

die Herzen mir zu! und es braucht ein
75 **alle** //
$_1$**Aber ich habs auch klug gemacht**!
76 $_2$**. Ich habe meine**
$_1$**Leute gekannt.** Wirklich
$_2$Nein!
$_3$Traun! es
77 $_4$| |
Fortsetzung recto Mitte. (vgl. Titelnotiz zu VII*E*).
$_1$es w
$_2$In der That, **es war ein außer-**
$_3$| |
78 $_4$**In der That!**
79 **ordentlich Project, durch eine Räuber-**
$_1$**bande ein Elysium zu pflanzen.**
80 $_2$**m**
$_1$Nein! **bei der heilgen Nemesis!**
$_2$O
81 $_3$**Nein!**
$_1$bei
$_2$**mir ist Recht ge**tha
$_3$**schehn**.
82 $_4$||
83 **u**[nd] **ich wills auch dulden,**
84 **dulden will ich, bis der**
85 **Schmerz mein lezt Be-**
86 **wußtseyn mir zer-**
87 **reißt.** //
Fortsetzung verso.
$_1$Denkst du, ich tobe!
$_2$? Wenn ich tobe,
$_5$O $_3$te[,] warum reiß' ich ↓
88a $_6$| | $_4$| |
↑$_1$den Verband
$_2$stürz' ich, den
$_3$auf
89a $_4$den Tod in der
90a Faust, den Bösen
Zweiter Ansatz im Anschluß an 88a:
88b Denkst du, ich tobe? Wenn ich tobte, warum
$_1$wa
$_2$lieg
89b $_3$reiß' ich die
90b Binde nicht
Dritter Ansatz:
88c Denkst du, ich tobe? Wenn ich tobte, warum
$_1$bleib' ich sol
89c $_2$still
Vierter Ansatz nach Streichung des bisherigen Entwurfs im Anschluß an 88c tobte:
Denkst du, ich tobe? Wenn ich tobte, warum
88d [ ]
$_1$so dürft ich nur die Binde
89d $_2$ja
$_1$reißen, di
90c $_2$von der Wunde, die meine eignen
$_1$Leute mir schlugen, da ich den Greuel d
91a $_2$ab-
92a wehrte,
Fünfter Ansatz; Überarbeitung von 88d-92a:
88e Denkst du, ich tobe? Wenn ich tobte,

so dürft ich ja nur die Binde
so riß' ich ↑ von ihr 89e
reißen, von der Wunde, die meine eignen
[ ] einer r Getreuen 90d
Leute mir schlugen, da ich den Greuel ab-
1| |
2[mir] schlug 3indem 91b
wehrte,
1u[nd] so ränne ja
2mein Blut ↓ 94 92b
Sechster Ansatz am oberen Rand; Anschluß an den vmtl. früher weitergeführten Entwurf in 88e:
Denkst du, ich tobe? Wenn ich tobte
[ ] 88
1Wenn ich tobt
2**Ich habe eine Wunde, die einer meiner**
3**ehrsame** 89
Getreuen mir schlug, indem ich den 90
1**Greu le**
2**e abwehrte. Wenn ich tobte**[,] 91
so riß' ich die Binde von ihr ↓ 93 92
, von der Wunde, die einer meiner Getreuen
[ ]
mir schlug, indem ich den Greuel ab-
[ ]
wehrte, und so ränne mein Blut
↑[ ] 93
↑**wohin es gehört, in diese trauernde Erde.** [//] 94
1Diese trauernde Erde! die öde ! die
2nakte 95a
1ausgestorbne. Die ich retten wollte,
2todte, ↑[d] 96a
der ich 97a
Neuansatz; Anschluß in 94a:
Diese trauernde Erde! die nakte! die
[ ] 95
1die **ich kleiden wollte**, ↓
2**so** [] 96
↑1wie sie vor
2**mit heiligen** 97
Hainen, so ich schmüken 98
wollte mit allen Blu- 99
men des griechischen 100
Lebens! // 101
O es wäre schön 102
gewesen, meine 103
Diotima. // 104
Die unmittelbare Fortsetzung fehlt.
K
Entwurfssegment auf einem beschädigten Blatt, das ursprünglich mit 282 (vgl. *I*) ein Dbl. bildete. 2,[*XXII*1]
1Ich habe lange gewartet, lang auf ein herzlich Abschiedswort gelauscht.
2laug
3scht, hab e nach einem [en] e dürstet
4wartet, 1a
1Aber du schweigst. |
2Auch das ist gut, ist freundlich, edle Diotima. // 2a
1Ich schreibe am Vorabend einer Schlacht und meine Seele hoft sich ↓
2.| | 3a
↑1endlich zu befreien, da
2in dieser Schlacht mit guter Art
3| |Das 4a

$_1$mag mich entschl
$_2$uldigen, daß ich ich
5a $_3$schreibe. An einem solchen
6a Abend fallen, wie ich finde, die Unterschiede des sterblichen
7a Lebens, ziemlich weg,
Neuer Ansatz in 5a:
mag mich entschuldigen, daß ich schreibe. An einem solchen
5b | |
6b Die Unterschiede des sterblichen Lebens
7b sind weggefallen, und nur die großen, ewigen Bezie-
hungen, der Geister und der Kräfte bleiben. //
8a []
$_1$Ich trete dir näher, meine Diotima,
9a $_2$fühle ch
9a wird getilgt.
$_1$Ich [trete] freier vor dich
9b $_2$trete fast vertrauter vor dich
10a als ich sonst gewohnt war. //
$_1$Ich betrachte diese Schlacht, als ein Bal
11a $_2$d, um den Staub
12a mir abzuwaschen.
Nach Tilgung der letzten beiden Zeilen wird zu einem neuen Briefbeginn angesetzt. Ein waagrechter Strich am rechten Rand deutet diesen Einschnitt an. Überschrift fehlt.

2,[XXII_2] [Hyperion an Diotima.]

$_1$Ich schreibe dir noch Einmal, Diotima.
$_2$**Ich habe lange gewartet, ich will es dir gestehn**.
1 $_3$,
$_1$**ich habe sehnlich auf** de
2 $_2$**ein Abschiedswort aus deinem**
3 **Herzen gehofft; aber du schweigst. Auch das**
$_1$**ist wohl so unfreundlich nicht, wie es scheinen könnte,**
4 $_2$**sehr**
5 **auch das ist eine Sprache deiner schönen Seele, Dio-**
6 **tima.** //
7 **Nicht wahr? die tieferen Akkorde hören darum doch**
8 **nicht auf? nicht wahr, Diotima! wenn auch die Blüthe**
9 **der Liebe wegfällt, ihre Wurzel bleibt doch immer.**
$_1$Nein! wenn
$_2$O es ist mein[e] lezte Freude, aber es
10b $_3$sie
Im folgenden starker Textverlust durch zerbröckeltes Papier.
$_1$]te groß, meine
11b $_2$lez[ ] ist es, ist es
Neuansatz nach kurzen Tilgungsstrichen in 11b:
10 [O das] **ist mein lezte**[ ] **Freude, zu fühlen,**
11 [daß wir un]**zertrennlich** [sind, wenn auch kein Laut von] **dir** [zu mir,]
Fortsetzung verso.
12 **kein Schatte unserer holden Jugendtage mehr zurükkehrt.**
$_1$**Darum laß ich auch gerne meinem Herzen es zu, daß**
13 $_2$**einsamen**
$_1$**es noch Einmal zu dir sp**richt, ich
$_2$**darum gönn' ich ihm**
14 $_3$**reche,**
$_1$sein Schwanenlied auch gerne.
$_2$**auch gerne sein** Schwanenlied. ↓
15 $_3$**letztes Spiel** //
15_2 durch Ziffern 1-4:
16 ↑**Ich blike in die nächtliche See hinaus nach dir, ich brei-**
$_1$**te die Arme au**ch
17 $_2$**s nach den Gegenden, wo du ferne**

$_1$ **lebst, was kann es di**r schaden? **Es ist zum lezten-** ↓
$_2$**ch stören** 18
↑$_1$**male,** was kann es dir thun? ↓
$_2$**du wirst es verzeihn.** // 19
↑$_1$**Glaube mir, man sieh**t
$_2$**et diese Spiele der Sterblich-** 20
keit ganz eigen an, in Stimmungen, wie die meine 21
ist; man lächelt zu ihnen mit wehmütiger Freude, 22a
$_1$wie der V
$_2$ein Vater zu den unschl
$_3$uldigen Spielen 23a
der Kinder. 24a
Der Nachsatz wird eingeklammert:
ist; man lächelt zu ihnen mit wehmütiger Freude,
| | 22
man sieht sie freier, ach! und dennoch 23
$_1$du verstehst mich, Diotima!
$_2$**sind sie** teurer
$_3$**dem Herzen theurer als je.** // ↓ 24
Hinter 24 später ein Einweisungskreuz für den am unteren Rand notierten Entwurf (vgl. 25).
Es geht mir jezt mit allem so, was um mich ist. 25a
Neuansatz:
Ich saß den Mittag über auf dem Verdeke meines Schiffes[.] 25b
$_1$Ich wärmte mich am Sonnenlichte, ich sog die f
$_2$gütigen 26a
$_1$Stralen in mich, wie
$_2$ich lag, wie ein Kind an den 27a
$_1$Brüse
$_2$ten der Mutter – ich nahm noch alles mit, ich 28a
sah zum Meergrund hinab, ich streifte mit den Lüftchen 29a
$_1$über w
$_2$die wallende S
$_3$Fläche, auch diese liebliche n Wolken,
$_4$leise $_6$und ↑ [ ]
$_5$| | 30a
$_1$die wie Loken um s
$_2$die Erde sich kräuseln, begleitet' ich
$_3$| | 31a
$_1$bis an den Hor
$_2$mit
$_3$wohin sie 32a
Mit Streichung der letzten Variante wird offenbar das ganze Entwurfssegment 25b-32a aufgegeben. Die nun folgenden Entwurfszeilen, durch den Papierverlust am unteren Blattrand stark lückenhaft, schließen sich durch Kreuze an Zeile 24 an:
$_1$**O Erde!** [meine] **Wiege! es ist groß** [u 25
[ein] $_2$**er** 26
Abschied[, es ist ein b]**ittrer Abschied, de**[n wir] 27
vo[n dir nehmen.] //
Der Schluß des Briefs – damit auch das Ende des ersten Buchs des zweiten Bandes – ist nicht überliefert. Der fehlende Text umfaßte vmtl. ein Quartdoppelblatt (vgl. auch VII*C*).

L

Anfang des ersten Diotima-Briefs im zweiten Buch des zweiten Bandes; noch mit eigener Überschrift und nicht eingebettet in die Erzählung. Der auf der dritten Seite des vmtl. aus *Henrys Schulheft* entnommenen Doppelblatts abbrechende Entwurf wird mit *M*: 1,2 fortgesetzt.

Diotima an Hyperion. 2,[*XXVI*$_1$]
Ich habe die beiden Briefe, die du nach der un- 1
glüklichen Begebenheit in Misistra schriebst, zugleich 2
$_1$**und viel zu spät erhalten.** In dem **ersten schriebst**
$_2$**m** ↑ 3

4 **du mir nur kurz, du seiest gesonnen, zur**
$_1$**Russischen Flotte zu** andern,
5 $_2$**gehn. Der zweite** ↓

Später teilweise Streichung des vorangegangenen Satzes, doch wird der Neuansatz sogleich gestrichen und die Tilgung durch Unterpunktungen wieder aufgehoben:

und viel zu spät erhalten. Im ersten schriebst
$_1$Diese Briefe
$_2$| |
$_3$[Im ersten schriebst...]
6 ↑**gieng zu tief aus deiner Seele, als daß ich daran**
7 **zu mahnen brauchte... Du hast darauf gerechnet,**
$_1$**hast mirs zugetraut**.
$_2$**, daß** ich dich
$_3$**dieser Brief** ↓
8 $_4$**mich**
↑$_1$mich **nicht belaidigen könne. Das hat mich mitten**
9 $_2$| |
10a in meiner Betrübniß herzlich gefreut. Du reißest
[dich] los von mir, du giebst das zartes Bündniß auf,
11a [ ]
$_1$das zwischen uns einst waltete. Ich gebe dir recht,
12a $_2$und i
$_1$Hyperion. Du hast den rechten Grund mir nicht
13a $_2$deutlich
$_1$genannt, er war dir wohl
14a $_2$selbst wohl nicht so
15a klar; hohe Seele! ich habe dich dennoch gefaßt.
16a O es ist so ganz natürlich, so natürlich, als
$_1$wenn du die Bedür[f]nisse verschmachten.
17a $_2$,

An dieser Stelle vmtl. Streichung von 10a Du reißest bis 14a nicht so; Überarbeitung ab 15a:

in meiner Betrübniß herzlich gefreut. Du reißest
10 | |
klar; hohe Seele ! ich habe dich dennoch gefaßt.
$_1$u**nglüklicher**! $_8$**wohl** | |
[U] $_2$hoher Gei
$_3$eld
$_4$dler
$_5$teurer
$_6$**edler** Mann
11 $_7$**Geist**
O es ist so ganz natürlich, so natürlich, als
$_1$**Gott!** $_2$| |
12 $_3$**ganz** **daß du nimmer lieben willst, weil deine größeren**
wenn du die Bedürfnisse verschmachten,
13 | | **ein Spott des Schiksaals sind, so natürlich**[,]
$_1$**als wenn du die Speise verschmähtest**, in dem
14 $_2$**im**
$_1$**Augenblik**,
$_2$**e, da** d**ie**
$_3$u **Durstes sterben** muß[t].
15 $_4$**die ich** **ließe.**

Ein Punkt zwischen $_4$die und ich deutet vmtl. die Einfügungsstelle nach $_2$da an.

$_1$**Ich wußt' es bald**;
16 $_2$**, ich konnte dir nicht alles**
$_1$**seyn, du hattest früh die** **Langeweile dieser**
$_2$schrökliche
17 $_3$| |
$_1$**Zeit**, das Dürre **gefühlt; du littst,**
18 $_2$[] | |

Fortsetzung verso.
da ich dich kennen lernte, nicht so wohl durch 19
$_1$**irgend ein bestimmtes Unglük;** durch irgend
$_2$| | 20
$_1$harten d
$_2$**nicht jene** schauerliche
$_3$große Macht ↓
$_4$herrliche
$_5$große
$_6$**auch** $_7$**s** | | 21
↑$_1$des **Schiksaal**s **, mit dem die alten Heroen**
$_2$[ ] [] 22
$_1$**sich maßen,** und nicht jener große Kampf, ↓
$_2$**nicht jene** **Macht**[,]
$_3$**schauerliche große** 23
↑$_1$mit
$_2$**es war die Unmacht** deiner Zeitgenossen ↓
$_3$**, die Gemeinheit**
$_4$deiner Zeitgenossen
$_5$[,]| | 24
↑$_1$deines
$_2$**es war das** **Nichts, der** **Tod, die** **Leer**e
$_3$**fade** $_4$fade
$_5$| |
$_6$**fade** **fade ungeheure** **heit** 25
25_3 irrtümlich vor das.
deiner Zeitgenossen, was dir bei deinem ersten 26
$_1$d
$_2$**Blik' ins Leben begegnete und** hin war das
$_3$| |$_4$| | 27
$_1$**das** h
$_2$[hat] **dich um** die Freude des Lebens **gebracht.**
$_3$**deinen Frieden** ↑ 28
Vmtl. gehört die vor dich gesetzte Klammer vor das ersetzte Segment die Freude des Lebens.
$_1$Du warst schon sehr
$_2$Schon da du Ala- 29a
$_1$banda kennen lerntest, warst du krank, hoher ↓
$_2$littst du ↑ 30a
Leidender! Da wir uns fanden 31a
Nach dem Korrekturansatz 30a wird der begonnene Satz eingeklammert.
$_1$**Das hat** ↓
$_2$**auf** 29
↑$_1$mit a
$_2$immer mit aller Sterblichkeit
$_3$unserem dämmern- ↓
$_4$r 30b
↑$_1$den
$_2$sterblichen Erde dich entzweit, 31b
Einklammerung von unserer bis Erde; dafür Einweisungslinie von entzweit zu $30b_2$ mit aller Sterblichkeit; die Streichung von aller Sterblichkeit ist damit aufgehoben.
immer mit unserer
[ ]| | 30
sterblichen Erde dich entzweit ,
| | **mit aller Sterblichkeit das** 31
hat den Trieb nach Ganzem, und Unendlichem 32
$_1$**zu**r **Leidenschaft** in dir gema
$_2$**deiner** **, das hat zu** 33
aller menschlichen Lebensfreude, zu aller 34
menschlichen Beschäftigung unfähig, hat tief 35

$_1$und unausbleiblich elend dich gemacht auf immer.
$_2$fhörlich
$_3$unheilbar ↑
$_1$O hätte doch ein guter Gott dein W
$_2$Auge vor
Fortsetzung recto.
der flachen Wüste bewahrt!
37a und 38a durch Klammern getilgt.
$_1$Es geht dir , wie einem, der einmal daran ↓
$_2$Sieh! [e] $_3$recht | |
↑war, an der Frost zu sterben und nun
Frost *f.* auch in Lucan, Pharsalia 18, und Ovid, Leander an Hero (85); vgl. Bd. 17).
$_1$von seinem Feuerheerde nimmer weicht. ↓
$_2$läßt. //
↑$_1$Hättest du Dürftige so in seiner ganzen Un-
$_2$nicht das
$_1$beschreiblichkeit gesehn, du würdest vor jeder Spur
$_2$nicht
nicht in 41_2 durch das Zeichen $\overline{o}$.
desselben, du würdest nicht auch da, wo andere
$_1$es reizend finden, vor ihm entfliehn, du würdest ↓
$_2$mit eigentlicher | |
$_3$dieser wunderbaren Scheue
↑$_1$nicht, wie ein Wilder, jede Klugheit, jeden
$_2$s
$_1$Tags
$_2$werk, jedes Amt verschmähn, du wärst der ↓
$_3$und jeden Stand
↑räthselhaft Furchtsame nicht, der, statt die Macht
$_1$und ,
$_2$Arbeit, wie die andern Furchtsamen zu fürchten,
$_1$den Sl
$_2$chlaf nur fürchtet und die Unmacht
$_3$— nicht
$_4$[,] die ihm gegenüber steht
wahr, Hyperion, ich weiß zu sprechen, ich weiß
dich abzuhandeln? was blieb mir auch in meiner
$_1$Einsamkeit sonst übrig, wenn
$_2$? Was konnt' ich treiben,
$_1$seit du fort , wenn ich nicht in müßiger Trauer , ↓
$_2$[b]ist $_2$der [n] []
↑$_1$unterliegen wollte, die mir alle Lebens kraft ↓
$_2$so leicht des ganze K
↑$_1$verzeht
$_2$rt? Was konnt' ich thun, als denken über dich?
Ich hab' auch manchen lieben Tag so hingebrütet.
Fortsetzung mit *M*1,2; die letzte Seite des Doppelblatts bleibt leer.

M

Das folgende Segment *M* wurde früher als *L* entworfen und durch den vorgefügten Satz *M*1,2 an *L*55 angeschlossen.

2,[XXVI_2]
O einst, Hyperion, da ich noch dich nicht kannte[,] dacht'
ich wenig. //
So kamst du zu mir. Ein friedlich Mädchen war ich,
$_1$sah, wie die e
$_2$andern lebendigen
$_3$Kinder und die Vögel ,
[]
der Luft, nur was mir paßte, das andere sah' ich nicht.
$_1$Ich wußte von nicht

Auch meiner dacht' ich kaum, 6a
ich war 7a
Neuansatz im Anschluß an 5:
An mich zu denken, hatt' ich keine Zeit. Ich 6
$_1$**lebt'** ich
$_2$**in lauter** süßen lieben **Geschäfften**, und ↓
$_3$| |**freudigen** $_5$; | |
$_4$**süßen** 7
↑$_1$eine
$_2$**in** ewiger leichter
$_3$| | **müheloser inniger Liebe für**
$_4$**ewiger** 8
alles Schöne der Welt. Hyperion! es war Unendlich- 9
keit in meiner kleinen Sphäre. Aber es ist noch 10a
$_1$keines in der
$_2$Säugling der Natur an ihren Brüsten ↓
$_3$Schooskind der Natur[,] ↓$_2$ 11a
↑$_1$geblieben.
↑$_2$zu
$_3$das nicht einmal
$_4$, wenns Zet
$_5$it Z
$_6$ist, 12a
$_1$aus den seeligen Armen herabmuß, auf den ,
$_2$Boden. 13a
Überarbeitung von 10a-13a:
keit in meiner kleinen Sphäre. Aber es ist noch
giebt 10b
es versehentlich gestr.
kein Schooskind der Natur,
[das] es immer geblieben[,] 11b
das nicht, wenns Zeit ist, 12b
aus den seeligen Armen herabmuß, auf den Boden.
$_1$die es trugen
$_2$worinn es geschwebt 13b
Neuer Ansatz; Textanschluß in 10b:
keit in meiner kleinen Sphäre. Aber es giebt noch
| | 10
Aber noch ist kein Schooskind der Natur es immerhin ge- 11
$_1$**blieben. Auch meine Stunde** schlug
$_2$**sollte schlagen**. ↓
$_3$; 12
↑$_1$B
$_2$**böser Mensch! mit dir hat** meine
$_3$**s angefangen.** 13
$_1$**Du** hast mich **ergriffen**, und auf deine einsamen
$_2$| | **st mich[,] zogst** 14a
$_1$von einer Fels
$_2$senspize zur andern mich hinauf, und das 15a
arme Mädchen hätt' allmälig seine Lust an der schwind- 16a
lichen Höhe 17a
Tilgung von 14a-17a durch Klammern; Fortsetzung im Anschluß an 13:
$_1$Ich habe dir nachgefühlt.
$_2$Solch
$_3$**Diese Trauer,** 14
$_1$diese tiefe Demuth **und dieser** glühende Me
$_3$dieser $_2$**Sinn** ↓
$_4$Zartheit ↑ $_6$**blühende dichtrische**
$_5$| |
[diese tiefe Demuth] 15

Die Unterstreichung von blühende und der getilgte Einweisungsstrich vor dieser ermöglicht weitere Textkonstitutionen; z.B:

15*a* diese tiefe Demuth und dieser blühende Sinn
↑$_1$**und dieser Heldenglaube,** diese
16 $_2$**und diese Geistes-**
$_1$**gewalt, solch einen Menschen hatt' ich nie gekannt.** Die ↓
17 $_2$**Eine niegefühlte**
↑$_1$**Neugier trieb** **an das wunderbare Wesen.**
$_2$**mich** $_3$**,** und **un**aus ↓
$_4$| | wider-
18 $_5$**und** **aus**[-]
↑$_1$**sprechlich zog die** S
$_2$**zarte Seele mich an**. Furchtlos wags
$_3$t
19 $_4$**und kindisch leichtsinnig**
Fortsetzung verso.
20 **wagt' ich mich in deine gefährliche Zone. Du must ihn**
$_1$**erheitern, dacht' ich** anfangs **, must den räthsel-** ↓
21 $_2$**thöricht**
↑$_1$**haften Schme z in ihm besänftigen**,
22 $_2$**r** $_3$**; ich wußte nicht wa-**
23 **rum? Ein Triumph über alle Triumphe lag für mich**
$_1$**in dieser Hoffnung**,
24 $_2$**. Bald aber sah' ich tiefer.**
$_1$Mit Schreken ergriff es mich, ich d
25a $_2$hatte das Unmögliche
26a gewollt. Konnt' ich dich schadlos halten für
$_1$das Element, worinn die alten Künstler und
$_2$Seelen ↓
27a $_3$| | [der]
↑$_1$Helden erwuchsen? Konnt' [ich] die goldnen Tage von
28a $_2$| |
29a Attika um dich versammeln? konnt' ich eine Welt
30a dir ersezen, Hyperion? Ach! glüklich sind sie
$_1$alle, dich
31a $_2$, die [dich] nicht verstehen. Wer dich versteht,
$_1$mußt
32a $_2$werden, wie du, muß deine Größe theilen
33a und deine Verzweiflung. //
34a Die.schöne[n] Freuden der Liebe

Mit diesem Ansatz, mglw. dem Anschlußvermerk an einen schon vorhandenen Entwurf, bricht der Entwurf ab. Dann wird in 25a zur Überarbeitung angesetzt, ein Teilstück des Entwurfs eingeklammert und ein neuer Text am Fuß der Seite entworfen; Anschluß durch Kreuze:

Mit Schreken ergriff es mich, ich hatte das Unmögliche
25 **Ich fühlt',** ↑
gewollt. Konnt' ich dich schadlos halten für
26 **und fühl' es jezt noch besser.** //

Nach Einklammerung der folgenden drei Fragen – von Konnt' bis Hyperion? – Fortsetzung unten:

27 **Konnt' ich die Bande der Sterblichkeit dir lösen?**
$_1$de
$_2$**konnt ich den** D**urst dir stillen, für den kein**
28 $_3$**Seelen**[d]
$_1$**Quell fleußt, und kein Weinstok wächst**, für ↓
29 $_2$[?]| |
↑$_1$das
$_2$den
$_3$für den umsonst
$_4$**konnt i**h
30 $_5$**ch die Freuden einer**

Welt in einer Schaale dir reichen ? konnt' ich 31b
1sagen, sei ein Meer und rufe allen Bächen des ↓
2| | 32b
↑1 Lebens,
2[,] laß die Bäche des Lebens, alle
3und versammle a
4, laß alle 33b
Ströme des Lebens in deiner Tiefe sich sammeln 34b

Neuansatz nach einem Tilgungsstrich durch 33a, 34a:

sagen, sei ein Meer
u[nd] nimm alle 32c
Bäche des Lebens! sei ein Gott, und schau und 33c

Mit einer Streichung in alle scheint auch dieser Ansatz abgebrochen; Fortsetzung vmtl. nicht auf einem verlorenen Blatt, sondern in 31b mit dem Text nach der Klammer in 30a:

Welt in einer Schaale dir reichen? konnt' ich
[ ]// 31
Ach! glüklich sind sie 32
alle, die dich nicht verstehen. Wer dich versteht, 33
muß werden, wie du, muß deine Größe theilen
der eben arm wie du [ ] 34
und deine Verzweiflung. 35
Die schönen Freuden der Liebe 36

M1

Zwei Zitate (2,*XXVII*:234-237 und 2,*XXI*:24-26) im Brief an den Bruder vom 4. Juli 1798; vgl. (44).

M2

Vorstufe zu *Hyperions Schiksaalslied* im *Homburger Quartheft*; vgl. Bd. 4).

1Sorgenfreie
2Mühelose
1Habt ihr
2Wandelt ewig freigegeben
Frei in stiller Selbstgewalt
Unter euch ein

Entwurf zu Brief 1, *VII*:

1,[*VII*] A_1

Alabanda! brüderlich Wesen!

Bei deiner herrlichen Seele, du! du wirst mit mir das Vaterland erretten.

„Das werd ich, oder untergehn. –"

Und wer von uns beiden, fuhr ich fort, sich zur Zufriedenheit bekehrt und träg und feig in seinen Winkel kriecht, und da verkrüppelt, den fliehe, wie eine Pest, sein Weib, und mit Füßen tret' ihn sein Sohn und wenn er stirbt, erscheine, wie ein Rachegeist, der Geist des bessern Freundes ihm, und mahn ihn, daß er heulend seinen Meineid noch bekennt, und so vergeht.

Wer von uns beiden, wiederhohlte Alabanda, sich zur Zufriedenheit bekehrte, und träg und feig in seinen Winkel kriecht und da verkrüppelt, den fliehe, wie eine Pest sein Weib und mit Füßen tret' ihn sein Sohn, und wenn er stirbt, erscheine wie ein Rachegeist, der Geist des bessern Freundes ihm, und mahn' ihn, daß er heulend seinen Meineid noch bekennt und so vergeht! –

Von diesem Tag an wurden wir uns immer heiliger und lieber. Tiefer unbeschreiblicher Ernst war unter uns gekommen, aber wir waren um so glüklicher zusammen. Nur in den ewigen Grundtönen seines Wesens lebte jeder, und schmuklos schritten wir fort von einer großen Harmonie zur andern. Voll herrlicher Strenge und Kühnheit war unser Leben.

Wie bist du denn so wortarm geworden? fragte mich einmal Alabanda mit Lächeln. In der heißern Zone, sagt ich, näher der Sonne, singen ja auch die Vögel nicht.

Aber es geht alles auf und unter in der Welt, und der Mensch hält mit aller seiner Riesenkraft nichts fest. Ich sah einmal ein Kind die Hand ausstreken, den Mond zu greifen, und ihn festzuhalten, aber der Mond gieng ruhig weiter seine Bahn, so sind wir, wenn das Schiksaal über uns vorüberzieht.

O wer dem, so still und sinnend, wie dem Gang der Sterne, zusehn könnte!

Alabanda war natürlich und freier als ich in seinem Thun und Lassen. Sein Schiksaal hatt ihn mehr dazu erzogen, sich auswärts umzuschauen, und klug und kühn, die gewöhnlichen Menschen zu beherrschen, die sein Auge, wie ein Bliz, durchdrang – und darum trug der Jüngling auch den alldemüthigenden Adlerskopf auf seinen kräftigen Schultern – ich war lange nur mit meinem Herzen außer mir gewesen, und das Auge hatt' ich aufwärts oder auf mich selbst gerichtet, so mußt er fröhlich weggehn über manches, was mich sties, so wie ich blind vorübergieng an manchem, was er feiner sah.

War ich schon zuvor gestimmt, es mit der Liebe nicht leicht zu nehmen, so war ichs jezt unendlich mehr. –

Aber je glüklicher du bist in ihr, um so weniger kostet es, dich zu Grunde zu richten. Die seeligen Tage, wie Alabanda und ich sie lebten, sind wie eine jähe Felsenspize, wo dein Reisgefährte nur dich anzurühren braucht, um dich unabsehlich über die schneidenden Zaken hinab, in die dämmernde Tiefe zu stürzen.

O Bellarmin! es ist ein kühnes Wagestük des Herzens; so zu lieben, wie ich meinen Alabanda liebte!

Aber was hilft das all? Du wirst dennoch nicht begreifen, daß es kommen mußte, wie es kam.

Wir hatten eine herrliche Fahrt nach Chios gemacht, hatten tausend Freude an uns gehabt; es war ein wunderschöner Tag, da wir zurükfuhren; wie die Lüftchen über der Meeresfläche, waltete über uns der freundliche Zauber der Natur. Mit freudigem Staunen sah einer den andern, ohne ein Wort zu sprechen, aber das Auge sagte, so hab' ich dich nie gesehen! So begeisterten uns die Kräfte des Himmels und der Erde.

Wir eilten, wie wir ausgestiegen waren, allein zu seyn.

Wir hatten, mit heitrem Feuer, während der Fahrt über manches gestritten, und ich hatte wieder meine herzliche Lust daran gehabt, diesem Geist auf seiner kühnen Irrbahn zuzusehn, wo er so regellos, so in ungebundner Fröhlichkeit, und doch so sicher zu seinem Ziele drang.

Du hast mich nicht überzeugt, sagt ich da wir auf Alabandas Zimmer waren, du überredest, du bestichst die Menschen, ehe du anfängst; man kann nicht zweifeln, wenn du sprichst, und wer nicht zweifelt, wird nicht überzeugt.

Stolzer Schmeichler! rief er dafür, du lügst! aber gerade recht, daß du mich mahnst, du bist es, der die Leute verblendet und besticht! Du machst mich manchmal unvernünftig!

Um alle Kronen möcht' ich mich nicht von dir befreien und doch ängstigt mich es oft, daß du mir so unentbehrlich seyn sollst, daß ich so gefesselt bin an dich.

Und sieh, fuhr er nach einer Weile fort, daß

Entwurf zu den Briefen 1,*XV-XXVI*: *B*1

1,[*XV*]

So sprachen wir. Ich gebe dir den Geist davon, aber was ist er ohne das Leben?

Es dämmerte, und wir mußten gehn. Gute Nacht, ihr Engelsaugen! dacht ich im Herzen, und erscheine du bald mir wieder, schöner, göttlicher Geist, mit deiner Ruhe und Fülle!

1,*XVI*

Hyperion an Bellarmin.

Ein paar Tage drauf kamen sie herauf zu uns. Wir giengen zusammen im Garten herum. Diotima und ich geriethen voraus, vertieft, mir traten trunkne Thränen oft ins Auge, über das Heilige, das so einfältig zur Seite mir gieng.

Vorn am Rande des Berggipfels standen wir nun und sahn hinaus in den unendlichen Osten. Diotima's Auge öffnete sich weit, und unmerklich wie eine Knospe sich aufschließt, schloß das ganze liebe Gesicht sich auf und bot die Loken der Luft entgegen, und lauter Sprache und Seele ward die Stille, worinn mein Herz das alles hatte geahndet, und die ganze Gestalt dehnte sich aufwärts, und stand wie ein Kranich da, wenn er den Flug beginnt und mir schien, als hübe das eine Füßchen sich und berührte nur mit der Zehe den Boden.

O unter den Armen hätt' ich sie fassen mögen, und hinfliegen mit ihr über das Meer und seine Inseln.

Nun trat sie weiter vor, und sah die schroffe Felsenwand hinab. Sie hatte ihre Lust daran, die schrökende Tiefe zu messen, und sich hinab zu verlieren in die Nacht der Wälder, die unten aus Felsenstüken und schäumenden Wetterbächen herauf die lichten Gipfel strekten.

Das Geländer, worauf sie sich stüzte, war etwas niedrig. So durft' ich es ein wenig halten, das Reizende indeß es sich vorwärts beugte.

Heiße zitternde Wonne durchlief mein Wesen und Taumel und Toben war in allen Sinnen, und die Hände brannten mir, wie Kohlen, indeß ich so sie berührte.

Und dann, nach dem ersten brennenden Schlage, der heilige Schreken, als hätt' ich eine Sünde begangen, und dann die Herzenslust, so traulich neben ihr zu stehn, und die zärtliche kindische Sorge, daß sie fallen möchte, und die Götterfreude an der Begeisterung des herrlichen Mädchens!

O was ist alles unsterbliche, was in Jahrtausenden die Menschen dachten und thaten, gegen Einen Augenblik der Liebe! – Es ist aber auch das gelungenste göttlichschönste in der Natur! dahin führen alle Stufen auf der Schwelle des Lebens. Daher kommen wir, dahin gehn wir!

Hyperion an Bellarmin. 1,*XVII*

Nur ihren Gesang sollt' ich vergessen, nur diese Seelentöne sollten nimmer wiederkehren in meinen unaufhörlichen Träumen.

Man kennt den stolzhinschiffenden Schwan nicht, so lang er schlummernd am Ufer sizt.

Nur wenn sie sang, erkannte man sie, die liebe Schweigende, die so ungern sich zur Sprache verstand.

Da da gieng erst die Himmlischungefällige in ihrer Majestät und Lieblichkeit hervor. Da weht es bittend oft und so schmeichelnd, oft, wie ein Göttergebot, von den zarten blühenden Lippen.

Wie das Herz sich regt' in dieser göttlichen Stimme! O wie alle Größe und Demuth, alle Trauer und Freude des Lebens verschönert im Adel dieser Töne erschien!

Leicht wie im Fluge die Schwalbe die Bienen hascht, ergriff sie immer uns alle. Es kam nicht Lust und nicht Bewunderung, es kam der Friede des Himmels unter uns.

Tausendmal hab' ichs ihr und mir gesagt: das schönste ist auch das heiligste. Und so war alles an ihr; wie ihr Gesang so auch ihr Leben.

Hyperion an Bellarmin. 1,*XVIII*

Unter den Blumen war ihr Herz zu Hause, als wär' es eine von ihnen.

Sie nannte sie alle mit Nahmen, schuff ihnen aus Liebe neue, schönere, und wußte genau die fröhlichste Lebenszeit von jeder.

Wie eine Schwester, wenn aus jeder Eke ein Geliebtes ihr entgegentönt, und jedes gern zuerst gegrüßt seyn möchte, so war das stille Wesen oft mit Aug und Hand beschäftigt, seelig zerstreut, wenn auf der Wiese wir giengen, oder im Walde.

Und das war so ganz nicht angenommen, angebildet, das war so mit ihr aufgewachsen.

Es ist doch ewig gewiß, und zeigt sich überall, je unschuldiger, schöner eine Seele, desto vertrauter mit den andern süßen Leben, die man seelenlos nennt.

Hyperion an Bellarmin. 1,*XIX*

Tausendmal hab' ich in meiner Herzensfreude gelacht über die Menschen, die sich einbilden, ein erhabner Geist könne unmöglich wissen, wie man ein

Gemüße bereitet. Diotima konnte wohl zur rechten Zeit recht herzhaft von dem Feuerheerde sprechen, und es ist gewiß nichts edler, als ein edles Mädchen, das die allwohlthätige Flamme besorgt, und, ähnlich der Natur, die herzerfreuende Speise bereitet.

1,*XXI* Hyperion an Bellarmin.

So bedürfnißlos, so göttlichgenügsam hab ich nichts gekannt.

Wie die Wooge des Oceans das Gestade seeliger Inseln, umfluthete mein ruheloses Herz den Frieden dieses himmlischen Mädchens.

Es steigt und fällt in unsrer Brust, es überhebt sich und ermattet unser Geist, und unaufhaltsam wie der Pfeil vom Bogen, jauchzen unsre Freudentöne in die Luft, verhallen, und wir sizen stumm und traurig, wie zuvor, und suchen reuig das vergeudete Leben; wir sind verschwenderisch mit allen guten Gaaben, und darum immer arm.

Sie aber lebt' in ewiger Fülle; hielt Haus mit sich, wie die Natur, gab viel mit Wenigem, und hatt an Wenigem genug.

Ach! Ich hatt' ihr nichts zu geben, als ein Gemüth voll wilder Widersprüche, voll blutender Erinnerungen, nichts hatt' ich ihr zu geben, als meine gränzenlose Liebe, mit ihren tausend Sorgen, ihren tausend tobenden Hoffnungen, sie aber stand vor mir in wandelloser Schönheit, mühelos in lächelnder Vollendung da, und alles Sehnen, alles Träumen der Sterblichkeit – ach! alles, was in seiner goldnen Morgenstunde von höhern Regionen der Genius weissagt, es war alles in dieser Einen stillen Seele erfüllt –

Man sagt sonst, über den Sternen verhalle der Kampf, und künftig erst, verspricht man uns, wenn unsre Hefe gesunken sei, verwandle sich in edeln Freudenwein das gährende Leben, die Herzensruhe der Seeligen sucht sonst auf diesem entwürdigten Boden niemand mehr. Ich weiß es anders – o ich bin den nähern Weg gekommen, ich stand vor ihr, und hört' und sah den Frieden des Himmels, und mitten im seufzenden Chaos erschien mir Urania.

Ach! wie oft hab' ich meine Klagen vor diesem friedlichen Bilde gestillt! wie oft hat sich das übermüthige Leben und der zweifelnde Geist besänftigt, wenn ich, in seelige Betrachtungen versunken, ihr ins Herz sah, wie in die Quelle, wenn sie still erbebt von den Berührungen des Himmels, der in Silbertropfen auf sie niederträufelt!

Sie war mein Lethe, diese Seele, mein heiliger Lethe, woraus ich die Vergessenheit des Daseyns trank, daß ich vor ihr stand, wie ein Unsterblicher, und freudig mich schalt, und wie nach schweren Träumen, lächeln mußte über alle Ketten, die mich gedrükt!

O ich wär ein glüklicher, ein treflicher Mensch mit ihr geworden!

Mit ihr! aber das sollte nicht so seyn, und nun irr' ich herum in dem, was vor und in mir ist, und drüber hinaus, und weiß nicht, was ich machen soll aus mir und andern Dingen.

Das arme Wesen ist aus seinem Elemente auf den Ufersand geworfen, und windet sich und wirft sich umher, bis es vertroknet an der Mittagshizze.

Ach! gäb' es nur noch etwas in der Welt für mich zu thun! gäb' es eine Arbeit, einen Krieg für mich! das sollte mich erquiken!

Knäblein, die man von der Mutterbrust gerissen, und in die Wüste geworfen, hat einst, so sagt man, eine Wölfin gesäugt. Aber mein Herz ist nicht so glüklich.

Hyperion an Bellarmin. 1,*XX*

Was ist alles künstliche Wissen der Welt, was ist die ganze stolze Mündigkeit der menschlichen Gedanken gegen die ungesuchten kindlichen Töne dieses Geistes, der nicht wußte, was er wußte, was er war?

Wer will die Traube nicht lieber voll und frisch, so wie sie aus der Wurzel quoll, als die getrokneten gepflükten Beere, die der Kaufmann in die Kiste preßt und in die Welt schikt?

Sie schien immer so wenig zu sagen und sagte so viel.

Ich geleitete sie einst in später Dämmerung nach Hauße, wie Träume beschlichen thauende Wölkchen die Wiese, wie lauschende Genien, sahn die seeligen Sterne durch die Zweige.

Man hörte selten ein „wie schön!" aus ihrem Munde, wenn schon das fromme Herz kein Summen einer Biene unbehorcht ließ.

Dißmal sprach sie es denn doch mir aus – wie schön!

Es ist wohl uns zu liebe so! sagt ich, ungefähr wie Kinder etwas sagen, weder im Scherze noch im Ernste.

Ich kann mir denken, was du sagst, erwiederte sie; ich denke mir die Welt am liebsten, wie ein häuslich einig Leben, wo jedes, ohne drann zu denken, für das andre ist, wo alles, Vater und Mutter, und die Geschwister alle, groß und klein, wie für jedes unter ihnen, und jedes unter ihnen wie für alles da ist, ohne daß man drüber sinnt und predigt.

Froher erhabner Glaube! rief ich.

Sie schwieg und ließ mir Zeit, den tiefen, vielumfassenden Sinn in ihren Worten zu erschöpfen.

Auch wir sind also Kinder des Hauses, begann ich endlich wieder, sind es und werden es seyn?

Werden ewig es seyn, erwiederte sie.

„Werden wir das?"

Ich vertraue, fuhr sie fort, hierinnen der Natur, so wie ich täglich ihr vertraue.

O! ich hätte mögen Diotima seyn, da sie diß sagte! Aber du weist nicht, was sie sagte, lieber Bellarmin! Du hast es nicht gesehn und nicht gehört.

Du hast Recht, rief ich ihr zu, Natur, die ewige Schönheit, leidet keinen Verlust in sich, so wie sie keinen Zusaz leidet. Ihr Schmuk ist morgen anders, als er heute war. Aber unser Bestes, uns kann sie nicht entbehren und dich am wenigsten. Du glaubest, daß wir ewig sind, denn deine Seele fühlt die Schönheit der Natur. Sie ist ein Stükwerk, ist die göttliche, die Vollendete nicht, wenn jemals du in ihr vermißt wirst. Sie verdient dein Herz nicht, wenn sie erröthen muß vor deinen Hoffnungen.

Aber sie verdient es, Diotima, sie verdient es! Sie allein.

1,*XXII* Hyperion an Bellarmin.

Ich kann nur hie und da ein Wort von ihr sprechen. Ich muß vergessen, was sie ganz ist, wenn ich von ihr sprechen soll.

Ich muß mich täuschen, als hätte sie vor alten Zeiten gelebt, als wüßt' ich durch Erzählung einiges von ihr, wenn ihre lebendige Gegenwart mich nicht ergreiffen soll, daß ich vergehe im Entzüken, und im Schmerz, wenn ich den Tod der Freude über sie, und den Tod der Trauer um sie nicht sterben soll.

1,*XXIII* Hyperion an Bellarmin.

Es ist umsonst; ich kanns mir nicht verbergen.

Wohin ich auch entfliehe mit meinen Gedanken, in die Himmel hinauf und in den Abgrund, zum Anfang und ans Ende der Zeiten, selbst wenn ich ihm, der meine lezte Zuflucht war, der sonst noch jede Sorge in mir verzehrte, der alle Lust und Schmerz des Lebens sonst mit der Feuerflamme, worinn er sich offenbahrte, in mir versengte, selbst wenn ich ihm mich in die Arme werfe, dem herrlichen geheimen Geiste der Welt, in seine Tiefe mich tauche, wie in den bodenlosen Ozean hinab, auch da, auch da finden die süßen Schreken mich aus, die süßen verwirrenden Schreken, daß Diotimas Grab mir nah ist.

Hörst du? hörst du? Diotimas Grab!

Mein Herz war doch so stille geworden, und meine Liebe war begraben mit der Todten, die ich liebte.

Du weist, mein Bellarmin, ich schrieb dir lange nicht von ihr, und als ich schrieb, so schrieb ich dir gelassen, wie ich meine.

Was ists denn nun?

Ich gehe ans Ufer hinaus, und sehe nach Kalaurea hinüber, das ists.

O! daß ja keiner den Kahn mir leihe! daß ja sich keiner erbarme, und mir sein Ruder biete und mir hinüberhelfe zu ihr!

Daß ja das gute Meer nicht ruhig bleibe, damit ich nicht ein Holz mir zimmre, und hinüber schwimme zu ihr!

Aber in die tobende See will ich mich werfen, und ihre Wooge bitten, daß sie an Diotimas Gestade mich wirft.

Dann kommt sie wohl von ungefähr des Weges, beugt sich über mich und forscht nach Leben, und ich erwärme von dem süßen Othem, der mich wie einst anweht, lebe und erkenne und werd' erkannt –

O es ist kindisch, was ich träume, aber mir genügt daran.

Genügen? ach! das wäre gut! Da wäre ja geholfen, wo kein Gott nicht helfen kann!

Ich habe, was ich konnte, gethan. Vom Schiksaal fodr' ich meine Seele.

Hyperion an Bellarmin. 1,*XXIV*

Ist sie nicht mein?

Todtenrichter, ist sie nicht mein?

Die reinen Quellen fodr ich auf zu Zeugen, die unschuldigen Bäume, die uns belauschten, und das Tagslicht und den heiligen Aether, wohin zu tausendmalen mein Herz sich wandte, wenn ich zu unaussprechlich glüklich war an ihrer Seite! Ist sie nicht mein? vereint mit mir in allen Tönen des Lebens? –

Mir ward ein Geist, zu richten, zu gebieten. Der übte früh sein Schwerd, der streifte bald, wie Staub, der Knechtschaft Ketten ab, und der, der Gott in mir führt meine Sache.

Wem hab' ich sie gestohlen? wem? wo ist das Wesen, das, wie meines, sie erkannte? wo sammelten sich, wie in meinem Spiegel, die Strahlen dieses Lichts? erschrak sie freudig nicht vor ihrer eignen Herrlichkeit, da sie zuerst in meiner Freude sich gewahr ward?

Ach! wo ist das Herz, das so, wie meines, überall ihr nah ist! so, wie meines, sie erfüllt, von ihr erfüllt ist, das, wie meines, einzig da ist, ihres zu umfangen, für sie da ist, wie die Wimper für das Auge?

Wir waren Eine Blume nur und unsre Seelen lebten umeinander, wie die Blume wenn sie liebt, und ihre zarten Freuden im verschloßnen Knospenblatte birgt. Was so die Natur zusammengab, gehört sich ewig an, ihr ungereimten Kläger!

1,*XXV* Hyperion an Bellarmin.

Ach! eh' es Eines von uns beeden wußte, war sie mein.

Wenn ich so mit allen Huldigungen des Herzens, seelig überwunden vor ihr stand und schwieg, und wie die Sterne, meinen Geist, mein Leben ihr hingab, in den Strahlen des Augs, das sie nur sah, nur sie umfaßte, und sie zärtlichzweifelnd mich betrachtete, und nicht wußte, wo ich war, ach! wenn ich begraben oft in Lust und Schönheit, bei einem reizenden Geschäffte sie belauschte, und um die leiseste Bewegung, wie die Biene um die schwanken Zweige, meine Seele schweift' und flog, und merkte, wie die Blume, die an ihrer Brust sich freute, auf und nieder wankt' und wenn sie nun in friedlichen Gedanken gegen mich sich wandt'; und überrascht von meiner Freude, meine Freude sich verbergen mußt', und bei der lieben Arbeit ihre Ruhe wieder sucht' und fand, wenn sie oft mit allerlei Rath und freundlichen Ermahnungen versucht', ein ordentlich und fröhlich Wesen noch aus mir zu machen, wenn sie die düstern Loken und das alternde Gewand, und die zernagten Finger mir verwies, wenn sie, wunderbar allwissend, jeden Wohlklang, jeden Mislaut meines Wesens, im Momente, da er entstand, noch eh' ich selbst ihn wahrnahm, mir verkündete, wenn sie jeden Schatten eines Wölkchens auf der Stirne, jeden Schatten einer Wehmuth, eines Stolzes auf der Lippe, jeden Funken mir im Auge sah, wenn sie die Ebb' und Fluth des Herzens mir behorcht' und kundig weissagt, ob die fröhliche Wooge bald mir wiederkehren würde, wenn sie sorgsam trübe Stunden ahndete, wenn oft mein Geist, zu unenthaltsam, zu verschwenderisch, im üppigen Gespräche sich verzehrte, wenn das liebe Wesen treuer, wie ein Spiegel, jeden Wechsel meiner Wange mir verrieth, und oft in freundlichen Bekümmernissen über mein unstet Wesen, mich ermahnt und strafte, wie ein theures Kind, und ach! da sie im fernen Walde mich sah, im Dunkel eines Eingangs in den grünen Gewölben der Zweige, wo es Nacht wird für ein gewöhnlich, für ein sterblich Auge, da das Unschuldige an den Fingern die Treppen zählte, von unsrem Berge herab zu ihrem Hauße, da sie ihre Spaziergänge mir wies, die Pläze wo sie sonst gesessen, – und mir erzählte, wie die Zeit ihr da vergangen, und mir am Ende sagte, es sei ihr jezt, als wär' ich auch von jeher da gewesen, da meine Diotima! du die Blumen wegwarfst und da in freudigem, plözlichem Ungestümme zum erstenmale die Hand mir reichtest –

Hyperion an Bellarmin. 1,[*XXVI*]

Ich baue meinem Herzen ein Grab, damit es ruhen möge; ich spinne mich ein, dieweil es Winter ist; in seeligen Erinnerungen hüll' ich vor dem Sturme mich ein.

Wir saßen mit Notara und einigen andern, die wie wir zu den Sonderlingen in Kalaurea gehörten, in Diotimas Garten, unter den Akatiabäumen, und sprachen unter anderem über die Freundschaft.

Ich hatte wenig darauf Acht gegeben, ich hütete mich seit einiger Zeit, viel Worte zu machen von Dingen, die das Herz zunächst angehn, meine Diotima hatte mich so einsylbig gemacht –

Da Harmodius und Aristogiton lebten,

Salamis-Fragment; später aufgegebener Entwurf für das erste Buch im zweiten Band: *C*

2,[ ] Ende des ersten Buchs.

Ich scheide heute von Salamis. Ich will nach Kalaurea hinüber, will auch nach Tina. Es ist sonderbar, aber ich muß dahin. Wir können das nicht lassen; der Gefangene tastet zur Kurzweil im Dunkel umher, und sieht, wie weit sein Kerker ist, das Kind spielt mit der Wunde, die es sich stieß, der Kranke unterhält sich mit seiner Krankengeschichte, der Schiffbrüchige mit dem Sturme, worinn er gescheitert und ich bin kaum auf festeren Füßen so muß ich fort, und sehen, mit eignen Augen, was mir widerfahren ist, seitdem ich weg bin. Wofür? Ich werd' es nicht aushalten, ich werde meine gewonnene Ruhe muthwillig zerreißen; und thue es doch? O es ist ein Meer von Übermuth in uns!

Übermuth? Verzeih' mir Gott den schaalen Gedanken! Liebe ists, mein Bellarmin! Wir sind zu innig verknüpft, mit allem, was um unser Herz sich regt, wir trinken an den Brüsten des Schiksaals, auch wenn es Wermuth nimmt, um uns von ihnen zu entwöhnen.

Ich habe sie sehr lieb gewonnen, diese Insel. Doch kann ich wenig dir von ihr erzählen. Ich gieng so Tag für Tag herum auf ihren grasigen Pfaden und sah, ob diß und jenes Feld gedeihe, das ich in Schuz genommen als wär es mein, ob da und dort die kleinen sauren Pfirsichpflaumen milder würden und zählte die Trauben am Stoke, und pflükte Beere an den Heken, und wilde Pflanzen am Wege. Derlei Geschäffte trieb ich meist den Sommer über.

Aber meine Gedanken sind wunderbar unter diesen Spielen gereifft, und meine Seele ist im Müßiggange größer geworden.

Es kommt mich schwer an, diese Insel zu verlassen, und ich sehe mit wehmütiger Freude das unschuldige Leben dieser Thale und Hügel. Es ist, als sollt' ich noch mein Abschiedsmahl genießen.

Reifer grünt die verbrannte Wiese noch Einmal auf im kühlen Reegen des Spätjahrs, und die Zeitlosen blühen und schimmern im dunkeln Grase und auf den Stoppeläkern waiden die Schaafe und die Zugvögel versammeln sich lärmend in den abgeerndteten Zweigen und schiken zur Reise sich an. Lieblichmild sind izt die Spiele der Wolken; und die Sonne lächelt in ihrer ewigen Ruhe dazwischen und die Menschen sizen vergnügt in der Hütte und freuen sich, wie die Bienen des gesammelten Honigs, der gesunden Früchte des Jahrs. Auch die Schiffer kommen nach Haus und die Mäste ruhen im Hafen.

Ich frage nicht, ob ich nicht anderswo diß all so gut gefunden hätte, wie in Salamis. Es ist unverzeihlich altklug, wenn ein Freund uns Ruhe giebt mit seinem stillen Gespräche, dann noch hinterherzusagen, derlei könne man überall haben.

Und ich weiß nicht, Salamis hat doch eigene Reize, und die Gefährten des Ajax hatten Recht, im Vaterlandsweh auf der fernen Küste zu rufen:

Draußen schwimmst du von Meereswoogen umrauscht!
Voll Ruhms, voll guten Geistes, o Salamis!

Entwürfe zu den Briefen 2,*V-XI, XIII-XIX, XXII*:

D

2,*III* Hyperion an Bellarmin.

Diotimas Erblassen, da sie Alabandas Brief las, gieng mir durch die Seele.

Drauf fieng sie an, gelassen und ernst, den Schritt mir abzurathen, und wir sprachen manches hin und wieder; o ihr Gewaltsamen, rief sie endlich, die ihr so schnell zum Äußersten seid, denkt an die Nemesis!

Wer Äußerstes leidet, sagt ich, dem ist das Äußerste recht.

Wenn's auch recht ist, rief sie, du bist nicht dazu geboren.

So scheint es, sagt ich, ich hab' auch lange genug gesäumt. O ich möchte einen Atlas auf mich laden, um die Schulden meiner Jugend abzutragen. Hab ich ein Bewußtseyn, Diotima? Hab' ich ein Bleiben in mir? O laß mich! Hier, gerad in solcher Arbeit muß ich es erbeuten.

Das ist eitel Übermuth! rief Diotima. Neulich warst du bescheidner, neulich, da du sagtest, ich muß noch ausgehn, zu lernen, ich bilde, aber ich bin nicht geschikt – erinnerst du dich?

Liebe Sophistin, rief ich, damals war ja auch von ganz was anderem die Rede. In den Olymp des Göttlichschönen, wo aus ewigjungen Quellen das Wahre mit allem Guten entspringt, dahin mein Volk zu führen, bin ich noch izt nicht geschikt. Aber ein Schwerd zu brauchen, hab' ich gelernt, und mehr bedarfs für izt nicht. Der neue Geisterbund kann in der Luft nicht leben, die heilige Theokratie des Schönen muß in einem Freistaat wohnen, und der will Plaz auf Erden haben, und diesen Plaz erobern wir.

Du wirst erobern, rief Diotima, und vergessen wofür? wirst, wenn es hoch kömmt, einen Freistaat dir erzwingen und dann sagen, wofür hab' ich gebaut? ach! es wird verzehrt seyn all das schöne Leben, das daselbst sich regen sollte, wird verbraucht seyn selbst in dir! Der wilde Kampf wird dich zerreißen, schöne Seele, du wirst altern, seeliger Geist! und lebensmüd am Ende fragen, wo seid ihr nun, ihr Ideale der Jugend!

Das ist grausam, Diotima, rief ich, so ins Herz zu greifen, so an meiner eignen Todesfurcht, an meiner höchsten Lebenslust mich vestzuhalten – aber nein! nein! nein! der Knechtsdienst tödtet, aber gerechter Krieg macht jede Seele lebendig. Das giebt dem Golde die Farbe der Sonne, daß man so ins Feuer es wirft! Das, das giebt erst dem Menschen seine ganze Jugend, daß er Fesseln zerreißt! das rettet ihn allein, daß er sich aufmacht und die Natter zertritt, das kriechende Jahrhundert, das alle schöne Natur im Keime vergiftet. – Altern sollt' ich, Diotima? wenn ich Griechenland befreie? altern, ärmlich werden, wie ein gemeiner Mensch? O so war er wohl recht schaal und leer und gottverlassen, der Athenerjüngling, da er als Siegesbote von Marathon über den Gipfel des Pentele kam und hinabflog in die Thäler von Attika!

Lieber! Lieber! rief Diotima, sei doch still! ich sage dir kein Wort mehr. Du sollst gehn! sollst gehen, stolzer Mensch! Ach! wenn du so bist, hab' ich keine Macht, kein Recht auf dich.

Sie weinte bitter und ich stand, wie ein Verbrecher, vor ihr. Vergieb mir, göttliches Mädchen! rief ich, niedergesunken, o vergieb mir, wo ich muß! Ich wähle nicht, ich sinne nicht. Eine Macht ist in mir, und ich weiß nicht, ob ich es selbst bin, was zu dem Schritte mich treibt. Deine volle Seele gebietet dirs, antwortete sie. Ihr nicht zu folgen, führt leicht zum Untergange, doch ihr zu folgen, wohl auch. Das beste ist, du gehst, denn es ist größer. Handle du! ich will es tragen.

E [Lücke von einem Quartblatt] 2,[*V*]

Aber das Schiksaal wollt' es anders und machte seine Arbeit unnüz, ehe sie ans Ziel kam.

Er rieth mir, nicht nach Tina zu gehn, geradezu den Pelopones hinab zu reisen, zu Fuß und ohne Begleitung, und durchaus so unbemerkt, als möglich. Meinem Vater sollt' ich unterwegens schreiben, meint' er. Der bedächtige Alte würde leichter einen geschehenen Schritt verzeihn, als einen ungeschehenen erlauben. Ich zweifle, fuhr er fort, ob du wirst auf seine thätige Hülfe rechnen können. Darum geb' ich dir, was nötig ist für dich, um eine Zeitlang in allen Fällen zu leben und zu wirken. Kannst du einst, so zahlst du mir es zurük. Wo nicht, so war das meine auch dein. Schäme des Gelds dich nicht, sezt' er lächelnd hinzu, auch die Rosse des Phöbus leben von der Luft nicht allein, wie uns die Dichter erzählen.

Hyperion an Bellarmin. 2,*VI*

Nun kam der Abschiedstag. Ich war den Morgen über oben in Notaras Garten geblieben, in der frischen Winterluft, unter den immergrünen Cypressen und Lorbeern. Ich war gefaßt. Die großen Kräfte der Jugend hielten mich aufrecht, und das Leiden, das ich ahndete, trug, wie eine Wolke, mich höher.

Diotimas Mutter hatte Notara und die andern Freunde und mich gebeten, daß wir noch den lezten Tag bei ihr zusammenleben möchten. Die Guten hatten sich alle meiner und Diotimas gefreut; und das Göttliche in unserer Liebe war an ihnen nicht verloren geblieben. Sie sollten nun mein Scheiden auch mir seegnen.

Ich gieng hinab. Ich fand das theure Mädchen am Heerde. Es schien ihr ein heilig priesterlich Geschäfft, an diesem Tage das Haus zu besorgen. Sie hatte alles zu recht gemacht, alles im Hauße verschönert, und es durft' ihr niemand dabei helfen. Alle Blumen, die noch übrig waren im Garten, hatte sie eingesammelt, Rosen und frische Trauben hatte sie in der späten Jahrszeit noch zusammengebracht. –

Sie kannte meinen Fußtritt, da ich heraufkam, trat mir leis' entgegen, die blaichen Wangen glühten von der Flamme des Heerds, und die ernsten grosgewordnen Augen glänzten von Thränen. Sie sahe, wie michs überfiel. Gehe hinein, mein lieber, sagte sie. Die Mutter ist drinnen und ich folge gleich.

Ich gieng hinein. Da saß die edle Frau und strekte mir die schöne Hand entgegen – kommst du? rief sie, kömst mein Sohn! Ich sollte dir zürnen, du hast mir mein Kind genommen, hast alle meine Vernunft mir ausgeredet, und thust was dich gelüstet und gehest davon – sollt ich nicht zürnen? aber vergebt es ihm, ihr himmlischen Mächte, wenn er Unrecht vorhat, straft ihn nicht, und hat er Recht, o so kommt! so zögert nicht mit eurer Hülfe, dem Lieben!

Ich wollte reden, aber eben kam Notara mit den übrigen Freunden herein, und hinter ihnen Diotima.

Wir schwiegen eine Weile. Wir ehrten die trauernde Liebe, die in uns allen war, wir fürchteten uns, sich ihrer zu überheben in Worten und stolzen Gedanken. Nach wenigen flüchtigen Reden bat mich endlich Diotima, einiges von Agis und Kleomenes zu erzählen; ich hätte die großen Seelen oft mit feuriger Achtung genannt und gesagt, sie wären Halbgötter so gewiß, wie Prometheus, und ihr Kampf mit dem Schiksaal von Sparta sei heroischer, als irgend einer in den glänzenden Mythen. Der Genius dieser Menschen sei das Abendroth des griechischen Tages, wie Theseus und Homer die Aurore desselben.

Ich erzählte nun und am Ende fühlten wir uns alle stärker und höher.

O glüklich, rief einer von den Freunden, wem sein Leben wechselt zwischen Herzensfreude und frischem Kampf!

Ja! rief ein anderer, das ist ewige Jugend, daß immer Kräfte genug im Spiele sind, und wir uns ganz erhalten in Lust und Arbeit.

O ich möchte mit dir, rief Diotima mir zu.

Es ist auch gut, daß du bleibst, Diotima! sagt ich. Die Priesterin darf aus dem Tempel nicht gehn. Du bewahrst die heilige Flamme, du bewahrst im Stillen das Schöne, daß ich es immer wiederfinde bei dir.

Du hast auch recht, mein Lieber, das ist besser, sagte sie und ihre Stimme zitterte und das Aetherauge verbarg sich ins Tuch, um seine Verwirrung nicht sehen zu lassen. O Bellarmin! es wollte mir die Brust zerreißen, daß ich sie so schaamroth gemacht. Freunde, rief ich, erhaltet diesen Engel mir. Ich weiß von nichts mehr, wenn ich sie nicht weiß. O Himmel! ich darf nicht denken, zu was ich fähig wäre, wenn ich sie vermißte –

Sei ruhig, Hyperion, fiel Notara mir ein.

Ruhig? rief ich, o ihr guten Leute! ihr könnt oft sorgen, wie der Garten blühn, und wie die Erndte werden wird, ihr könnt für euren Weinstok beten und ich soll ohne Wünsche scheiden von dem Einzigen, dem meine Seele dient?

Nein! o du Guter, rief Notara bewegt, nein ohne Wünsche sollst du mir von ihr nicht scheiden – nein! bei der Götterunschuld eurer Liebe, meinen Seegen habt ihr gewiß –

Ha! du mahnst mich, rief ich schnell, sie soll uns seegnen, diese theure Mutter, soll mit euch zeugen – komm Diotima, unsern Bund soll deine Mutter heiligen, bis frolokend die schöne Gemeinde, die wir hoffen, uns einst vermählt.

So fiel ich auf ein Knie; mit großem Blik errötend, festlich lächelnd sank auch sie an meiner Seite nieder.

Längst, rief ich, o Natur! ist unser Leben eines mit dir und himmlisch-jugendlich, wie du und deine Götter all', ist unsre eigne Welt durch Liebe.

In deinen Hainen wandelten wir, fuhr Diotima fort, und waren, wie du, an deinen Quellen saßen wir und waren, wie du, dort über die Berge giengen wir, in frommer Nacht, mit deinen Söhnen, den Sternen, und waren wie du.

Da wir uns ferne waren, rief ich, da wie Harfengelispel, unser kommend Entzüken uns erst tönte, da wir uns traffen, da kein Schlaf mehr war, da alle Töne in uns erwachten zu des Lebens Akkorden, da waren wir immer, wie du, und nun auch, o Natur, da wir scheiden, und die Freude stirbt, sind wir wie du, voll Leidens, und doch gut, drum soll ein reiner Mund uns zeugen, daß unsre Liebe heilig ist, und ewig, so wie du.

Ich zeug es, sprach die Mutter.

Wir zeugen es, riefen die andern.

Nun war kein Wort mehr für uns übrig. Ich fühlte mein höchstes Herz; ich fühlte mich reif zum Abschied. Jezt will ich fort, ihr Lieben! sagt' ich, und das Leben schwand von allen Gesichtern, Diotima stand, wie ein Marmorbild, und ihre Hand starb fühlbar in meiner. Alles hatt' ich um mich her getödtet, ich war einsam, und mir schwindelte, vor der gränzenlosen Stille, wo mein überwallend Leben keinen Halt fand.

Ach! rief ich, mir ists brennendheiß im Herzen und ihr steht alle so kalt, ihr Lieben! und nur die Götter des Haußes neigen ihr Ohr? – Diotima! – du bist stille, du siehst nicht! – o wohl dir, daß du nicht siehst!

So geh nur, seufzte sie, es muß ja seyn! geh nur, du theures Herz!

O süßer Ton aus diesen Wonnelippen, rief ich und stand wie ein Betender vor der holden Statue, – süßer Ton! noch einmal wehe mich an, noch einmal tage, liebes Augenlicht!

Rede so nicht, lieber Junge! rief sie, rede mir ernster! rede mit größerem Herzen mir zu!

Ich wollte mich halten, aber ich war wie im Traume.

Wehe! rief ich, das ist kein Abschied, wo man wiederkehrt!

Du wirst sie tödten, rief Notara. Sieh! wie sanft sie ist, und du bist so außer dir.

Ich sahe sie an und Thränen stürzten aus meinem brennenden Auge.

So lebe denn wohl, Diotima, rief ich, o Himmel meiner Liebe, lebe wohl! – Laßt uns stark seyn, theure Freunde! theure Mutter! ich gab dir Freude und Laid! lebt wohl! lebt wohl!

Ich wankte fort. Diotima folgte mir allein. Es war Abend geworden, und die Sterne giengen herauf am Himmel. Wir standen still unter dem Hauße. Ewiges war in und über uns. Zart, wie Aether, umwand mich Diotima. Thörichter! was ist denn Trennung? flüsterte sie geheimnißvoll mir zu, mit dem Lächeln einer Unsterblichen.

Es ist mir auch jezt anders, sagt ich, und ich weiß nicht, was von beiden ein Traum ist, mein Leiden oder meine Freudigkeit.

Beides ist, erwiederte sie, und beides ist seelig.

Vollendete! rief ich, ich spreche wie du. Am Sternenhimmel wollen wir uns erkennen. Er sei das Zeichen zwischen mir und dir so lange die Lippen verstummen.

Das sei er! sprach sie mit einem langsamen niegehörten Tone – es war ihr lezter. Im Dämmerlichte entschwand mir ihr Bild und ich weiß nicht, ob sie es wirklich war, da ich zum leztenmale mich umwandt' und die erlöschende Gestalt noch einen Augenblik vor meinem Auge zükte, und dann in die Nacht verschwand.

2,*VII*

Hyperion an Bellarmin.

Warum erzähl' ich dir, und wiederhohle mein Leiden? und rege die ruhelose Jugend wieder auf in mir? Ists nicht genug, Einmal das Sterbliche durchwandert zu haben? warum bleib' ich nicht im Frieden meines Geistes in mir?

Darum, mein Bellarmin! weil jeder Othemzug des Lebens unsrem Herzen werth bleibt, weil alle Verwandlungen der reinen Natur auch mit zu ihrem Wesen gehören. Unsre Seele, wenn sie die sterblichen Erfahrungen ablegt, und allein nur lebt in heiliger Ruhe, ist sie nicht, wie ein unbelaubter Baum? wie ein Haupt ohne Loken?

Lieber Bellarmin! ich habe eine Weile geruht; wie ein Kind, hab' ich unter freundlichen Hügeln von Salamis gelebt, vergessen des Schiksaals und des Übermuths der Menschen. Und siehe! nun hab' ich endlich so viel Frieden in mir, um auch den Zwist der Welt zu ertragen und ich fluche den Widersprüchen des Lebens nimmer, wie sonst.

Hier hast du Briefe von Diotima und mir, die wir uns nach meinem Abschied von Kalaurea geschrieben. Sie sind das liebste, was ich dir vertraue. Sie sind das wärmste Bild, aus jenen Tagen meines Lebens.

Vom Kriegslärm sagen sie dir wenig; desto mehr von meinem eigneren Leben, und das ists ja, was du wolltest.

Ach! und du must auch sehen, wie geliebt ich war. Das konnt' ich nie dir sagen, das sagt Diotima nur.

Hyperion an Diotima. 2,*VIII*

Ich bin erwacht aus dem Tode des Abschieds, gestärkt, wie aus dem Schlafe, richtet meine Seele sich auf.

Ich schreibe dir von einer Spize der Epidaurischen Berge. Fern in der Tiefe dämmert deine Insel, Diotima, und südwärts liegt vor mir mein Stadium, wo ich siegen oder fallen werde. O Pelopones! o ihr Quellen des Eurotas und Alpheus! – Da wird es gelten; aus den Spartanischen Wäldern wird der alte Landesgenius stürzen, mit unserem Heere, wie mit rauschenden Fittigen.

Meine Seele ist voll von Thatenlust und voll von Liebe, Diotima, und in die griechischen Thäler blikt mein Auge hinaus, als sollt' es magisch gebieten: verjüngt euch wieder, ihr Todten!

Ein Gott muß in mir seyn, denn ich fühl' auch unsere Trennung kaum. Wie die seeligen Schatten am Lethe, lebt jezt meine Seele mit deiner, in himmlischer Freiheit und das Schiksaal waltet über unsere Liebe nicht mehr.

Hyperion an Diotima. 2,*IX*

Ich bin jezt mitten im Pelopones. In derselben Hütte, in der ich heute übernachte, übernachtete ich einst, da ich, beinahe noch Knabe, mit Adamas diese Gegenden durchzog. Wie saß ich da so glüklich auf der Bank vor dem Haußẹ, und lauschte dem Geläute der fernher kommenden Karawane und dem Geplätscher des nahen Brunnens, der unter blühenden Akatien sein silbern Gewässer ins Beken goß.

Jezt bin ich wieder glüklich. Ich wandere durch diß Land, wie durch Dodonas Hain, wo die Eichen tönten von ruhmweissagenden Sprüchen. Ich sehe nur Thaten, vergangene, künftige, wenn ich auch vom Morgen bis zum Abend unter freiem Himmel wandre. Glaube mir, wer dieses Land durchreist, und noch ein Joch auf seinem Halse duldet, kein Harmodius wird, der kann nach seinem Tode nur ein Wurm noch werden.

Ha! immer noch schläfts? und immer noch schleicht die Zeit, wie der Höllenfluß, lahm und stumm in trübem Müßiggange vorüber?

Und doch liegt alles bereit. Voll rächerischer Kräfte ist das Bergvolk hieherum, liegt da, wie eine schweigende Wetterwolke, die nur des Sturmwinds wartet, der sie treibt. Diotima! laß mich den Othem Gottes unter sie hauchen, laß mich ein Wort von Herzen sprechen, Diotima.

Fürchte nichts! Sie werden zu wild nicht seyn. Ich kenne die rohe Natur. Sie höhnt der Vernunft, aber sie stehet im Bunde mit der Begeisterung. Wer nur mit ganzer Seele wirkt, irrt nie. Er bedarf des Klügelns nicht, denn keine Macht ist wider ihn.

2,*X*

Hyperion an Diotima.

Morgen bin ich bei Alabanda. Es ist mir eine Lust, den Weg nach Koron zu erfragen, und ich frage öfter als nötig ist. Ich möchte die Flügel der Sonne nehmen und hin zu ihm und doch zaudr' ich auch so gerne und frage: wie wird er seyn?

Der königliche Jüngling! warum bin ich später geboren, wie er? warum sprang ich nicht aus Einer Wiege mit ihm? Ich kann den Unterschied nicht leiden, der zwischen uns ist. O warum lebt ich, wie ein müßiger Hirtenknabe, zu Tina und träumte nur von seinesgleichen noch erst, da er schon in lebendiger Arbeit die Natur erprüfte, mit Meer und Luft und allen Elementen schon rang? triebs denn in mir nach Thatenwonne nicht auch?

Aber ich will ihn einhohlen, ich will schnell seyn. Beim Himmel! ich bin überreif zur Arbeit. Meine Seele tobt nur gegen sich selber, wenn ich nicht bald durch ein lebendiges Geschäfft mich befreie. Hohes Mädchen! wie konnt' ich bestehen vor dir? Wie war dirs möglich, so ein thatlos Wesen zu lieben?

[Lücke von einem Quartdoppelblatt (Beginn von 2,*XI*: ***Hyperion an Diotima***)] *F*

2,[*XI*]

ich bin herabgekommen. O mein Hyperion! Ich sehne mich sehr nach etwas

Großem und Wahrem und ich hoff' es zu finden mit dir. Du bist mir über den Kopf gewachsen, du bist freier und stärker, wie ehmals und das freut mich herzlich. Ich bin das dürre Land und du kömst, wie ein glüklich Gewitter – o es ist herrlich, daß du da bist.

Stille! sagt ich, du nimmst mir die Sinnen und wir sollten gar nicht von uns sprechen, bis wir im Leben, unter den Thaten sind.

Es ist wahr, rief Alabanda freudig, erst wenn das Jagdhorn schallt, da fühlen sich die Jäger.

Wirds denn bald angehn? sagt' ich.

Es wird, rief Alabanda, und ich sage dir, Herz! es soll ein ziemlich Feuer werden. Ha! mags doch reichen bis an die Spizen des Thurms, und seine Fahne schmelzen, und um ihn wüten und woogen, bis er berstet und stürzt – und stoße dich an unsern Bundsgenossen nicht. Ich weiß es wohl, die guten Russen möchten uns gerne wie Schießgewehre brauchen. Aber laß das gut seyn! haben nur erst unsre kräftigen Spartaner bei Gelegenheit erfahren wer sie sind, und was sie können, und haben wir so den Pelopones erobert, so lachen wir dem Nordpol ins Angesicht, und bilden uns ein eigenes Leben.

Ein eignes Leben, rief ich, ein neues, ein ehrsames Leben. Sind wir denn, wie ein Irrlicht, aus dem Sumpfe geboren, oder stammen wir von den Siegern bei Salamis ab? Wie ists denn nun? Wie bist du denn zur Magd geworden, griechische freie Natur? wie bist du so herabgekommen, väterlich Geschlecht, von dem das Götterbild des Jupiter und des Apoll einst nur die Kopie war? – Aber höre mich, Ioniens Himmel! höre mich, Vaterlandserde, die du zärtlichtrauernd die Heldenbilder in deinem Busen begräbst und dich halbnakt, wie eine Bettlerin, mit den Lappen deiner alten Herrlichkeit umkleidest, höre mich, höre mich, ich will es länger nicht dulden!

Du sollst uns zusehn, Sonne, rief Alabanda, wenn unter der Arbeit uns der Muth wächst, wenn unter den Schlägen des Schiksaals unser Entwurf, wie das Eisen unter dem Hammer, sich bildet –

Es entzündete einer den andern.

Und daß uns nur kein Fleken hängen bleibe, rief ich, kein Posse, womit uns das Jahrhundert, wie der Pöbel die Wände, bemahlt,

o, rief Alabanda, darum ist auch der Krieg so gut –

recht, Alabanda, rief ich, so wie alle große Arbeit, worinn des Menschen Kraft und Geist allein und keine Krüke und kein wächserner Flügel hilft. Da legen wir die Sclavenkleider ab, worauf das Schiksaal uns sein Wappen gedrükt –

gehn rein und nakt, wie im Wettlauf zu Nemea, zum Ziel, rief Alabanda.

Zum Ziele, rief ich, wo der junge Freistaat dämmert und das Pantheon alles Schönen aus griechischer Erde sich hebt.

[Lücke von etwa einem Quartdbl.; Fortsetzung 2,*XIII* (Schluß): *Diotima an Hyperion*] G

2,[*XIII*]

und nun er da ist, nun er mein ist, kann ich noch weinen? o des albernen Mädchens! – ist es denn nicht wirklich? ist er der Herrliche nicht und ist er nicht mein? o ihr Schatten seeliger Zeit, meine trauten Erinnerungen – ist mir doch, als wär er kaum von gestern, jener Zauberabend, da der liebe Fremdling, da mein Hyperion, wie ein trauernder Genius hereinkam in die Schatten des Walds, wo im Jugendtraume das unbekümmerte Mädchen saß – in der Mailuft kam er, in Joniens zaubrischer Mailuft, und sie macht ihn blühender mir, sie lokt ihm das Haar, entfaltet ihm, wie Blumen, die Lippen, löst' in Lächeln die Wehmuth auf, und o ihr, Stralen des Himmels! wie leuchtetet ihr aus diesen Augen mich an, aus diesen berauschenden Quellen, wo im Schatten umschirmender Bogen ewig Leben glänzet und wallt – da stand er, sahe sich um, nach mir und die staunenden Brauen wölbten sich hoch und wie er schön ward, mit dem Blik auf mich, wie der ganze Jüngling, eine Spanne größer geworden, in leichter Nerve dastand, nur daß an ihm die lieben blöden Arme niedersanken, als wären sie nichts! und wie er drauf emporsah, im Entzüken, als wär' ich schon gen Himmel entflogen, und nicht mehr da, ach! wie er nun in aller Herzensanmuth lächelt und erröthete, da er wieder mich gewahr ward, und unter den dämmernden Thränen sein Phöbusauge durchstralt, um zu fragen, bist dus? bist dus wirklich?

Und warum begegnet er in solcher frommen Demuth, so voll lieben Aberglaubens mir? warum, o Leben! war der Götterjüngling anfangs voll Sehnens und Trauerns? warum hatt' er sein Haupt gesenkt? warum blüht' in Wehmuth ihm der liebende Mund und die Wange?

Darum, weil sein Genius zu reich, zu seelig, um allein zu bleiben, und die Welt zu arm war, ihn zu fassen. – O es war ein liebes Bild gewebt von Größe und Leiden! Aber nun ists anders! Mit dem Leiden ists aus! Er hat zu thun gefunden. Er ist der Kranke nicht mehr. – Ich war voll Seufzens, da ich anfieng, dir zu schreiben, mein Geliebter! Jezt bin ich lauter Triumph! So spricht man über dir sich froh. Und siehe! so solls auch bleiben. Lebe wohl.

2,*XIV*

Hyperion an Diotima.

Ich hatte noch immer nicht von dir mit Alabanda gesprochen. Mein Stolz verwehrte mirs. Ich weiß auf Erden keine mühsamere Verläugnung, nichts, was mich so demüthigen könnte, als die Geliebte zu beschreiben. Und doch will es der andre, wenn man einmal ihm verräth man liebe, und doch fordert er ein Bild, und steht so unerträglich frostig da, und fragt, und läßt man dann sich ihm zu lieb herab, zu reden, o wie tausendfach in jedem Worte wird der Liebende mißverstanden.

Ich möcht' es an den Himmel schreiben, als des Lebens erstes Gesez: Das Heilige muß Geheimniß seyn, und wer es offenbaret, er tödtet es.

Aber mein Alabanda und ich sind doch zu innig eins und du hattest mir auch das Herz zu hoch geschwellt, du Himmlische mit deinem Briefe voll Seele und Liebe – ich muste hin, ich must' ihn endlich zeigen,

H [Textverlust inmitten des Briefs; ein Quartblatt?]

2,[*XIVf.*]

Ach! immer sichtbarer entferntest du dich aus allem Gegenwärtigen, die lezten Tage, da ich um dich war. Thue das nicht meiner Liebe! Es giebt ja noch des Wohlgefälligen so manches auf der Erde. Sorge wenigstens für deine Blumen, und die schönen Thiere, die du sonst im Hauße nährtest. Seze dich jezt, weils wärmer wird, zuweilen auch wieder an den Brunnen, der unter dem Ahorn steht oder unter die alten Kastanien bei der Kapelle, ich weiß, du hattest diese Pläze sonst sehr lieb, und versäumst sie jezt wohl ziemlich. Wenn du wolltest auch die Woche einigemale ans Meer herausgehn – du steigst nicht gerne Berge, sonst wollt' ich dir auch rathen, auf unsern wohlbekannten Gipfeln die Sonne zuweilen kommen zu sehn.

Ich weiß, du lachst ein wenig darüber, aber du thust es dennoch.

Alabanda ist jezt manchmal in Gedanken über dich. Nur begreifen, sagt er, möcht' ich eine solche Natur, aber ich finde, daß ich zu viel vom Menschenverstande gehalten. Die Kinder führen alles zum Munde hinein, wir alles zum Verstande, und ich fange an, zu glauben, daß eines so naiv ist, als das andre. Du sagtest mir einmal, Hyperion: es sei Entwürdigung, vor irgend einem Menschen zu sagen, man hab' ihn ganz begriffen, hab' ihn weg.

Und wenn das wahr ist, fährt er fort, wenn mein Verstand kaum in die Vorhalle des Lebens gehört, wie mag er dann in den innern Tempel sich wagen? Wenn jeder Knabe für mich unergründlich ist, wie mag ich diese Diotima verstehn?

Hyperion an Diotima. 2,*XV*

Der murrende Vulkan bricht los. In Coron und Modon werden die Türken belagert und wir rüken mit unserm Bergvolk gegen den Pelopones hinauf. Ich kenne mich kaum noch, seit meine Seele einmal eine Arbeit gefunden. Ich hab' auch nun zum erstenmal in meinem Leben eine Tagesordnung.

Mit der Sonne beginn ich. Indeß die Spiele des Morgenroths sie verkünden, geh ich hinaus, wo mein Kriegsvolk im Schatten des Walds liegt, und grüße die tausend lebendigen Augen, die jezt vor mir mit wilder Freundlichkeit sich aufthun. Ein erwachendes Heer! Die Gestalten alle, wie Habichte aus dem Nest, das Gemurmel und Gelächter, das Knattern der Flamme, wo die Speise kocht, die ganze häusliche Geschäftigkeit und dabei die Feldmusik und das Wiehern der Rosse und die tausend Waffen, wie ein ehern Halmenfeld auf Einmal aus der Erde gewachsen! –

Dann ruf' ich den Theil, den ich zunächst befehlige, zusammen, und wenn ich dann von dem was künftig ist und jezt geschehen muß, ein Lebenswort zu ihnen spreche, und diese rauhen Stirnen breiten mälig sich, und das Jugendroth umfließt die Wangen, wenn ich sie, wie auf Woogen, vom Staunen zu der Freude und von der Freude zum Entschlusse führe, und die heilige Menschennatur aus ihnen sichtbarer und sichtbarer mir dämmert und glänzt, o Diotima! was gäb' ich hin, um diese Morgenröthe vestzuhalten! Das kannst du übrigens mir glauben, daß so ein Blik auf menschlich Wachstum über alle Augenwaide geht, die Meer und Erd' und Himmel uns gewährt.

Drauf üb' ich sie in Waffen bis um Mittag. Alabanda hat seit unsern Studien in Smyrna über die Kriegskunst viel gethan, hat besonders die Vertheilungen und die Bewegungen der Heersmacht, so weit sie nach der Form der Gegend, und nach den Kräften und den Stellungen des Feinds sich richten, in wenige kräftige Regeln zusammengefaßt, und so ists meinem Verstande leicht geworden, diesen Stoff zu meistern.

Und es ist wirklich schön, Diotima, ist ernster nur und majestätischer, als der Tanz, wenn all' die furchtbaren Kräfte so zu Einer Kraft sich bilden, die, immerhin dieselbe, alle Formen annimmt, und in der Blizesschnelle, womit sie wirkt, doch immer still und richtig bleibt.

Das ächte Große, das in dieser Kunst sich zeigt, ist freilich dann erst sichtbar, wenn es gilt!

Des Nachmittags versammeln wir uns dann meist im Innern des Walds mit einigen sachverständigen braven Russen, die wir bei uns haben, und gehn zu Rathe über alle Fälle, die uns treffen können, und so wird mein Geist mit dem Kriege täglich vertrauter. O es ist wunderbar, Diotima! es kann sich mancher leichter darein finden, eine Heersmacht, als ein Zimmer anzuordnen. Ich spreche dir viel von meiner neuen Arbeit, aber so ists mit allem Neuen.

Des Abends reit' ich meist mit Alabanda am Meeresufer umher in die Eichenschatten hinein, oder hinaus in die reizenden Fernen der Berge, und wenn wir dann zurük sind, und die freundliche Kühle, und das Mondlicht unsern Becher würzt, und unsre Feigen, wenn wir so, oft, ohne ein Wort, uns gegenüber sizen und uns anlächeln über den ernsten Dingen, die wir brüten, und Alabanda mir von dem und jenem spricht, den die Langeweile des

Jahrhunderts peinigt, und so mancher wunderbaren, krummen Bahn, die sich das Leben bricht, seitdem sein gerader Gang gehemmt – dann fällt mir oft mein Adamas ein, mit seinen Reisen, seiner eignen Sehnsucht in das innre Asien hinein, auch mit seiner Andacht gegen Kinder – das sind lauter Palliative, guter Alter! möcht' ich dann ihm rufen, komm! und baue deine Welt! uns! denn unsre Welt ist auch die deine.

Auch die deine, Diotima! denn sie ist die Kopie von dir.

Hyperion an Diotima. 2,*XVI*$_1$

Navarin ist unser, und wir liegen jezt vor Misistra. Es geht gut, nur gehts uns allen zu langsam. Unsere Leute sind, wie angezündeter Kienwald, seit es zum Gefecht gekommen ist. Und ich – o Mädchen meiner Seele! seit ich die Fahne, die ich einer Albanischen Horde entriß, an einem Steine des alten Sparta aufhieng, und unter den erbeuteten Waffen unsre alte Schande und die leeren Tränen, die ich sonst geweint, den Manen des Lykurg und des Leonidas abbat, seitdem bin ich ein anderer geworden!

O Lacedämons heiliger Schutt! rief ich, so bist du endlich gerettet, und forthin brauchen dich unreine Hände nicht mehr! Deine Schmach ist von dir genommen, Leiche von Sparta – Ha! meine Diotima! ein Zoll der alten Mauern den ich izt erobre, ist mir mehr, als hundert andre Städte unsers kindischen Jahrhunderts!

Am Eurotas stehet mein Zelt, und wenn ich oft nach Mitternacht erwache, rauscht der alte Flußgott mir verständlicher vorüber, und freundlich nehm' ich die Blumen des Ufers, und streue sie ihm hin und sage: Nimm das Zeichen du Vergeßner! bald soll's werden, wie es einst war.

Hyperion an Diotima. 2,*XVIII*$_1$

Wir liegen noch vor Misistra. Ich kann es nicht lassen, ich muß zuweilen vorwärts mit einigen Reutern, wir haben uns schon wirklich bis in die Gegenden von Elis und Nemea durch die Sultansknechte durchgewunden. Alabanda schmählt dann freilich, wenn ich wieder da bin, und es ihm, in meiner Herzensfreude, verrathe, aber des Tags darauf thut er dasselbe. Es ist kein so großes Wagstük, wenn einer die Gegend kennt.

Es war auch überhaupt mein Wille nicht, so vorzurüken, wie der Bauer im Schach. Mein Vorschlag war, die vesten Pläze zu umgehen, wo sich nicht vermuthen lasse, daß sie auf der Stelle sich geben, und Schlag auf Schlag nach allen Seiten hin, des Sultans Horden zu werfen, bis wir, mit jedem Schritte durch Landbewohner verstärkt, den Korinthischen Isthmus und ringsherum die Küsten des Pelopones besezt, und die Türken auf ihre Schiffe, oder nach Macedonien hinaus getrieben hätten; mit den vesten Pläzen hätte sichs dann bald entschieden, und wir hätten eine Stellung gewonnen, allem Kriege ein Ende gemacht; aber die Russen wollen sich auf unser Landvolk nicht verlassen und so hatten sie natürlich Recht, den sichrern Weg uns anzurathen, und weil auch Alabanda sich auf ihre Seite neigte, gab ich nach.

Hätt ich freilich damals gefürchtet, was ich jezt befürchte, so wär ich schlechterdings auf meinem Plane bestanden. Es macht mich schlaflos, wenn ich mir es denke, daß vieleicht der lange Stillstand und der Mangel der daraus entspringt, aus unsern Truppen eine Bande machen könnte. Sie sind schon wütend genug, daß die Besazung in Misistra sich so lange hält, und daß die Griechen in der Stadt nichts thun, um uns hineinzuhelfen.

Ich habe dißmal wohl dir Langeweile gemacht, du liebe! Lebe wohl.

$2,XIX_2$

Hyperion an Notara.

Ich schreibe dir, mein Notara. Ich kann an Diotima nicht schreiben.

Es ist geschehn, die Wolfsnatur hat einmal wieder sich gütlich gethan. Die Bestialität hat ihre Spiele getrieben, und mit meinen Projecten ists aus.

Ich sollte still seyn; ich sollte mich schämen; warum hab' ich mich mit diesem zottigen Geschlechte befaßt: es geschieht mir recht; warum hab ich mich an die Bären gemacht, um sie, wie Menschen, tanzen zu lehren!

Nun, guter Wille! laß dich immerhin ins Irrhaus bringen! an die Thüre und Wände laß dich schlagen, liebe Weisheit, oder wo man sonst noch einen närrischen Zierrath braucht!

O ich möchte mich selbst mit Ruthen züchtigen, daß ich so dumm war!

Aber nein! das war auch nicht vorauszusehn! Man kann auf Mancherlei gefaßt seyn, kann all die Feigheit und all die stolze Bettelei, und das tükische Schmeicheln, und den Meineid, kann die ganze Pöbelhaftigkeit des jezigen Jahrhunderts so natürlich finden, wie Reegenwetter, aber das ist schwerlich irgend einem Menschen eingefallen, solch einen Schandtag möglich zu denken, wie der gestrige war.

Nachdem wir sechs Tage vor Misistra gelegen, kapitulirte die Besazung endlich. Die Thore wurden geöffnet, und ich und Alabanda führten einen kleinen Theil des Heers in die Stadt. Wir brauchten alle Vorsicht, ließen die Thore hinter uns sperren, zogen auf den öffentlichen Plaz mit unsern Leuten, und riefen dahin die griechischen Einwohner zusammen. Sie faßten bald

Zutrauen zu uns. Die guten Kinder! sie summten um mich herum, wie Bienen um den Honig, da ich ihnen sagte, was aus ihnen werden könnte, und den Meisten flossen helle Thränen vom Gesichte, da von einer bessern Zeit die Rede war. Ich bat sie dann, die wenige Mannschafft, die wir ihnen brächten, freundlich aufzunehmen. Sie brauchten Exerzitienmeister, sezt' ich hinzu, und die Waffenübungen seien fürs Volk so nothwendig, wie die Geweihe den Hirschen. In demselben Augenblike brach aus den benachbarten Gassen ein Gelärme von Feuerröhren und schmetternden Thüren und ein Geschrei von heulenden Weibern und Kindern, und Töne, wie von Wütenden, brüllten dazwischen und wie ich mich umsah, stürzt' ein leichenblasser Haufe um den andern gegen mich, und schrie um Hülfe; die Truppen wären zu den Thoren hereingebrochen, und plünderten, und machten alles nieder, was sich widersezte.

Ich schwieg, ich überdachte, was zu thun war. O Notara! und ich hätte mir mögen das Herz ausreißen, und möcht' es noch! Alabanda war schröklich. Komm, rief er mir mit seiner Wetterstimme, komm, ich will sie treffen – und es war als leuchtete der Bliz die Leute, die wir bei uns hatten, an, so waren Alabandas Augen im Grimme vor ihnen aufgegangen. Ich benüzte den Augenblik; schwört, rief ich, daß ihr ruhig bleiben wollt und treu! wir schwörens, riefen sie; drauf rief ich die besten unter ihnen hervor, ihr sollt an meiner und an Alabandas Stelle, sorgen, sagt ich ihnen, daß auf diesem Plaze das nötige geschieht, und einigen der Bürger befahl ich, in die Gassen zu laufen, und zu sehen, wie es gehe, und hieher unsern Leuten schnelle Nachricht einzubringen, andre nahm ich mit mir, um durch sie von hie aus Nachricht zu bekommen, andere nahm Alabanda mit sich und so sprengten wir nach zwei verschiednen Gegenden der Stadt hin, wo es am ärgsten tobte. Die Bestien bemerkten meine Ankunft nicht, so waren sie begriffen in der Arbeit. Den ersten, der mir aufsties – er hielt einen rüstigen schönen Buben bei der Kehle mit der einen Hand, und mit der andern zükt er ihm den Dolch aufs Herz – den faßt' ich bei den Haaren und schleudert' ihn rüklings auf den Boden, mein zorniges Roß macht' einen Sprung zurük und auf ihn zu, und zerstampfte mit den Hufen das Thier.

Haltet ein, ihr Hunde! rief ich, indeß ich mitten unter sie stürzte, schlachtet mich erst, wenn ihr Muth habt, mich, mich reißt vom Roß, und mordet und bestehlt mich, denn, so lang ich lebe, mach' ich so und so, ein Stük ums andere, euch nieder. Das war die rechte Art, ich hatt' auch wirklich mit dem Schwerdt einige getroffen und es wirkte. Sie standen da, wie eingewurzelt, und sahn mit stieren Augen mich an, und einige wollten sogar sich auf die Knie bemühn. Hinaus! rief ich, zum Thore sollt ihr erst hinaus, das Übrige wird folgen.

Neuentwurf ab 2, XVI_1: *I*

2, XVI_2

Hyperion an Diotima.

Ich möchte dich sehen, große Seele, dein schönes Frolokken, deine Thränen, deine theilnehmenden, deine schönen dankbaren Thränen – ach! sehen möcht' ich dich und deine lieben Hände nehmen, und an diß Herz sie drüken, dem die Freude nun bald vieleicht zu groß ist – bald! in einer Woche vieleicht! Diotima! in einer Woche vieleicht ist er befreit, der alte edle heilige Pelopones.

O was ist Noth und Armuth, was ist dieser Traum von Knechtschaft, womit die göttliche Seele sich quält. Ich spüre das künftige Leben, wie Morgenluft, ich kann vor Hofnung nimmer bleiben, und ruhn. Dann laß mich seyn, wie ein Kind! O dann, du Theure! lehre mich fromm seyn! Dann lehre mein überwallend Herz ein Gebet! Ich sollte wohl stiller seyn; ich sollte schweigen, denn was hab' ich gethan? und hätt' ich etwas gethan, wovon man sprechen möchte, wie viel ist dennoch übrig?

Aber was kann ich dafür, daß mein Gedanke schneller ist, als die Zeit? – Ich wollte so herzlich gern, es wäre umgekehrt, und die Zeit und die That überflöge den Gedanken und der geflügelte Sieg übereilte die Hoffnung selbst.

Mein Alabanda blüht, wie ein Bräutigam. Aus jedem seiner Blike lacht die kommende Welt mich an, und daran still' ich noch so ziemlich meine Ungedult.

Diotima! ich möchte dieses werdende Glük nicht um die schönste Lebenszeit des alten Griechenlands vertauschen, und der kleinste unsrer Siege ist mir lieber, als Marathon und Thermopylä und Platea. Ists nicht wahr? Ist nicht dem Herzen das genesende Leben mehr werth, als das reine, das die Krankheit noch nicht kennt! Erst wenn der Mai dahin ist, weiß man ihn zu schäzen; darum bist du dreifach seelig mir in deiner Wiederkehr, o Frühling der Griechen.

Am .

[Fortsetzung mit *H*, 151-157]

J Neuentwurf nach *H*, 157:

Diotima an Hyperion. 2,[*XVII*]

Ich habe die Briefe erhalten, die du unterwegens mir schriebst.

Du ergreifst mich gewaltig, mit allem, was du da sagst, mein Hyperion, und mitten in meiner Liebe schaudert mich oft, den sanften Jüngling, der zu meinen Füßen geweint, in dieses rüstige Wesen verwandelt zu sehn.

Wirst du denn nicht die Liebe verlernen?

Aber wandle nur zu! Ich folge dir. Ich glaube, wenn du mich hassen könntest, ich würd' auch da sogar dir nachempfinden, würde mir Mühe geben, dich zu hassen und so blieben unsre Seelen sich gleich und das ist kein eitelübertrieben Wort, Hyperion.

Ich bin auch selbst ganz anders, wie sonst. Mir mangelt der heitre Blik in die Welt, und die freie Lust an allem Lebendigen. Nur das Feld der Sterne zieht mein Auge noch an. Dagegen denk' ich um so lieber an die großen Geister der Vorwelt, und wie sie geendet haben auf Erden und die hohen Spartanischen Frauen haben mein Herz gewonnen. Dabei vergeß ich nicht die neuen Kämpfer, die rüstigen, deren Stunde gekommen ist, ich sehe sie nahn und unter ihnen stralt das lieblichglühende Gesicht Hyperions durch, und denkst du? ich fürchte den Ausgang. Liebster! manchmal wills mich überfallen; aber meine größern Gedanken halten, wie Flammen, den Frost ab.

Lebe wohl! Vollende, wie es der Geist dir gebeut, und laß den Krieg zu lange nicht dauern um des Friedens willen, Hyperion, um des schönen neuen goldnen Friedens willen, wo, wie du sagtest, einst in unser Rechtsbuch eingeschrieben werden die Geseze der Natur, die ewigfesten ehernen Bedingungen des Lebens, und wo das Leben selbst, wo sie, die göttliche Natur, die in kein Buch geschrieben werden kann, im Herzen der Gemeinde seyn wird.

Lebe wohl.

Hyperion an Diotima. 2,[XVIII_2]

Du hättest mich besänftigen sollen, meine Diotima, hättest sagen sollen, ich möchte mich ja nicht übereilen, möchte dem Schiksaal nach und nach den Sieg abnöthigen, wie man kargen Schuldnern ein Stük ums andre aus der Hand bringt. O Mädchen! stille zu stehn, ist schlimmer, wie alles. Mir troknet das Blut in den Adern, so dürst' ich weiterzukommen, und muß hier müßig stehn, und belagern, belagern, den einen Tag wie den andern. Unser Volk will stürmen, aber das würde die aufgeregten Gemüther zum

Rausch erhizen und wehe dann unsern Hoffnungen, wenn das wilde Wesen aufgährt und die Zucht und die Liebe zerreißt.

Ich weiß nicht, es kann nur einige Tage noch dauern, so muß Misistra sich ergeben, aber ich wollte wir wären weiter. Im Lager hier ists mir, wie in gewitterhafter Luft. Ich bin ungeduldig; auch meine Leute gefallen mir nicht. Es ist ein furchtbarer Muthwill unter ihnen.

Aber ich bin nicht klug, daß ich so viel aus meiner Laune mache. Und das alte Lazedämon ists ja doch wohl werth, daß man ein wenig Sorge leidet, eh' man es hat.

2,*XIX*$_3$

Hyperion an Diotima.

Es ist aus, Diotima; unsre Leute haben geplündert, zerstört, gemordet, ohne Unterschied auch unsre guten Brüder, von ihnen erschlagen sind sie, die Griechen in Misistra, die Unschuldigen, oder irren sie hülflos herum, – und ihre todte Jammermiene ruft den Himmel und die Erde zur Rache wider die Barbaren an deren Spize ich war. Nun kann ich hingehn und von meiner guten Sache predigen. O nun fliegen alle Herzen mir zu!

Aber ich habs auch klug gemacht. Ich habe meine Leute gekannt. In der That! es war ein außerordentlich Project, durch eine Räuberbande mein Elysium zu pflanzen. Nein! bei der heiligen Nemesis! mir ist Recht geschehn und ich wills auch dulden, dulden will ich, bis der Schmerz mein lezt Bewußtseyn mir zerreißt.

Denkst du, ich tobe? Ich habe eine ehrsame Wunde, die einer meiner Getreuen mir schlug, indem ich den Greuel abwehrte. Wenn ich tobte, so riß' ich die Binde von ihr, und so ränne mein Blut wohin es gehört, in diese trauernde Erde.

Diese trauernde Erde! die nakte! so ich kleiden wollte mit heiligen Hainen, so ich schmüken wollte mit allen Blumen des griechischen Lebens!

O es wäre schön gewesen, meine Diotima.

[Lücke von etwa zwei Quartdoppelblättern.] *K*

2,*XXII*

Hyperion an Diotima.

Ich habe lange gewartet, ich will es dir gestehn, ich habe sehnlich auf ein Abschiedswort aus deinem Herzen gehofft; aber du schweigst. Auch das ist wohl so sehr unfreundlich nicht, wie es scheinen könnte, auch das ist eine Sprache deiner schönen Seele, Diotima.

Nicht wahr? die tieferen Akkorde hören darum doch nicht auf? nicht wahr, Diotima! wenn auch die Blüthe der Liebe wegfällt, ihre Wurzel bleibt doch immer. O das ist meine lezte Freude, zu fühlen, daß wir unzertrennlich sind, wenn auch kein Laut von dir zu mir, kein Schatte unserer holden Jugendtage mehr zurükkehrt. Darum laß ich auch gerne meinem einsamen Herzen es zu, daß es noch Einmal zu dir spreche, darum gönn' ich ihm auch gerne sein leztes Spiel.

Ich blike in die nächtliche See hinaus nach dir, ich breite die Arme aus nach den Gegenden, wo du ferne lebst, was kann es dich stören? Es ist zum leztenmale, du wirst es verzeihn.

Glaube mir, man siehet diese Spiele der Sterblichkeit ganz eigen an, in Stimmungen, wie die meine ist; man sieht sie freier, ach! und dennoch sind sie dem Herzen theurer als je.

O Erde! meine Wiege! es ist ein großer Abschied, es ist ein bittrer Abschied, den wir von dir nehmen.

[Briefschluß und Ende des ersten Buchs, vmtl. ein Quartdoppelblatt, nicht überliefert]

Zwei Entwurfs-Segmente zum ersten Diotima-Brief des zweiten Buchs:

L

2,[XXVI_1] Diotima an Hyperion.

Ich habe die beiden Briefe, die du nach der unglüklichen Begebenheit in Misistra schriebst, zugleich und viel zu spät erhalten. Im ersten schriebst du mir nur kurz, du seiest gesonnen, zur Russischen Flotte zu gehn. Der zweite gieng zu tief aus deiner Seele, als daß ich daran zu mahnen brauchte... Du hast darauf gerechnet, hast mirs zugetraut, daß mich dieser Brief nicht beleidigen könne. Das hat mich mitten in meiner Betrübniß herzlich gefreut. Unglüklicher edler Geist! ich habe wohl dich gefaßt. O Gott! es ist so ganz natürlich, daß du nimmer lieben willst, weil deine größeren Bedürfnisse ein Spott des Schiksaals sind, so natürlich als wenn du die Speise verschmähtest, im Augenblike, da die dich Durstes sterben ließe. Ich wußt' es bald, ich konnte dir nicht alles seyn, du hattest früh die Langeweile dieser Zeit gefühlt; du littst, da ich dich kennen lernte, nicht so wohl durch irgend ein bestimmtes Unglük; auch nicht jenes Schiksaal, mit dem die alten Heroen sich maßen, nicht jene schauerliche große Macht, es war die Unmacht, die Gemeinheit, es war das fade Nichts, der fade Tod, die fade ungeheure Leerheit deiner Zeitgenossen, was dir bei deinem ersten Blik' ins Leben begegnete und das hat dich um deinen Frieden gebracht. Das hat auf immer dich entzweit mit aller Sterblichkeit, das hat den Trieb nach Ganzem, und Unendlichem, zu deiner Leidenschaft, das hat zu aller menschlichen Lebensfreude, zu aller menschlichen Beschäftigung unfähig, hat tief und unheilbar elend dich gemacht auf immer.

Sieh! es geht dir recht, wie einem, der daran war, an der Frost zu sterben und nun von seinem Feuerheerde nimmer läßt.

Hättest du nicht das Dürftige so in seiner ganzen Unbeschreiblichkeit gesehn, du würdest nicht vor jeder Spur desselben, du würdest nicht auch da, wo andere es reizend finden, mit dieser wunderbaren Scheue vor ihm fliehn, du würdest nicht, wie ein Wilder, jede Klugheit, jedes Tagwerk, jedes Amt und jeden Stand verschmähn, du wärst der räthselhafte Furchtsame nicht, der, statt die Macht und Arbeit, wie die andern Furchtsamen zu fürchten, den Schlaf nur fürchtet und die Unmacht, die ihm gegenüber steht – nicht wahr; Hyperion, ich weiß zu sprechen, ich weiß dich abzuhandeln? was blieb mir auch in meiner Einsamkeit sonst übrig? Was konnt' ich treiben, seit du fort bist, wenn ich nicht der müßigen Trauer unterliegen wollte, die so leicht mir des Lebens ganze Kraft verzehrt? Was konnt' ich thun, als denken über dich? Ich hab' auch manchen lieben Tag so hingebrütet.

[Früheres Entwurfs-Segment zum ersten Diotima-Brief des zweiten Buchs; mit späte-
M rer Vorfügung im Anschluß an *L*:]

2,[*XXVI*$_2$]

O einst, Hyperion, da ich noch dich nicht kannte, dacht' ich wenig.

So kamst du zu mir. Ein friedlich Mädchen war ich, sah, wie die Kinder und die Vögel der Luft, nur was mir paßte, das andere sah' ich nicht. An mich zu denken, hatt' ich keine Zeit. Ich lebt' in lauter süßen freudigen Geschäfften; in ewiger müheloser inniger Liebe für alles Schöne der Welt. Hyperion! es war Unendlichkeit in meiner kleinen Sphäre. Aber noch ist kein Schooskind der Natur es immerhin geblieben. Auch meine Stunde sollte schlagen; böser Mensch! mit dir hats angefangen. Diese Trauer, diese tiefe Demuth und dieser blühende dichtrische Sinn und dieser Heldenglaube, und diese Geistesgewalt, solch einen Menschen hatt' ich nie gekannt. Eine niegefühlte Neugier trieb mich an das wunderbare Wesen, und unaussprechlich zog die zarte Seele mich an und kindisch leichtsinnig wagt' ich mich in deine gefährliche Zone. Du must ihn erheitern, dacht' ich thöricht, must den räthselhaften Schmerz in ihm besänftigen; ich wußte nicht warum? Ein Triumph über alle Triumphe lag für mich in dieser Hoffnung. Bald aber sah' ich tiefer. Ich fühlt', ich hatte das Unmögliche gewollt und fühl' es jezt noch besser.

Konnt' ich die Bande der Sterblichkeit dir lösen? konnt ich den Seelendurst dir stillen, für den kein Quell fleußt, und kein Weinstok wächst? konnt ich die Freuden einer Welt in einer Schaale dir reichen?

Ach! glüklich sind sie alle, die dich nicht verstehen. Wer dich versteht, der muß eben arm wie du werden, muß deine Größe theilen und deine Verzweiflung.

Die schönen Freuden der Liebe

Inhalt

Band 10

Band 11

Friedrich Hölderlin · Kritische Textausgabe · Band 10